撰稿人（按章节顺序排名）：
徐国栋　齐　云　陈帮锋
吴旭莉　郑永宽

The General Theory of Civil Law

民法总论

徐国栋 主编

图书在版编目(CIP)数据

民法总论/徐国栋主编. —厦门:厦门大学出版社,2018.3
ISBN 978-7-5615-6658-9

Ⅰ.①民… Ⅱ.①徐… Ⅲ.①民法-中国 Ⅳ.①D923

中国版本图书馆 CIP 数据核字(2017)第 213158 号

出版人 郑文礼
责任编辑 邓 臻
封面设计 李嘉彬
技术编辑 许克华

出版发行 厦门大学出版社
社　　址 厦门市软件园二期望海路 39 号
邮政编码 361008
总 编 办 0592-2182177　0592-2181406(传真)
营销中心 0592-2184458　0592-2181365
网　　址 http://www.xmupress.com
邮　　箱 xmup@xmupress.com
印　　刷 厦门市万美兴印刷设计有限公司

开本　720mm×1000mm　1/16
印张　20.25
插页　2
字数　330 千字
版次　2018 年 3 月第 1 版
印次　2018 年 3 月第 1 次印刷
定价　59.00 元

本书如有印装质量问题请直接寄承印厂调换

厦门大学出版社
微信二维码

厦门大学出版社
微博二维码

编写说明

2014年10月23日的《中共中央关于全面推进依法治国若干重大问题的决定》提出编纂民法典,制定民法总则是这一计划的第一单元。这一消息让厦门大学法学院民商法教研室的老师们感到过去主要根据《民法通则》编写的《民法总论》教材有必要根据新的《民法总则》加以更新。2015年10月15日,在《民法总则》的第一室内稿形成后,教研室负责民法总论教学的同人们举行了会议,确定了按十章编写本书。第一章"民法概述"及第四章"个体工商户和农村承包经营户"由徐国栋负责;第二章"民事法律关系"和第九章"代理"由齐云负责;第三章"自然人"和第五章"法人"由陈帮锋负责;第六章"非法人组织"和第十章"民法上的时间"由吴旭莉负责;第七章"自然人的人格权、身份权与法人的人格权"和第八章"民事法律行为"由郑永宽负责,并确定徐国栋为主编。

分工以后,各位作者于2016年春季完成了初稿,而《民法总则》在制定过程中数易其稿,每稿都相对于前稿变化很大,为了切合立法,大家放弃了在2016年秋季出书以备当年本科生使用的原计划,决定等待《民法总则》颁布后再据此编写新稿出书。2017年3月15日《民法总则》诞生,各位作者在同年的6月30日完成了此书的新稿。经徐国栋统编稿件后,形成现在的样貌。

《民法总则》第2条确定民法调整人身关系和财产关系,确立了"人前物后"的或人文主义的民法观,摒弃了《民法通则》第 2 条采用的"物前人后"的或物文主义的民法观,两种主义的更替,不光关乎民法对象的表述,而且关乎整个民法体系的重构:把以财产法为中心的旧民法改造为以人为本的新民法。本教材完成了这样的重构,把"人前物后"进行到底了。

在本教材中,人身权独立成章,这也是对物文主义的民法观的反动之一。

由于改采人文主义路线,中国民法走上了一条独立于德国法母本的道路,本教材试图为此等转向作出理论说明。

徐国栋

2017 年 7 月 9 日

于胡里山炮台之侧

目 录

第一章　民法概述 …………………………………………………………（1）
第一节　民法的概念和内容 ……………………………………………（1）
第二节　民法的对象和调整方法 ………………………………………（5）
第三节　民法的本质 ……………………………………………………（13）
第四节　民法的渊源 ……………………………………………………（14）
第五节　民法基本原则 …………………………………………………（19）
第六节　民法的历史沿革 ………………………………………………（30）
第七节　我国民事立法简史 ……………………………………………（37）
第八节　民法的效力、适用与解释 ……………………………………（41）

第二章　民事法律关系 ……………………………………………………（45）
第一节　民事法律关系概述 ……………………………………………（45）
第二节　民事法律关系的构成要素 ……………………………………（49）
第三节　民事法律事实 …………………………………………………（55）
第四节　物和智力成果作为民事法律关系的客体 ……………………（60）
第五节　民事权利 ………………………………………………………（70）
第六节　民事义务 ………………………………………………………（77）
第七节　民事责任 ………………………………………………………（79）

第三章 自然人 (86)
 第一节 自然人的概念 (86)
 第二节 自然人的民事能力 (89)
 第三节 宣告失踪与宣告死亡 (105)
 第四节 监护 (113)
 第五节 户籍与住所 (121)

第四章 个体工商户和农村承包经营户 (124)
 第一节 概述 (124)
 第二节 个体工商户 (129)
 第三节 农村承包经营户 (131)

第五章 法人 (134)
 第一节 法人概述 (134)
 第二节 法人的民事能力 (141)
 第三节 法人的机关 (145)
 第四节 法人的设立、变更以及终止 (149)

第六章 非法人组织 (158)
 第一节 非法人组织概述 (158)
 第二节 非法人组织的种类 (166)

第七章 自然人的人格权、身份权与法人的人格权 (188)
 第一节 概述 (188)
 第二节 具体人格权分论 (194)
 第三节 人格权的民法保护 (204)

第八章 民事法律行为 (207)
 第一节 概述 (207)

第二节　民事法律行为的分类 ···（211）
　　第三节　民事法律行为的要件 ···（218）
　　第四节　意思表示 ···（223）
　　第五节　意思与表示不一致 ··（229）
　　第六节　意思表示不自由 ···（233）
　　第七节　条件和期限 ··（237）
　　第八节　民事法律行为无效、可撤销、效力未定 ························（241）

第九章　代理 ···（249）
　　第一节　代理概述 ···（249）
　　第二节　代理权 ··（259）
　　第三节　无权代理 ···（266）
　　第四节　表见代理 ···（270）
　　第五节　代理关系的消灭 ···（273）

第十章　民法上的时间 ··（276）
　　第一节　时效概述 ···（276）
　　第二节　诉讼时效 ···（285）
　　第三节　除斥期间 ···（307）
　　第四节　权利失效 ···（311）
　　第五节　期间的计算 ··（314）

第一章 民法概述

第一节 民法的概念和内容

一、民法的概念

"民法"作为一个法律部门的称谓,源自古罗马的市民法(ius civile)。市民法是调整城邦生活的社会规则的总和,诸法合体,民刑不分。这种意义上的民法通过意大利传教士艾儒略(Gulio Aleni,1582—1649年)传播到中国。艾儒略是耶稣会士,1610年来华。在华期间,他用中文著述甚多,其中有《西学凡》介绍当时西方大学里的诸课程,包括文学、哲学、医学、民法、教规和神学等。但他讲的民法,是与教会法相对立的世俗法的整体。

到18世纪,以1756年的《巴伐利亚民法典》的颁布为标志,欧洲完成了部门法运动,民法演变为在宪法统率下的,与刑法、民事诉讼法、刑事诉讼法、商法相并列的法律部门(所谓的"六法")。这样的部门法意义的民法通过日本传播到中国。1868年(庆应四年),日本学者津田真道在介绍欧洲法律文明时,把荷兰语的burgerlyk regt译为"民法"。该词是拉丁词ius civile的转译。

1898年,日本颁布了民法典,在立法上确立了"民法"这一用语。我国清朝末年,清政府革新图强,学习西方,制定现代式的法典,在立法上继受了民法,但以"民律"名之。20世纪20年代末30年代初,当时的国民政府相继颁布了民法典的各编,此时才采用"民法"这一用语。中华人民共和国成立后,虽迟迟未制定民法典,但"民法"一语在法律界广为使用。1986年4月12日,第六届全国人民代表大会第四次会议审议通过了《民法通则》,"民法"作为我国一个法律部门的称谓在立法上正式确定。2017年3月15日,第十二届全国人民代表大会第五次会议审议通过了《民法总则》,迈出了编纂中国民法典的第一步。预计在2020年,包含总则、婚姻家庭、继承、物权、合同、侵权责任等编的《中国民法典》将诞生。

"民法"一语有两种用法:一是指用"民法"命名的法律文件,即民法典,如《法国民法典》《德国民法典》《日本民法典》《意大利民法典》等,称为形式意义上的民法;二是指法律体系中的一个部门法,即调整一类社会关系的法律规范的总称,称为实质意义上的民法。我国民法调整私主体之间的人身关系和财产关系,这里说的就是实质意义的民法。它不仅包括形式意义的民法即民法典,也包括其他单行的民商事法律(如公司法、票据法、海商法、保险法、证券法等)和其他法律中的民事法律规范。民法学研究的是实质意义的民法。

需要指出的是,"民法"一词是大陆法系特有的术语。在英美法系国家,不存在一个类似于大陆法系国家民法的法部门,因此,以"民法"命名的法典少有闻[①],有关民法的内容分属于财产法、合同法、侵权行为法等按更具体的方式划分的部门法。

二、民法的内容

(一)重要国家国民法典的基本内容

各国民法的内容和体系不尽相同。《法国民法典》分为人、财产以及所有权的各种变更、取得财产的各种方式三编;《德国民法典》《日本民法典》《中华民国民法典》(即现行台湾"民法")则包括总则、债权、物权、亲属和继承五编;1942年的《意大利民法典》除规定人与家庭、继承、所有权、债、劳动、权利的保护六编。1976—1991年的《荷兰民法典》分为自然人法和家庭、法人、财产法总则、继承、物和物权、债法总则、特殊合同、运输法、国际私法九编。1994—2006年的《俄罗斯联邦民法典》则包括总则、所有权和其他物权、债法总则、债的种类、继承、国际私法、智力成

---

① 实行普通法的美国加利福尼亚州制定了自己的民法典。关岛也是如此。

果和个别化手段的权利七编。《荷兰民法典》《俄罗斯联邦民法典》较新,相较于古老的《法国民法典》《德国民法典》等民法典,它们增加了国际私法和知识产权等内容。

(二)我国民法典的基本内容

在我国,民法学界对民法的内容和体系也有不同主张,但从学科体系上看,民法一般包括以下内容:

1. 人格和身份制度。人格即国家赋予自然人、社会组织、目的性财产充当民事主体的资格。民事主体是民事法律关系的参加者,是这种关系中享有权利和承担义务的人。在我国法律中,民事主体包括自然人和法人,国家是特殊的民事主体。但在社会经济生活中,合伙企业、企业分支机构、个人独资企业等非法人组织,对外签订合同、参与民事活动,享有权利和承担义务的情况,越来越普遍。这些非法人组织也应属于民事主体。

身份是影响主体人格和其他权利的立法者安排,它具有对偶性和分配性,换言之,身份总是成对地设置,其中一个给主体带来利益,另一个给主体带来不利益,立法者正是通过确定这正负两种因素的归属来完成身份的分配性。因此,身份对人格的影响分为积极的和消极的。起前种作用的身份如国民,反之,起后种作用的身份就是外国人了,因为民法总是某个特定法域的民法,尚不存在一种全球通行的民法,因此,取得某个法域的国民资格,通常是取得该法域的民法人格的前提条件。当然,外国人也可在对等原则的条件下取得内国的民法人格。所以,前种身份是充实人格的,谓之正身份;后种身份是"掏空"人格的,谓之负身份。

在当代,身份正日益频繁地成为立法者运用的奖惩工具施用于特定法域的成员,这是一种行政过程的结果,因此,身份的这种运用状态反映了行政法与民法的交错,以及人身法相对于财产法的独立性。

2. 人身权制度。人身权包括人格权和身份权。人格权是自然人、法人对其自身要素享有的权利。自然人的生命权、身体权、健康权、姓名权、肖像权、名誉权、荣誉权、隐私权、婚姻自主权,法人的名称权、名誉权、荣誉权等,是这两种民事主体拥有的基本人格权。自然人的人格权是宪法规定的公民权利的最直接的体现,确认和保护民事主体的人格权,是民法的重要任务。

必须把人格与人格权区分开来。人格本身也是一种权利，是一种前提性的权利，其他权利都要以它为依据取得，所以是派生的权利，人格权即这些派生的权利的一种。人格是国家赋予的资格，表现了国家与民事主体之间的纵向关系；而人格权主要体现了民事主体之间自由空间的划分，属于横向关系。

身份权是自然人由法律确认的对其亲属人身的控制权。身份权只存在于狭义的身份法——婚姻家庭法领域，具体表现为亲权和配偶权，其内容为父母对子女人身的占有（例如，子女通常必须以其父母的住所为自己的住所）、配偶相互对对方人身的占有（例如，夫妻互负同居义务）。诱拐他人子女为对前一种身份权的侵犯；引诱配偶一方与自己或他人发生性关系为对后一种身份权的侵犯，这些侵权行为都导致权利人获得损害赔偿请求权。

也必须把身份与身份权区分开来。前者是影响主体人格的立法者安排，表现的是国家与民事主体之间的纵向关系；后者是身份权人对他人干扰或侵害家庭关系之排除，属于民事主体之间的横向关系。

3. 婚姻家庭制度。婚姻是两性结合的社会形式，家庭是社会的细胞。结婚、离婚、收养、扶养等，是市民社会生活的重要内容，调整婚姻、家庭关系是民法的重要任务。

4. 继承制度。继承解决的是自然人死后财产权的移转等问题。财产继承主要发生在家庭成员之间，是家庭成员之间经济连带性的表现。保护自然人的遗嘱处分权，是保护其财产权的重要组成部分。财产继承制度是民法的重要内容。

5. 物权制度。物权是民事主体对物直接支配并排除他人干涉的权利，包括财产所有权制度和土地使用权、土地承包权、抵押权、质权、留置权等他物权制度。物权制度解决的是财产的归属与利用问题，是民法的基本制度。

6. 知识产权制度。知识产权包括著作权、专利权、商标权等以知识产品为标的物的权利。随着科学技术的发展，尤其是知识经济时代的到来，知识产权对社会经济发展和科学文化进步所起的作用越来越大，从不见诸民法典演变为重要的民法制度被许多民法典收纳。

7. 合同制度。合同是当事人自愿选择的对自己行动自由的限制，主要解决财产、服务、知识产权的流转问题。合同通常是有偿的，所以，它通常反映的是人人为我、我为人人的交换型社会生活形态。赠予合同则是无偿的，它反映的是人类的情爱关系。

8. 侵权责任制度。侵权责任是国家对侵犯他人绝对权者课加的制裁,以图消除侵害他人利益行为的后果。

在传统的大陆法系民法中,合同、侵权行为、无因管理、不当得利等制度被统合在债法的名目下,这些制度的个性大于共性,勉强把它们拢在一起问题多多,故我国的民法分则在起草计划中放弃了设立债法总则的安排。对于无因管理和不当得利,我国拟作为准合同规定在合同编中,这与美国法的处理相同。

第二节 民法的对象和调整方法

一、我国民法的对象

《民法总则》第 2 条规定:"民法调整平等主体的自然人、法人和非法人组织之间的人身关系和财产关系。"按照这一定义,民法有人身关系和财产关系两个对象。

(一) 人身关系

人身关系,是就人格、人格权和身份、身份权发生的社会关系。

所谓人格,就自然人而言,指生物学意义上的人被承认为法律上的人的状态,这种承认的结果表现为国家赋予生物学意义上的人以权利能力。因此,人格与权利能力是两个基本可以相互等同的概念。人格关系包括对外和对内两方面的内容。就对外方面而言,人格关系涉及一个法域与其他法域的成员的关系。在这个世界上,每个国家都是一个法域或一个市民社会。如果一个法域接纳其他法域的成员为自己的民事主体,我们就说该被接纳者取得了后一个共同体的人格。在这里,人格就是某一个市民社会的主体资格,它表现为承认外国人的民事权利能力问题,外国人在内国通常承受或多或少的能力限制。就对内方面而言,生活在一个法域的人并不见得就被承认为是这个法域的主体,例如,在古罗马,奴隶就不被承认为主体;在现代,也有一些国民的主体资格受到限制或贬损,以落实惩罚或区隔。

人格权是民事主体对自身要素享有的权利,即生命、身体、健康、姓名、肖像、名誉、荣誉、隐私、婚姻自主等具体的人格权。人格权来自法国中世纪伟大的民法学家雨果·多诺（Hugues Doneau,1527—1591年）的权利分类理论,他把权利分为对物的权利（物权）、对他人的权利（债权）和对我们自己的权利（人格权）三类①,这种理论马上传播到德国,在温德沙伊德的《潘德克吞法》中采用②,构成了我们现在的人格权理论的基础。

学术界还有一般人格权的提法,因为关于人格权的立法不可能穷尽一切具体人格权现象,所以在未为法律明文规定的人格利益受到侵害时,我们可援用一般人格权进行保护。

关于作为民法调整对象的身份和身份权,前文已述,此处不赘。

（二）财产关系

财产关系是以财产为媒介发生的社会关系。因此,说明了什么是财产,也就说明了财产关系。

经济学把一切对人有用的东西都称为资源或财货（goods）,财货又分为物质的和个人的、经济的和自由的。物质的财货是各种有形的物和无形的权利。个人的财货有内在的和外在的两种,前者为人的各种能力（如天赋、体力、特殊技能等）;后者为人在与他人关系中形成的能带来利益的东西（如信誉、商誉等）。经济的财货受稀缺法则的支配,不能无限量地满足人的需要;相反,自由的财货不受这一法则的支配,可无限量地满足人的需要。如空气和阳光,它们对人有用,因而是财货,但它们在某种意义上无限地存在,人人可以各取所需而不需付出代价,所以不可能就它们产生财产权。任何财产权皆以客体的自然的或人为的稀缺性以及由此而来的人们的自利心为基础。因此,经济学中的财货不等于民法中的财产。显然,只有经济的财货、物质的财货才是财产。在劳动力市场已形成的条件下,个人内在的财货反映为具有一定素质的劳动力,也是财产。现代社会中已有商号和商标的买卖,实际上是以商誉为标的物的买卖。在生产要素全面由市场配置的经济条件下,财产的范围十分广泛,因而民法调整的范围也十分广泛。

---

① Voir Jean-Louis Gazzaniga, Hugues Doneau et les fondements de la codification moderne, En Denis Alland et Stephane Rials(Directeur),Droit,PUF,Paris,1998, p. 88.

② Cfr. Bernardo Windscheid, Diritto delle pandette(Vol. I), trad. it. di Carlo Fadda e Paolo Emilio Bensa ,UTET, Torino,1925,p. 177.

一切要素要成为财产,必须满足以下条件:第一,它们必须具有效用,即能满足人的需要。第二,它们必须具有自然的或人为的稀缺性,即不能无限量地存在。人为的稀缺性又称强制性的稀缺,是通过政府干预使本来趋弱的稀缺性强化。知识产品的特点是他人使用并不减少权利人的使用,所以,知识产权的设定并非基于客体的自然稀缺性,而是基于人为稀缺性。政府为了保护知识产权人的利益强制把知识产品设定为稀缺的,要求权利人以外的人为其对知识产品的使用付费。第三,它们必须具有合法性。有些因素既具有效用,又具有稀缺性,例如学位、职称、职务、军衔以及人,它们都不是财产,因为法律出于公共利益的考虑禁止它们成为财产。此外,由于大部分的财产权的客体是人的劳动产品,这部分财产必须包含人类劳动。符合以上条件的财产即具有价值,因此,财产的价值来源于效用、稀缺性和劳动三个渠道。由于并非一切财产都是劳动产品,有的财产如国有土地使用权,其价值来源于其效用和稀缺性,而非劳动。所以,我们可以把财产分为劳动产品和非劳动产品两大类,前者通常被称为商品,即为了交换而生产的劳动产品。

有的民法著作将财产关系等同于商品关系,这是错误的。我们知道,财产包括劳动产品和非劳动产品,将财产关系等同于商品关系,无疑人为地缩小了民法的调整范围,而且也不符合市场经济条件下大量交易非劳动产品(如拍卖无线电频道和二氧化硫排放额)的经济实践。

在财产关系中存在的权利为财产权。所谓财产权,就是人与资源的关系,财产权人有权就这些资源的占有、使用、收益作出决定。财产权的存在以资源的稀缺性为条件,因此,从另一角度看,财产权反映的是人与人之间就稀缺资源的利用发生的关系。

二、民法的调整方法

(一)概述

调整是一个一般的概念,在这一概念之下,有拟制、范导、修补、保障和惩罚五类调整手段。民法的调整分为事前调整和事后调整两个阶段。"事"在此处的含义是"争议的发生",因此,所谓的事前调整,就是民法在当事人发生争议之前对社会关系施加影响的活动;所谓的事后调整,就是民法在当事人发生争议之后对社会关系施加影响的活动。拟制和范导属于事前调整的范围,修补、保障和惩罚属于事后调整的范围。

(二)事前调整

1. 拟制。所谓拟制,是立法者基于公共政策的考虑,把甲事实当作乙事实适用法律的活动。立法者常常使用带"视为"的句子制定拟制性条文。拟制既可适用于主体,也可适用于客体。就前者而言,有如《民法总则》第 18 条的规定:"16 周岁以上的未成年人,以自己的劳动收入为主要生活来源的,视为完全民事行为能力人。"本来,在行为能力问题上,16 周岁以上的未成年人,与 18 周岁以上的自然人,是两个不同的范畴,由于前者以自己的劳动收入为主要生活来源,表明他们具有与后者相当的辨认自己行为的能力,立法者基于扩大完全民事行为能力人的数目的考虑,遂运用拟制的调整手段,赋予前者以完全的民事行为能力。就后者而言,有如许多国家关于船舶、飞机在法律上视为不动产的规定。从事理之性质来看,船舶、飞机本身为动产,但立法者考虑到它们价值巨大且极为重要,遂赋予它们以不动产的地位,对其适用不动产方面的法律。

2. 范导。它是为当事人可能的行为提供法律模式的民法调整方法,最典型的体现为法律规范和法律行为制度。前者是事实的范导,后者是价值的范导。设立基本原则也是一种范导方式。

民法规范是对一个事实状态赋予一种确定的法律后果的规定,其逻辑结构分为行为模式和保证手段两个部分。行为模式由假定和处理构成,前者指民法规范适用的条件和情况;后者指可以做什么、不可以做什么、应该做什么的具体规定。行为模式部分旨在指导人们的行为,划定人们行为的可能空间,表达和反映立法者的意志和愿望。保证手段部分由假定行为和法律后果两者构成。前者指法律关系主体的可能性行为选择,后者指立法者对法律关系主体行为选择的裁决和处理。保证手段部分旨在督促人们依照法律规定的行为模式作出行为,体现和反映民法的国家强制力。当事人通过分析民法规范,即可在行为前预先知道法律对自己行为的要求以及违反这些要求所产生的后果。通过这些过程,立法者所愿望的社会秩序得以实现,民法完成其调整功能。

法律行为则对立法者不能精确预见的当事人行为规定了价值框架性的行为

模式。

(三)事后调整

事后调整包括以下手段:

1. 修补。它就是以补充性规定完善当事人之间的法律关系的缺项的民法调整方法。法律作出某些规定,在当事人设立的法律关系就相关内容无约定,以致影响法律关系的圆满状态时,推定当事人以这些规定为法律关系的当然内容,以恢复法律关系的圆满状态。这些用以修补当事人间法律关系残缺的规定,即补充性规定。

2. 保障。它就是通过适用民事救济使被破坏的法律关系恢复圆满状态的民法调整方法。通过事前调整,民法将社会关系转化为法律关系,形成一种理想的社会秩序。但不排除法律关系被破坏的可能。在法律关系中的权利受到侵犯时,民法便通过事后调整使被破坏的权利得到恢复。如果说民法规范的行为模式部分旨在实现事前调整的功能,则其保证手段部分承担着事后调整的任务。事后调整的手段为民事救济,主要有返还财产、恢复原状、赔偿损失等方式。

3. 惩罚。它就是在行为人没有按照法律的要求作出行为的情况下,使其承担不利的法律效果的民法调整方法。惩罚有失权、强令生效、价格制裁、证据规则、解释倾斜等形式。

失权,是在行为人没有按照法律的要求行为的情况下,法律作为惩罚剥夺其某些权利能力。例如,导致企业破产的企业领导人被剥夺一定期间内再次担任企业领导人的权利能力。

强令生效(认假为真),是在当事人故意为不真实的意思表示,并无使其生效的动机的情况下,法律强令该意思表示生效,以惩戒不负责任的表意人。例如,《埃塞俄比亚民法典》第2123条规定:"某人通过其作为或不作为制造某种假象的,第三人基于对此等假象的信赖所实施的行为,可被宣告为可用来对抗假象的制作人。"

价格制裁,指在法律行为履行中,其标的物价格发生变化的,法律令逾期履行的一方承担价格变动造成的损失。《合同法》第63条即这样的规定。

证据规则,就是以分配举证负担的途径达到有利于一方当事人,不利于另一方当事人的立法目的的措施。证据规则作为调整方法,有采用优势证据

（preponderance of evidence）和举证责任倒置两种形式，前者有《菲律宾民法典》第33条的例子，该条规定："在破坏名誉、诈欺和人身侮辱的案件中，可由受害的当事人提起完全与刑事诉讼分开且分别要求赔偿损害的民事诉讼。这样的民事诉讼将独立于刑事追究进行，并且只要求优势证据。"在这一规定中，法律基于公共政策的考虑，对破坏名誉、诈欺和人身侮辱这些特别恶劣的案件中的受害人提供特别的保护，他们就上述类型的案件提出的证据，以比不利于他们的主张的证据占优势为已足，换言之，不要求他们绝对地证明事实，而只要求他们相对地证明事实。优势证据是一个宽松的证明标准，通常适用于民事诉讼。刑事诉讼适用"排除合理怀疑"的证明标准，它要求证据确凿无疑，能消除所有可能的不确定性①。显然，相较于适用"排除合理怀疑"标准，被适用优势证据规则的加害人在诉讼中被置于不利的地位，由此实现制裁他们的立法目的。后者有违约责任中的过错推定责任的例子。在通常情况下，实行"谁主张，谁举证"的原则，但许多情况下举证困难，因而举证是一项负担。在违约之情形下，违约人只要有违约的事实，就被推定为有过错，要承担相应的违约责任，除非他证明违约不是由其过错造成的，才可免责，被违约人不承担证明违约人有过错的责任。法律通过这种制度来敦促合同当事人避免违约行为。如果违约，就置其于不利的地位。

解释倾斜，指立法中规定，如果法律关系双方当事人的地位不均衡，则允许法官在解释作为法律关系产生根据的文件时，作不利于强势一方的解释，以图减少当事人地位的差异。例如，《合同法》第41条规定，"……对格式合同有两种以上解释的，应作不利于提供格式条款者一方的解释……"。该条即采用了这种调整方法。

民法的调整方法种类甚多，我们不能一一列举。如果运用归纳法，我们不难从现有的民事立法中找到诸多这方面的实例。

三、民法与相关法律部门的关系

（一）民法与商法

商法是规范商人、商业组织和商事活动的法律，其内容一般包括商业登记法、

---

① ［美］彼得·G. 伦斯特洛姆编：《美国法律辞典》，贺卫方等译，中国政法大学出版社1998年版，第260～261页。

公司法、非公司型商业组织法（如合伙企业法、独资企业法）、破产法、票据法、保险法、海商法。古埃及、巴比伦、腓尼基、希腊、罗马就有了商法。① 但古代的商法没有形成适用于商人阶层的独立法律部门，此乃因为当时没有现代人的客体导向的部门法划分，且当时的法律没有抵触商业活动要求的规定，换言之，非常严格地保护债权人，对债务人非常严厉。但后来发生了法律人道化运动或曰宽待债务人运动，如此损害了商业运行的精确性，导致商人有必要确立自己的规则以自保。这种必要在中世纪以商人法的形式实现了。商人法是商人行会（Merchant Guild）自治自律性的商业习惯法。原来是属人法，即适用于商人的法律，后来演变为行为法，即调整商行为即营利性的行为的法律，不论此等行为是商人或非商人实施的。1807 年，法国在民法典之外另订《法国商法典》，由此确立了民商分立的体制。德国、日本、比利时等国亦采民商分立制，分别制定了民法典和商法典。瑞士于 1872 年制定了《债法典》，内容包括公司、票据、商业登记等本属于商法的制度，1911 年将债法纳入《瑞士民法典》，为其第五编，从而确立了民商合一的体制。土耳其、泰国及旧中国均采此制。意大利统一后采民商分立制，分别制定了民法典和商法典，1942 年制定新民法典时转为民商合一制，制定了包括民法和商法内容的民法典。

民法与商法皆为私法，前者为普通法，后者为特别法；前者具有地域性，后者具有国际性。前者既调整人身关系，又调整财产关系，后者主要调整财产关系。至于两者在立法体制上的关系，我国多数民法学者则主张民商合一，认为商法属于普遍的民法规则的具体运用。它们的关系具体表现在：第一，从内容上看，商法的各项制度是民法制度的具体化和扩大化。例如，公司是法人的主要形式，个人合伙企业和个人独资企业则是自然人作为民事主体在商业活动领域的具体表现；股东订立公司章程，合伙人订立合伙合同，票据当事人签发票据、背书转让票据，当事人订立海上货物运输合同、保险合同等，都是具体的民事法律行为；票据关系、海上货物运输关系、保险关系等，则属具体的债权债务关系。第二，从法律的适用效力看，商法规范优先于民法规范适用。关于商人和商事活动，商法有规定的，适用其规定；无规定的，才适用民法的一般规定。

---

① 例如，伊夫·居荣如此认为。[法]伊夫·居荣：《法国商法》（第 1 卷），罗结珍、赵海峰译，法律出版社 2004 年版，第 12 页。

（二）民法与经济法

民法与经济法的调整对象不同。民法调整的人身关系和财产关系以横向关系为主；经济法调整政府对经济的管理、国家和企业之间的关系，以纵向关系为主。民法的调整对象是二元的，既包括人身关系也包括财产关系，而经济法的调整对象是一元的，只包括财产关系。《中共中央关于建立社会主义市场经济体制若干问题的决定》指出，要"抓紧制定关于规范市场主体、维护市场秩序、加强宏观调控"等方面的法律。其中，有关规范市场主体和市场秩序的法律，主要是调整主体间财产关系的法律，如公司法、合伙企业法、独资企业法、合同法等，应属民商法；而有关宏观调控的法律，如计划法、银行法、财政税收法等，应属经济法。至于维护市场秩序的法律中反映国家干预市场行为的部分，如反垄断法、反不正当竞争法、价格法、标准化法、产品质量法、广告法等，也属经济法。

（三）民法与劳动法

劳动法是调整劳动关系的法律。在大陆法系的早期，雇佣关系被认为是劳动力租赁关系，适用民法典中关于租赁合同的规定。自19世纪后半叶以来，由于工人运动的发展，劳工保护受到重视，有关劳动时间、劳动报酬、劳动安全、劳动保险、劳动争议处理、集体劳动合同等劳工保护的立法越来越多，逐渐形成相对独立的劳动法部门，它们从属于社会法的大的法的分支。我国法学界历来把劳动法作为独立的法部门，立法上也是单独成类。但劳动法通常只调整企业中的劳动关系，对于零星的私人雇佣，例如保姆雇佣，仍然适用民法中关于雇佣合同的规定。

（四）民法与土地法

土地关系包括横向关系和纵向关系，其横向部分的调整在大陆法系国家属于民法中物权制度的内容。其纵向部分的调整，即国家关于土地管理的规定，属于土地法的内容。我国土地归国家所有或集体所有，不允许私人享有土地所有权，我国的土地关系纵向成分多、横向成分少。1988年宪法修正案明确规定："土地的使用权可以依照法律之规定转让。"土地使用权由此成为一种可以依民事程序转让的财货。这就扩大了土地关系中横向部分的范围。2016年10月30日，中共中央办公厅、国务院办公厅发布了《关于完善农村土地所有权承包权经营权分置办法的意见》，确立了土地所有权、承包权、经营权三权分置的体制，进一步强化了农地从承包者移转到经营者手中的可能性。有关土地财产权利的设立和变动,自然适用民法的规定,对这方面关系的调整是物权法的重要内容。

第三节 民法的本质

一、民法为公私混合法

公法和私法的划分是西方法律史上源远流长的对法律的分类,但分类标准颇不一致,有法律保护的利益是共同利益还是私人利益、权利是否可以抛弃、主体是国家还是私人、规定关系是否平等、行为者是公主体还是私主体、法律的渊源是由国家创制还是由私人创制、法律的规定是否可以由当事人的合意加以变更等至少七种分类标准。关于何谓私法,本书基于平衡保护私人自治与维护社会公共秩序两个基本点的考虑,采用最后一种分类标准,即"变更说"。按照这种观点,民法原则上为私法,但并非全然私法,因为民法总则中关于人格和身份等的规定,物权法、亲属法、继承法中的许多规定,是不能以当事人的合意加以变更的,属于强行法,即公法。它们都属于保障社会秩序的规定,但它们不占据民法的本体,民法的大部分规定,仍属于可以以当事人的合意加以变更的任意性规定。因此,民法为公私混合法,这不过是说,为了维护社会秩序,保护弱者,强行性规定仍有必要存在于民法之中。

二、民法是权利法

权利是法学的一个基本范畴,也是一定社会法律制度的核心内容。最直接且最集中地确立和保护自然人、法人的权利的是民法。民法的全部内容是围绕着确认和保护自然人、法人的民事权利展开的。民法规定了民事权利的享有者(民事主体)、民事权利的内容(人身权、继承权、物权、知识产权、债权等)、民事权利的取得与行使(法律行为和代理等)、民事权利的保护(民事责任)等,因此,民法是以权利为本位建立起来的法部门。无论是大陆法系国家的民法典,还是我国的《民法总则》,都体现出民法的这种内在逻辑。

民法是权利法,决定了民法多为任意性规范。民法规范的特性体现了民事法律赋予民事主体充分的行为自由,对于自己享有的民事权利,只要不违背法律、法规的强制性规定,民事主体可以行使,也可以不行使;直至放弃;可以此种方式行使,亦可以彼种方式行使。

民法的权利法属性还决定了在民事法律关系中,民事权利始终处于主导的一面,民事义务则是为满足权利人的利益而存在的。不论是合同义务还是法定义务,都以满足权利人的利益为其价值目标。义务人如违反其承担的义务,应承担民事责任。而民事责任从根本上看,是民事权利的一种法律救济手段,也以满足权利人的利益要求为其价值目标。

三、民法是公民的身份法

民法本为身份法,是以国民身份为前提赋予权利能力以及相应的利益的法。民法不是国际法。所以,在民法上,外国人和无国籍人与国民必定是不平等的。

国民的身份下分为若干个亚身份,例如俗人、僧侣和军人,实际上,民法是国民中的俗人的身份法。僧侣、军人等亚身份的拥有者都有自己的属人法,由此存在属人法的冲突问题。所以,法律冲突不一定以国际关系为背景,可以以身份际关系为背景。基于亚身份的多样性,各种亚身份的拥有者在民法上也是不平等的。

由于公民容易与公法勾连,在认定民法是私法的前提下,我国学界讨厌公民概念,喜欢自然人概念。实际上,自然人不过是物理人(Physical person),是被精神人(Moral person,即法人)概念倒逼出来的概念,没有那么多的意义。①

第四节 民法的渊源

一、概述

法律渊源指法律的表现形式,民法渊源就是民法的表现形式。学者在民法渊

---

① 徐国栋:《我国民法总则制定中的四个问题》,载《暨南学报(哲学社会科学版)》2017年第2期。

源问题上存在一元制与多元制两种主张。所谓一元制,就是只承认制定法为民法渊源的主张。《法国民法典》采用一元制,其第 5 条规定:"审判员对于其审理的案件,不得用创立规则的方式进行判决。"排除了适用制定法之外渊源的可能。按多元制主张,民法的渊源除了制定法外,还包括习惯、判例、法理等。持多元制主张的有《瑞士民法典》。其第 1 条规定:"(1)凡本法在文字上或解释上有相应规定的任何法律问题,一律适用本法;(2)如本法无相应规定时,法官应依据惯例,如无惯例时,依据自己作为立法人所提出的规则裁判;(3)在前款条件下,法官应依据最权威的学说和判例。"此条规定了《瑞士民法典》以制定法、习惯、判例、学说为内容的多元的法律渊源体制,与《法国民法典》就同一问题所作的规定迥然不同。在上述《瑞士民法典》的渊源体制中,制定法是民法的直接渊源;习惯、判例、学说为间接渊源。直接渊源和间接渊源的区别在于:前者具有适用上的直接性和优先性,对于诉讼事件,有制定法的明文规定的,必须先直接适用制定法;后者具有适用上的补充性和间接性。补充性表现为:无制定法规定时方可适用;间接性表现为:作为补充渊源的规范,只有经过法院选择、认可后,才可作为法律适用。[①]

在民法的渊源问题上是采用一元主义还是多元主义,取决于立法者对两个问题的答案。

第一,立法者是否承认制定法存在局限性,即是否承认制定法存在漏洞。凡不认为制定法有局限性者,必建立制定法完美无缺、不需要以其他渊源加以补充的信仰,而只承认制定法为唯一的渊源。凡承认制定法有局限性者,必自知制定法存在漏洞,因而明智地确立其他渊源加以补充。在《法国民法典》产生的时代,立法者受理性主义影响,认为人类的认识能力是至上的、绝对的,立法者因而作出一元论的选择。

经过历史的进化,人类认识能力具有至上性的信念发生了动摇,而相信人类的认识能力处在有所知而有所不知的地位,立法者只能对自己已有把握认识的社会关系加以规定,对无把握认识的未来可能发生的社会关系,只能授权将来的有权机关加以处理,因而确立了法律局限性理论。总之,法律局限性理论就是承认制定法有漏洞的理论,由于它的产生,导致了《瑞士民法典》形成了以补充渊源填补制定法

---

① 王泽鉴:《民法学说与判例研究》(二),台大法学丛书 1979 年版,第 9 页。

漏洞的多元的法律渊源体制。

第二,立法者在设计法律渊源体制是一元还是多元时,需要回答的另一个问题是:立法权与司法权是否要进行严格的划分？因为作为最重要、最经常使用的补充渊源——判例,就是法官立法之产物。《法国民法典》由于奉行严格的三权分立理论,不许可司法者僭越立法权,因而设计了一元的法律渊源体制。其第5条规定:"审判员对于其审理的案件,不能用确立一般规则的方式进行判决。"明文禁止法官立法。而是否能禁止得住法官立法,取决于制定法能否做到完美无缺。假若制定法不可能做到完美无缺,在法官不得以法无明文为由拒绝审判的条件下,不管立法者是否愿意,法官创立规则以处理手中的案件都是必然之事。由于法律局限性认识上的突破,近代各国立法逐步舍弃了严格的三权分立观念,认为议会是一般的立法者,法官是个别的立法者。[①] 前者制定法律之大纲;后者制定法律之细则。各国由此淡化了立法与司法两大权力之间的严格划分,模糊了二者之间的界限,因而普遍承认判例为民法的补充渊源。

二、我国民法的渊源体制

我国应包括如下渊源:

(一)法律

法律是全国人大及其常务委员会按照立法程序为人民制定的行为规范,它是最典型的成文法。所谓成文法,指以文字形式表述并于生效前予以公布的法律;以文字形式表述使其具有确定性;于生效前予以公布使其对当事人具有可预见性。成文法的特点和优点在于:它是由执法者与守法者所共知的法律,守法者在作为执法客体之同时,是监督执法者的主体。因此,成文法的立法形式即意味着执法者在人民的监督下司法,防止司法者的任性和专横,最利于保障人民权利的安全。

成文法的双重约束性使其成为法治的象征和运作的基本条件。一个国家法律的成文法化程度是衡量其法治水平的尺度。

成文民法的主要表现形式是民法典。

[①] [法]勒内·达维德:《当代主要法律体系》,漆竹生译,上海译文出版社1984年版,第49页。

民法典是成文民法的最高形式。所谓民法典,指将绝大部分民法规范集中在一部立法文件中加以规定的立法方式,以条文众多、体系完备、逻辑严密,便于当事人和法官寻法为特征。相较于民事单行法,民法典的立法形式有利于提高民法的公示性。法律的公布有两种方式:一是零星的公布,例如制定各项单行法;二是系统化的公布,例如制定民法典。明了以前一种方式公布的法律之内容,对以司法为业的法官不难,但对于往往非以司法为业的当事人,甚难,因此,零星公布的成文法,使法官和当事人在对法律的可接近性上处于不平等的地位,很难保证后者的监督功能之实现。而系统化公布的民法典,可以使其拥有者一卷在手,权利义务了然于胸,因此,使法官和当事人对法律具有同等的可接近性。[1]

根据权力量守恒定律,法律规定的详略与执法者的权力成反比。法律所作的规定越多、越详备,法律留给执法者的权力就越小;反之,法律规定越简略,法律留给执法者的权力就越大。[2] 基于上述函数关系,为了保障人民权利的安全,最好的办法莫过于由人民制定尽可能详尽的法典,再由执法者严格执法,杜绝他们把自己的私欲冒充为法律的可能,在立法与执法之间画一条相对明确的界线,在人民的权利与执法者的权力之间建立一道可靠的屏障。在我国,法官的素质和待遇皆不高,而这些条件又难以在短时期内加以改善,尤其有如此必要。因此,包罗广泛的民法典是最能保障权利之安全、最能制约权力的立法方式。只有在法典法条件下,成文法的普遍性和确定性才能发挥到极致。马克思说:"法典就是人民自由的圣经。"[3]即指法典法具有普遍的、不取决于个别人任性的性质。而且法典的内容为综合的、广泛的,尽可能包括社会生活各个方面的规则,这就使法律的确定性更加成为可能。法典法对普遍性和确定性的提升,使其成为对抗可能被滥用的权力的有力武器。

(二) 习惯

习惯是独立于国家制定法之外,由不确定的人制定的具有一定的强制力的行为规范。[4] 它是制定法之外的另一类法律渊源,有人称它为法律的第一渊源。它

---

[1] 徐国栋:《对民法的调整对象和调整方法的再认识》,载《法学》1993年第9期。
[2] 徐国栋:《论我国民法典的认识论基础》,载《法学研究》1992年第6期。
[3] 《马克思恩格斯全集》第1卷,人民出版社1964年版,第71页。
[4] 高其才:《中国的习惯法初探》,载《政治与法律》1993年第2期。

并非由国家立法机关制定,而是在社会全体或某一社会领域内以约定俗成的方式形成,由一定的强制力加以保障的法律渊源。构成习惯法须符合两个条件:其一,经长期反复适用;其二,为一般国民的法律意识所接受,信其为法律而受其约束。①

习惯主要可分为全社会的习惯和特定社会群体的习惯两类。前者如"会会"的习惯,②它是由会首为集资以应急用为目的发起一批人约定每期应给付的会款、所得总额由打会者按抽签或竞标(通过允诺提供更高的利息)方式轮流使用的习惯,为民间资金互助的一种方式。③ 此种习惯长期存在于中国大陆、台湾以及日本、韩国民间,最近,台湾地区已将之制定法化,作为典型合同整合进了民法典。④ 后者如云南摩梭人采用的走婚习惯、古董业中流行的"不保真"习惯。在就上述问题发生争议时,制定法若无规定,可适用习惯法的规则处理当事人间的权利义务关系。

习惯与民法典有对立性。民法典是在封建制结束、中央权力扩张之际诞生的。从政治学的意义讲,民法典是对国家统一和中央权力强化的事实的确认书。以1804年的《法国民法典》为例说明此问题,我们知道,在制定它之前,法国北部是习惯法地区,南部是罗马法地区,后者适用的是罗马法而非罗马律,因此,这里的罗马法也是习惯法,因为它已经失去了立法权威的依托,演变成了习惯。这样,法国在法律文化上实际上是分裂的,尽管这个国家在路易十一时期就实现了统一,并且力图以制定部门法性质的诸条例的方式实现法律的统一,但后者属于要由拿破仑补充完成的未竟之业。拿破仑把南北两方的法加以融合,分别吸收代表南方法区和北方法区的法学家参加民法典的制定,实现了法国法律上的统一。考虑到地方性因素是消极力量,《法国民法典》不承认习惯是法的渊源,只认制定法为唯一的渊源,换言之,只承认中央制定的法律为有效。不论这种安排的可行性如何,它都反映了当时的政治制度的现实。

习惯是民法的最初形式。习惯产生于制定法之先,最初的制定法只是习惯的

---

① 王泽鉴:《民法学说与判例研究》(一),台大法学丛书1980年第5版,第82页。
② 陈宝良:《中国的社与会》,浙江人民出版社1996年版,第161~240页。
③ 又称为"台会"。关于其性质,众说纷纭,有"合伙说""消费借贷说""无名契约说"等。关于这一问题,详见史尚宽:《债法各论》,荣泰印书馆1981年版,第652页。
④ 柳经纬:《1999:中国大陆合同法之制定与台湾民法债编修订之比较》,载《厦门大学法律评论》2001年第1期。

记载。习惯一经制定法吸收,便不再是习惯而是制定法。但人们为了满足生活的需要,仍不断在相互交往过程中形成新的习惯,或调整制定法所不及的社会关系,或对制定法尽管有规定但不合时宜的问题进行更合理的调整。因此,习惯是人民直接立法,是对制定法的补充和完善,因而是制定法进步的动力。

习惯(custom)不同于惯例(usage)或实际做法(practice)。后两者是重复的行为,但尚未成为规则;前者也是重复的行为,但已经被确认为规则。[①]

制定法也可以转化为习惯法。在香港九龙,中国人涉及婚姻和继承的事件,可以适用大清律的有关规定。此时,大清律是作为习惯法被适用的,它由过去的制定法转化成了现在的习惯法。

我国司法实务中有采纳习惯作为制定法之补充的做法,例如针对凶宅问题。所谓凶宅,是在转让前其中发生过凶杀等类型的非正常死亡的住宅,如果转让方隐瞒非正常死亡发生地的情节转让它们,受转让方会感到受骗,因为他们若知道此等情节即不会购买之,以求吉利。近年来,我国法院支持确定凶宅为标的物的瑕疵的习惯法,判定交易无效、可撤销或标的物评价减值。另外,我国民间广泛存在结婚前订婚的习惯,以昭婚姻之慎重性。此种做法,从法律角度看,是订立婚姻契约之预约,它无违善良风俗,属于一种优良之民间习惯法,应予尊重。

随着民事生活的发展,我国必将产生更多的民事习惯。习惯作为补充渊源的地位将提高,适用范围将扩大。

第五节 民法基本原则

一、民法基本原则的概念

民法基本原则是其效力贯穿民法始终的民法根本规则,是对作为民法调整对象的人身关系和财产关系的本质和规律的集中反映,是克服法律局限性的工具。

[①] 单文华:《国际贸易惯例基本理论问题研究》,载《民商法论丛》第 7 卷,法律出版社 1997 年版,第 592 页。

民法的基本原则不同于民事活动的基本原则。后者是民事活动的当事人须遵循的行为准则,它只有守法准则的意义,与立法和司法等法律运作的其他环节无关。而民法基本原则不仅与守法有关,而且与立法和司法皆有关,同时兼备立法准则、行为准则和审判准则、授权法官进行创造性司法活动的功能,因此,民法基本原则的外延远远大于民事活动的基本原则的外延。

二、民法的诸基本原则

根据民法调整对象的本质及我国现行民事法的规定,民法的基本原则有四项:诚实信用原则、公序良俗原则、绿色原则、意思与国家的保护性干预相结合原则。

(一)诚实信用原则

诚实信用原则是维持当事人双方之间以及他们与社会之间的利益平衡的立法者意志。它起源于罗马法的诚信诉讼。① 在《法国民法典》和《德国民法典》中,它被规定为债的履行的准则。② 自《瑞士民法典》把它规定为民法的基本原则之后,③ 大陆法系国家大多通过立法或司法活动确立了诚实信用的民法基本原则的地位。我国《民法总则》第 7 条规定:民事主体从事民事活动,应当遵循诚信原则,秉持诚实,恪守承诺。这个条文是诚实信用原则在我国民法中的体现。

诚实信用原则要求民事主体在民事活动中,不论是行使权利还是履行义务,都应当以诚待人、讲求信义,做到"己所不欲,勿施于人"。诚信有客观诚信和主观诚信两个分支,前者是当事人实施的尊重他人权利的行为;后者是当事人具有的侵犯了他人权利而不自知的心理状态。无论客观诚信还是主观诚信,都体现了对他人权利的维护,因此值得褒扬,立法者都给予其拥有者有利的处置。

客观诚信最集中地体现在合同法中。我国《合同法》除上述第 6 条的规定外,

---

① 在罗马法里,诉讼有严格诉讼和诚信诉讼之分。在严格诉讼中,法官只能依照合同的条款进行裁断,不得予以变更。在诚信诉讼中,法官不受合同条款字面含义的约束,可根据公平的原则,按照通常人的判断标准,增减当事人的义务。这种诉讼因在诉讼请求中标明"依诚信"(ex fide bona)而得名。

② 《法国民法典》第 1134 条第 3 款规定:"契约应依善意履行之。"《德国民法典》第 242 条规定:"债务人应依诚实和信用,并参照交易上的习惯,履行给付。"

③ 《瑞士民法典》第 2 条规定:"任何人都必须诚实、信用地行使其权利并履行其义务。"

关于采用格式条款订立合同的规定(第39条);关于缔约过失责任的规定(第42条)和保守对方商业秘密的规定(第43条);关于合同履行中附随义务的规定(第60条);关于合同解释应依合同目的、交易习惯和诚实信用的规定(第125条),都体现了客观诚信的要求。

主观诚信主要体现在物权法中的取得时效制度中。以为占有自己财产却占有他人财产的人,具备主观诚信,法律允许他在较短的期间内完成时效取得占有物的所有权。如果明知财产为他人的而为占有,则为恶信占有,立法者对这种主观状态的持有者有两种处理:第一,让他不能完成时效;第二,让他也完成时效,但要求他以加倍的期限完成,以达到既鼓励充分利用社会资源,又惩罚觊觎他人财产者的目的。

诚实信用原则着眼于当事人之间的公平与利益平衡,反映了民法对人们更高的道德要求。由于诚实信用的用语含义模糊,导致这一原则没有确定的内涵和外延,它在各个具体情况下的意义要依情形而定,这样,它客观上赋予了法官衡平权,授权他们在法无明文规定或规定不明确时依自己的正义观念作出裁判,从而实现补充法律漏洞的功能。[①]

(二)公序良俗原则

公序良俗原则是公共秩序与善良风俗原则的合称。其中公共秩序,系指国家社会之一般利益;其中善良风俗,系指社会的一般道德观念。[②]换言之,公序良俗原则就是对民事活动当事人尊重国家社会之一般利益与一般道德的要求,但事实上,两者的内容几乎完全一致,都以社会和国家的健全发展为目标,因而在理论与实务中往往不区分两者而合称为公序良俗。[③]

《民法总则》第8条规定:民事主体从事民事活动,不得违反法律,不得违背公序良俗。这个条文是公序良俗原则在我国民法中的体现。

在补救法律局限性,引进法外规范于法内的功能上,公序良俗原则与诚信原则及其子原则权利不得滥用原则十分类似,由此产生三个原则的区分问题。这一问

---

① 徐国栋:《诚实信用原则研究》,中国人民大学出版社2002年版,第4页。
② 郑玉波:《民商法问题研究》(一),1976年作者自刊本,第33页。
③ 徐开墅主编:《民商法辞典》(增订版),上海人民出版社2004年版,第126页。

题得到了国外和国内学者的探讨,下面介绍一下他们探讨的内容。

1. 公序良俗原则与诚信原则的区别

我们知道,罗马法是区分善良风俗和诚实信用的,区分的方法已见上述。现代人面临同样区分两者的问题,对此有如下三种学说。

(1)纵向区别说。该说主张公序良俗原则与诚信原则对人的要求高低不同,前者为最低要求;后者为较高的要求。① 故德国学者拉伦兹(Karl Larenz)认为,相较于诚信原则,善良风俗只涉及来自人的社会条件的最低要求,并且只要求在某种情境下遵守这一要求。秘鲁学者德拉普恩德和拉瓦叶(De La Puente y Lavalle)认为,善良风俗只涉及特定时空的道德;而诚信原则的要求高于这一标准,确切地说,它以专门的约束为前提,并确定了行为的参与者之间的信赖。因此,并非所有违反诚信的行为都违反善良风俗,而不道德的行为却总是违反诚信原则的。② 西班牙学者莫佐斯(Josè Luis de los Mozos)认为,公共秩序是适用诚信原则的外在界限,在适用公共秩序规范的时候,就不得适用诚信原则。

(2)横向区别说。该说认为公序良俗原则主要适用于家庭法领域,而诚信原则主要适用于经济交换领域。③ 故拉伦兹认为,并非所有的公共利益都应得到优越于对团体生活如此重要的诚信原则的地位,只有专门关系到法律交易的安全的公共利益以及关系到司法的公共利益时才有理由不受诚信原则的修正。④

(3)功能区分说。该说认为公序良俗原则的适用效果是概括地否定某类行为,而诚信原则只否定特定的行为,换言之,具有适用的经验性。之所以如此,是因为公序良俗原则涉及的行为的反社会性比较强,所以必须一体否定,而诚信原则涉及的行为的反社会性较弱,在肯定法律行为效力的基础上,限制当事人行使权利或履

---

① 于飞:《公序良俗原则研究——以基本原则的具体化为中心》,北京大学出版社 2006 年版,第 87 页。

② Véase Manual Dela Puente y Lavalle, El contrato en general, El fondo para publicacion del PUC del Peru, 1996, pp. 35, 46.

③ 徐开墅主编:《民商法辞典》(增订版),上海人民出版社 2004 年版,第 126 页。

④ Véase Josè Luis de los Mozos, El principio de la buena fe, sus aplicaciones prácticas en el derecho civil espanol, Barcelona, Bosch, 1965, p. 69.

行义务的方式,即可平衡当事人间的利益。① 因此,公序良俗原则往往从法律关系外部矫正其内容,与诚信原则往往从法律关系内部对之进行调整不同。

上述区分标准,都从一定的角度切入了两个原则的差异点,值得综合考虑。

2. 公序良俗原则与权利不得滥用原则的区别

首先要说明的是,有些国家如德国把违反善良风俗当作判断权利是否滥用的标准,因此不存在区分两者的问题。但在日本,由于立法在修订民法典时于第1条补充确立了权利不得滥用原则,引起了该原则与既有的公序良俗原则的区分问题。学者认为两者有如下不同:其一,判断的时间点不同:违反公序良俗在法律行为成立之时即可判定;而权利滥用要到履行阶段才能判定。其二,针对的事项不同:公序良俗原则往往针对的是法律行为的客体;而权利不得滥用原则往往针对的是法律行为的方式。其三,适用的法律效果不同。公序良俗原则否定了法律行为的客体后,往往导致该行为无效;而权利不得滥用原则否定了行使权利的方式后,涉及的权利并不无效。② 这种区分两个原则的理论值得借鉴。

基本原则研究的重要任务是研究特定原则的适用经验并将其类型化。由于公序良俗原则在我国确立不久,学者对这一原则的适用情况所做的类型化研究主要针对法国法、德国法、日本法③等。但也有学者把这方面的研究中国化,提出了违反公序良俗原则的如下案型,可资参考:

(1) 违反公共秩序的行为

① 违反国家安全、国家和社会公共利益、社会经济秩序的行为,例如订立从事违法活动的委托合同;

② 限制经济自由的合同,例如联合定价协议、禁止竞争合同等;

---

① 于飞:《公序良俗原则研究——以基本原则的具体化为中心》,北京大学出版社2006年版,第93页。

② 于飞:《公序良俗原则研究——以基本原则的具体化为中心》,北京大学出版社2006年版,第99页。

③ 例如,梁慧星教授根据对日本法的研究,概括出公序良俗原则处理危害国家的行为,危害家庭关系的行为,违反性道德的行为,射幸行为,违反人格和人格尊重的行为,限制经济自由的行为,违反公平竞争的行为,违反对消费者、劳动者之保护的行为,暴利行为等。参见梁慧星:《市场经济与公序良俗原则》,载梁慧星主编:《民商法论丛》第1卷,法律出版社1994年版,第43页及以次。

③不正当竞争行为,例如假冒、伪造行为和引诱他人违约的合同等;

④垄断行为,即限制一定交易领域内的竞争的行为;

⑤暴利行为,是利用他人的无经验或急迫需要取得不当利益的行为,它严重地损害了当事人间的利益平衡,典型者为高利贷;

⑥赌博行为,赌博激发人的侥幸之心,往往导致参赌人倾家荡产,故违反公共秩序,赌债因此为自然之债不受法律保护。

(2)违反善良风俗的行为

①反人伦的行为,如:约定父母与子女分居的协议、断绝亲子关系的协议、买卖人类配子的行为;

②有损人格尊严的行为,如以债务人人身为抵押的约款;

③违反道德风俗的行为,等等。①

上述违反公序良俗的行为许多已有制定法规制,例如,不正当竞争行为已有《反不正当竞争法》规制,但学说上还是把这种行为列入违反公序良俗原则的行为类型,因为违反这一原则的行为分为立法型和裁判型两种②,前者见诸立法规定,后者由法官在司法实践中发现并规制。上列者已有立法规制的当然属于前者。由此我们还可以看到公序良俗原则与诚信原则的一点不同:诚信原则是完全的司法型,它的适用类型完全是司法活动的产物。

(三)绿色原则

《民法总则》第9条规定:民事主体从事民事活动,应当有利于节约资源、保护生态环境。该条确立了我国民法的绿色原则。

绿色原则,就是要求民事活动的当事人在进行民事活动时节约资源、保护环境的原则,也可称之为生态原则。绿色原则以悲观主义的人类未来论为基础,承认资源耗尽的必然性和一定的可避免性,基于这种确信禁止和限制民事主体对资源的浪费性使用,从而维持人类的可持续生存。

事实上,在民法调整对象问题上就埋伏着绿色问题。我们知道,民法调整人身关系和财产关系。人身关系解决人类社会的自组织问题;财产关系解决人与资源

---

① 赵万一:《民法的伦理分析》,法律出版社2003年版,第157页及以次。
② 赵万一:《民法的伦理分析》,法律出版社2003年版,第148页。

的关系问题。财货短少而欲求它们的主体多,胃口大,由此引起的人与资源关系的高度紧张,是人类社会至今未摆脱的困境。民法调整对象的"人"和"财"两个要素的对立就是对这种困境的反映,民法就是为了消解此等困境而存在的。如果民法以自己的各种制度缓解了两大要素间的紧张,我们就可以说这样的民法是"绿色的"。相反的民法可以被描述为"黄色的"。此处的"黄"并非"色情"的含义,而是植被遭破坏后,黄土地被迫露出其原貌,任凭狂风殴打意义上的"黄"。这是生态失衡的标志。

我国是一个人口大国以及相对的资源小国,人与资源的关系比多数国家紧张,因此,绿色原则之提出和践行,对于我国人民和世界人民的福祉,都具有特别的意义。

绿色原则可通过主体、客体和方式的途径适用,容分述之。

1. 主体的途径。就是在主体方面做文章缓和人与资源的紧张关系的途径,减少欲望主体的数量是实现它的最直接方式。这一途径又分为三个方面:第一,控制超过资源承载能力的欲望主体的产生。计划生育是达到这一目的的一项法律制度,因此,《婚姻法》第16条规定了"绿色生育原则",反映为"夫妻双方都有实行计划生育的义务"的条文。第二,通过合理划定死亡的标准控制欲望主体的数目。为此,我国未来民法典应采用脑死亡标准,打破传统的心跳、呼吸停止的死亡标准,由此可避免对脑组织已坏死,但仍有心跳和呼吸的人施医用药,节约宝贵的医疗资源和其他资源用于其他更需要的人。第三,控制既有的欲望主体的欲望的数量。为此,《民法通则》设立了宣告无行为能力制度,该制度可用于限制不正常欲望主体的行为能力,不仅保护了家族财产,同时也保护了社会财产。

2. 客体的途径。是在客体方面做文章缓和人与资源的紧张关系的途径。这一途径体现在取得时效、相邻关系、转租、添附等制度中,容分述之。

(1)取得时效制度。具有讽刺意味的是,在我国一度被误解为是鼓励攫取不义之财之制度的取得时效实际上是一项绿色制度,其要旨是允许被所有人忽略(这是他不怎么需要这项财产的外在证据)的财产给他人使用,其道理跟允许剧场里的空座在开演后让需要者使用是一样的,由此缓解人与资源之关系的紧张。

(2)相邻关系制度。它是对所有权的私的限制,目的是社会财富得到充分的利用。

(3)转租制度。它允许承租人经出租人同意把租赁物转租给他人。允许不动产的承租人不经出租人同意将租赁物的一部分转租给他人。这一制度也是为了社会财富的最大化利用。

(4)添附制度。它把物理上可以分开的合成物在法律上视为不可分开的"一物",用罗马法术语来讲,是单一物,即具有一个灵魂的物,成为一个单一的客体。换言之,原来各自具有灵魂的两物经添附后变成只有一个灵魂,若合成物两部分之一的所有人选择破坏新物还原材料,他对自己贡献部分的破坏被视为对整个新物的破坏,要承担损害他人财产的责任,以此达到资源节约取向的冲突解决。

3. 方式的途径。是在立法者处理有关问题的方式上做文章缓和人与资源的紧张关系的途径。在未来民法典中,立法者不妨采用"当事人进行民事活动,应当遵循节约资源、保护环境的原则"落实这一途径。在错误对法律行为的效力的影响问题上,立法者不妨采取尽量拯救受错误损害的法律行为的效力的立场,因为订立一个法律行为都消耗了一定的社会财富(如差旅费、公证费、律师费等),断然宣布一切受错误影响的法律行为都无效当然痛快,但这些已耗费的交易成本就浪费了,有违绿色原则,因此,只要剔除错误后能维持的,都应承认法律行为继续有效,以此节约社会资源。

(四)意思与国家的保护性干预相结合原则

《民法总则》第5条规定:"民事主体从事民事活动,应当遵循自愿原则,按照自己的意思设立、变更、终止民事法律关系。"这是意思自治原则的法律表现形式。"自愿"就是主体的意志自由,按照国际通行的表述,就是意思自治。我国正日益走向国际化,强调遵循国际共同规则,基于这一条件,我们选择将《民法总则》中关于"自愿"的规定表达为意思自治原则。

意思自治与国家的保护性干预相结合原则要求民法在可能的范围内保障当事人从事民事活动时的意志自由,不受国家权力和其他当事人的非法干预,且不受来自其他当事人的非法干预,但在当事人不能作出正确决定的事项上,又承认国家作出保护性干预措施的必要与合理。

意思自治与国家的保护性干预相结合原则的意思自治方面奠基于完全的理性和完全的意志力的假设,换言之,被法律赋予行为能力的人,都是具有理性的,他们不是儿童和精神病人，需要别人的指导和保护。相反，他们被假定为自己利益的最佳判断者，能够利用自己和他人的能力和知识作出有利于自己的判断，享受自己行为带来的利益，同时承担自己行为的风险。而且，他们具有坚强的意志力，把对自己利益的认识转化为行为，不折不扣地实现之。

但现代经济哲学已推翻了上述对民事主体的完全的理性和完全的意志力的假定，把现代民法对主体内在素质的假定更换为有限的理性和有限的意志力。第一个更换是由于对人具有的各种认识扭曲机制的揭示，例如框架效应、沉没成本谬误等，此等揭示证明了人往往不能正确认识自己的利益；第二个更换是由于对人具有的意志力缺陷的揭示，如嗜好、热望、多重自我等，它们导致人们即使正确地认识到了自己的利益，也不能有效地去追求。传统的意思自治原则以两个"完全"为基础。由于当代社会中的两个"完全"已被两个"有限"取代，意思自治原则必须以国家的保护性干预作为补充。这种干预较早地体现在消费者保护立法上。这种立法放弃了传统民法对主体的强而智的设定，采取弱而愚的设定，因此赋予消费者犹豫期间和反悔权等保护措施。目前，民法中的保护性干预的适用范围日渐增长，例如显失公平的法律行为无效的规定、限制高利贷的规定、禁止买卖人体器官的规定等。可以说，纯粹的意思自治原则是20世纪的民法的原则，意思自治与国家的保护性干预相结合原则是21世纪的民法原则，它建立在21世纪的意识形态和政治结构基础上。

正因为传统的意思自治原则已被限缩为意思自治与国家的保护性干预相结合原则的一个构成成分，它并非适用于民法的全部内容。民法总则皆为强行性规定，该部分所涉的社会生活不在意思自治的范围之内。众所周知，物权法为了公共利益的考虑而实行物权法定主义，在多数方面不适用意思自治原则。亲属法、知识产权法在这方面的情况，略近于物权法。在债法中，只有合同法适用这一原则，侵权行为法、无因管理法、不当得利法不适用之。在继承法中，法定继承不适用之，遗嘱继承则适用之。总体可以说，适用法律行为制度的民法内容，也都适用意思自治原则。具体而言，该原则表现为物权法中的财产自由原则，亲属法中的婚姻自由原则，合同法中的契约自由原则，继承法中的遗嘱自由原则。它们都是贯彻意思自治的基本原则的民法具体原则。

契约自由原则，是意思自治原则的最经常的运用形式。在现代社会，它正受到标准合同的限制和各种法律规定的限制。

（五）平等原则问题

在《民法总则》中有三大平等规定。其第 2 条规定：民法调整平等主体的自然人、法人和非法人组织之间的人身关系和财产关系。第 4 条规定：民事主体在民事活动中的法律地位一律平等。第 14 条规定：自然人的民事权利能力一律平等。它们中的平等要素被许多学者概括为民法中的平等原则。但我们认为，平等原则是一项宪法原则，旨在限制立法者和司法者不平等地行使立法权和司法权。在私法上，存在各种形式的不平等。

首先有惩罚性的不平等。例如，最高人民法院 2010 年发布的《最高人民法院关于限制被执行人高消费的若干规定》体现了这种不平等，它规定"老赖"不得实施下列行为：(1)乘坐飞机、列车、轮船的二等以上舱位；(2)在星级以上宾馆、酒店、夜总会、高尔夫球场进行消费；(3)购买不动产或新建、扩建、高档装修房屋；(4)租赁高档写字楼、宾馆、公寓等场所办公；(5)购买非经营必需车辆；(6)旅游、度假；(7)子女就读高收费私立学校；(8)支付高额保费购买保险理财产品；(9)其他非生活和工作必需的高消费行为。上述 9 类行为不得实施，意味着剥夺了"老赖"订立 9 种类型的合同的能力。

其次有抑强性的不平等。2005 年我国《公务员法》第 53 条规定："公务员必须遵守纪律，不得有下列行为：……14. 从事或者参与营利性活动，在企业或者其他营利性组织中兼任职务。"此款剥夺了公务员的商行为能力，以免他们既当裁判员，又当运动员。

再次有弃权性的不平等。出家人遵守的"十诫""三愿"中的不淫或守贞、不蓄金银财宝或守贫两诫（或两愿）让受戒者放弃了婚姻能力和所有权能力。

复次有保护性的不平等。《婚姻法》第 7 条第 2 款规定：患有医学上认为不应当结婚的疾病。第 10 条规定：违反这一禁令结婚者将导致婚姻无效。所谓医学上认为不应当结婚的疾病：精神方面的疾病，如精神病、白痴、精神衰弱；身体方面的疾病，如麻风病、性病（梅毒、淋病、艾滋病）、正处于发病期间的法定传染病（例如鼠疫、天花）、其他严重的遗传性疾病。换言之，患有上述疾病者在被治好前无结婚的权利能力，这样就造成了他们与不患上述疾病的人之间的不平等。

最后是自然型的不平等,即未成年子女与父母的不平等。《民法总则》第128条承认了这种不平等:法律对未成年人、老年人、残疾人、妇女、消费者等的民事权利保护有特别规定的,依照其规定。

出于上述原因,各国如果规定平等,必定加上但书。例如1922年《苏俄民法典》第4条:"……私法上之权利能力对于未依裁判限制权利之一切人民,均付与之。"1990年《朝鲜民法典》第19条第2款:"公民的民事权利能力平等,法律设有限制的除外……"新《越南民法典》第16条:"个人的民事权利能力不受限制,法律另有规定的情形除外。"

《民法总则》的上述三大平等规定,要经过解释后才能正确适用。我们强烈建议在最高人民法院解释《民法总则》第14条的规定时,给它加上"以未受立法司法剥夺者为限"的但书。

加上此等但书有如下意义:

其一,破除民法慈母论。孟德斯鸠说,在民法慈母般的眼里,每一个个人都是整个国家。[①] 这句话在中国广泛流传。此语本用在限制国家征收权的狭窄语境中,采用修辞学表达,并不为错,但我国学者脱离这一语境宣传此语,忽视其修辞性,造成对民法功能的误读。它错在没有看到民法的惩罚功能。民法除了有慈母的一面,还有严父的一面。这里应改为:民法的眼神,有时慈爱,有时凶狠,前者针对好人,后者针对坏人。

其二,破除商品关系平等谬误。我国民法学长期以商品关系平等来论证民事关系平等,其谬误有如下推理:

重庆人爱吃辣

重庆人是中国人

中国人也爱吃辣

正确的推理是调换大前提和小前提的位置,因为正确的三段论以大前提的外延包含小前提为条件:

中国人爱吃辣

重庆人是中国人

---

① [法]孟德斯鸠:《论法的精神》(下),张雁深译,商务印书馆1963年版,第190页。

故重庆人爱吃辣

其三,破除平等与独立混淆论。我国学者通常把双方当事人互不隶属,一方不能把自己的意志强加给另一方当作平等的内容。这实际上讲的是独立。或者,他们把平等受司法保护当作平等的内容。这是程序法上的平等。

真正意义上的平等是对复数的待规范对象的属性进行比较后赋予的法律待遇,属性是赋予待遇的依据,不考虑属性赋予一体的待遇(所谓的平等)是冷酷的,所以,依据主体的不同属性赋予不同的待遇才是正义的,所以,保护、特权、惩处、自愿放弃是与平等同样重要的民法要素。

人们在说不考虑当事人的经济力量强弱而平等对待的时候,讲的不是平等,而是保护,即对弱者的保护。

第六节 民法的历史沿革

一、罗马法

现代民法以罗马法为源。罗马人在希腊哲学的影响下普遍信仰社会契约论,认为人们的合意建立了城邦或市民社会(civitas),而城邦的分子是独立的个人(civis),维持这样的城邦的秩序的法是市民法(ius civile)。它是调整人与人之间关系的法,与调整人与神之间关系的圣法形成对立。这样的市民法是综合的而非分析的,包括现在有的几乎所有的部门法,因此,它们是诸法合一、民刑不分的。现代的民法、刑法、民事诉讼法、刑事诉讼法、商法、宪法等都可以在这样的市民法中找到自己的因子。这样的市民法分为人法、物法和诉讼法三部分。人法包括人格与身份、婚姻、收养、监护等内容;物法包括物的概念和分类、所有权及其他物权、债、继承等内容。人法和物法规定的都是实体权利,诉讼法规定的是为保护它们所必要的诉权。罗马人认为,诉讼是产生实体权利的依据,因此,诉讼法优先于实体法。因此,它们的法律体系表现出诉讼优位主义的倾向。由于诉讼是法律的中心问题,被赋予建构市民法职责的法学家的著述也围绕诉讼考虑各种具体问题,形成了务实的理论风格。所以,在罗马法的原始文献中,很难找到现代民法典中常见的简明扼要、命令式的法律规范，它们由一些案例及其分析、一段讲义等组成，形成决疑式的法律方法。尽管如此，由于罗马法学家既从事律师事务，又从事教学工作，他们在后一领域，至少在其中的教科书写作方面，为了有效地向学生传授知识，也采用体系化的方法，盖尤斯和优士丁尼各自的《法学阶梯》构成了其实例。这种方法与决疑式的方法形成对立。罗马法的这一方面是现代的大陆法系的立法风格的始祖，而其决疑法的方面与当代的英美法倒是非常接近。

罗马法的长期累积造成了对它进行整理的必要，于是，东罗马帝国皇帝优士丁尼于528年组织编纂法典，收集和整理以前所有的罗马法规范和制度，先后编成《优士丁尼法典》《学说汇纂》和《法学阶梯》。优士丁尼死后，法学家将他在位期间颁布的敕令整理成《新律》。16世纪末，法国法学家Dionisio Gotofreddo（1549—1622年）将这四部作品合称为《市民法大全》（Corpus Iuris Civilis）[①]。其中，除了《法学阶梯》采用体系化的方法外，《优士丁尼法典》《学说汇纂》和《新律》都采用决疑法。因此，当我们说优士丁尼进行法典编纂的时候，一定要注意到他的法典与建立在体系化方法基础上的现代的法典不同。

二、中世纪和近代民法

把罗马法的形象与现代民法的形象相比较，表现为两个重要的不同：其一，方法论的转变；其二，现代民法增加了一些罗马法中没有的制度。这两个不同都是由中世纪和近代法学家完成的。因此，我们像惯常那样说罗马法是现代民法之源的时候，千万别忘了补充一句：没有中世纪和近代法学家作为桥梁，罗马法是不能走到现代民法的。下面展开说明这两大不同。

（一）方法论的转变

现代民法以体系化为特征。从罗马法到现代民法的转变并非质变，利用已有的资源，把研究的重点从《学说汇纂》转移到《法学阶梯》就行了。为创造新体系，就需要找到建立它的新的基石范畴，这一工作基本上是由法国法学家雨果·多诺

[①] Cfr. Federico del Giudice, Dizionario giuridico romano, Napoli, Edizione Simone, 1995, pp. 133. 人们考证他是在帕多瓦大学注册的德国法科学生。Cfr. Adiriano Cavanna, Storia del diritto moderno in Europa, Giuffrè, Milano, 1982, pp. 143.

(Hugues Doneau,1527—1591)完成的。他赋予罗马法中的 Ius 一词以主观权利和客观法两种含意。主张 Ius 在通常情况下指属于个人的主观权利,因此,法律的整体也就是一个权利的体系。从 1565 年开始,他在《市民法评注》(Commentaires du droit civil)一书中以这种意义上的权利概念为枢纽整理混乱不堪的优士丁尼的《学说汇纂》,完成了法律体系从客观到主观、从法到权的转变,形成了新的法律材料阐述体系。① 他认为民法学的任务就是分析私人个体在不同的情形下拥有的"权利"(ius)。民法是"权利法"的观念由此而生。

多诺还完成了民法的重心从程序到实体的转变。他认为民法应该由两部分构成:首先是"法律上归属于每个人的东西是什么",其次是"获得它的程序性手段"。原先的法律规则总是把"特定的法律救济"与"赋予它们强制力"这两个方面混淆,而现在私法第一次被划分为实体法和程序法两部分。逻辑上说,"法律上归属于每个人的东西"应该在"获得它的手段"之前。如果是这样,私法从诉讼或裁判开始的做法一定是错误的,而这是《学说汇纂》的遵从者的做法。相对而言,多诺认为优士丁尼《法学阶梯》把"诉讼"放在最后比较恰当。总之,多诺开创了现代大陆法系民法区分实体法和程序法的思想。②

(二)新的民法制度的建立

以下制度是罗马法中没有的:

1. 部门法意义上的民法观念。约翰·阿佩尔(Johann Apel,1486—1536 年)第一次用"民法"一词概括了所有调整私人之间关系的法律,并且把财产、合同、侵权和其他私人关系都归入了"民法"的概念之下,它们的共性在于:它们都是属于平等的私人主体之间的关系。通过阿佩尔的努力,民法结束了世俗法的整体的历史,变成部门法。③

2. 人格权制度。多诺把私法中的权利分为三种:第一种是对物的权利,也就是物权;第二种是对他人的权利,也就是债权,也称对人权;第三种是对我们自身的权利,也就是人格权,包括作为一个自由人享有的生命权、自由权。这样,他首先提

---

① Voir Jean-Louis Gazzaniga, Hugues Doneau et les fondements de la codification moderne,En Denis Alland et Stephane Rials(Directeur),Droit,PUF,Paris,1998,pp. 84ss.
② 朱晓喆:《近代欧陆民法思想史》,清华大学出版社 2010 年版,第 34 页及以次。
③ 朱晓喆:《近代欧陆民法思想史》,清华大学出版社 2010 年版,第 38 页。

出了人格权思想以及相应的权利分类理论,大陆法系民法体系的结构基础就是物权和债权的划分,由此可以引申出绝对权与相对权、对人权与对物权、甚至是物权与债权的区分。

3. 物权概念。罗马法学家未创立任何所有权理论,未留下任何所有权的定义。但罗马法中有对物之诉和对人之诉的区分,中世纪注释法学家在此基础上解释出物权和债权的概念。1810 年的《奥地利民法典》首先使用了物权的概念,而 1876 年的《德国民法典》首先把物权作为一个体系来规定。

4. 法律行为制度。罗马法学家仅认识到一些具体的法律行为,未创立法律行为的一般概念。德国法学家阿诺尔德·海瑟(Arnold Heise,1778—1851 年)在 1807 年的《供潘得克吞教程所用的普通民法体系概论》一书中使用了 Rechtgeschäft(法律行为)一词,他还第一次揭示了法律行为的意思表示属性。这里的意思表示是追求私法效果的当事人意思。之后,萨维尼(Friedrich Savigny,1799—1861 年)在《现代罗马法体系》第三卷中将法律行为理论进一步精致化,对其意思表示的本质部分进行了重要的理论发展。1794 年制定的《普鲁士普通邦法》接近采用了这一概念,它规定了与"人""物"相并列的"行为",但还未规定"法律行为"。同时,它还采取了"意思表示"这一概念。1863 年的《萨克森王国民法典》采用了"法律行为"概念,其第 88 条规定:"如某行为与法律要求相符,旨在设定、废止、变更法律关系的意思表示,即为法律行为。"这是一部法典对法律行为制度的首次承认。[①] 法律行为制度意味着立法者采用了框架式的立法,可以用来确定他们未具体规制的事项的合法性。

5. 意思表示的概念。意思表示是与"法律行为"密切相关的法律术语,它与"法律行为"的概念几乎同时出现,也是德国法族的核心概念之一。在 18 世纪,克里斯琴·沃尔夫(Christian Wolf,1670—1754 年)首次提出并阐述了这一概念。到 19 世纪,它成为德国民法理论中的基本概念。后来,在学说上,萨维尼在《当代罗马法体系》中将意思表示与法律行为作为同义语使用。在立法上,《普鲁士普通邦

[①] 谢鸿飞:《论法律行为概念的缘起和法学方法》,载易继明主编:《私法》2003 年第 2 辑,第 61 页。

法》首次在行为制度之后使用了这一概念。① 至此,理性主义哲学终于被贯彻到民法中,在这个领域,所有的民事主体都被理解为理性的、为了自己的生存和发展不断对外界发出意思表示的存在。

6. 意思自治原则。16 世纪的法国法学家杜摩林(Charles Dumoulin,1500—1566)最早在《巴黎习惯法评注》一书中提出这一原则。② 杜摩林认为,在契约关系中,应当适用当事人自主选择的习惯法,即使当事人在契约中未做明示的选择,法院也应根据其推定的意思确定应适用的法律,即根据整个案情来判断双方当事人的意思之存在。③ 显然,意思自治原则首先出现于法律选择领域,后来才演变为整个民法的基本原则。这一原则体现了人的自由意志的载体的本质,同时隐含着理性人假说,因为这一原则把每个人都假定为自己利益的最佳判断者。既然如此,国家或其他权威的代为判断就没有什么必要,于是,市民社会与政治国家的分野也就包含在这一原则中了。

7. 不动产登记制度。12 世纪,在德国北部城市产生了土地的物权变动必须登记于市政会的都市公簿的制度,它经过一个时期的中断后,于 18 世纪在普鲁士和法国的抵押法中全面推行,很快风靡于欧陆各国④。1825 年的《摩德纳及雷乔·埃米利亚公国民法典》就规定了这一制度。⑤ 法国于 1853 年制定了登记法以弥补民法典的漏洞。这一制度的确立对民法的诸制度产生了广泛的影响。例如,对取得时效要件之一的诚信就是如此。不动产登记制度以地籍制度为基础,地籍是政府为所有土地设立的档案。因此,当土地登记制度推行一段时间后,必然使主观诚信的构成极为困难,由于受到非经登记不得有效的限制,所有关于土地的交易以及相应的权属关系都必须反映在对公众开放的登记簿中,对上述权属关系发生错误或不知的可能性就微乎其微了。正像法律一经颁布不得以不知作为抗辩一样,人们

---

① 谢鸿飞:《论法律行为概念的缘起和法学方法》,载易继明主编:《私法》2003 年第 2 辑,第 61 页。

② Voir J. P. Niboyet, La question d'un nouveau code civil en France, In Tulane Law Review, Vol. 24, 1955, p. 262.

③ 韩德培主编:《国际私法新论》,武汉大学出版社 1997 年版,第 57 页。

④ 梁慧星主编:《中国物权法研究》(上),法律出版社 1998 年版,第 194～195 页。

⑤ [意]阿尔多·贝特鲁奇:《意大利统一前诸小国的民法典制定与 1865 年意大利民法典》,徐国栋译,载徐国栋主编:《罗马法与现代民法》第 1 卷,中国法制出版社 2000 年版。

也不得以自己不知登记簿上登记的存在作为证明自己诚信的理由。如此,以诚信取得土地占有的可能如果不能说没有,也可以说已极小。尽管如此,也可能发生权利人被错误登记的情形,如果被误登的权利人占有土地达到法定的时效期间,只要他的登记在 10 年内未被涂销,他就取得了标的物的所有权。这样,时效制度的基点似乎就从占有的错误转向了登记的错误。① 由此可见,在中世纪产生的不动产登记制度极大地改变了取得时效制度的适用条件,把它改造成了登记取得时效,缩小了诚信的空间。

三、现代民法

现代民法表现为通过 19 世纪的法典编纂运动形成的大陆法系,又称罗马——日耳曼法系,后一名称表明它有拉丁法族和德国法族两个分支。前者包括由讲拉丁语族的国家构成的法域,例如欧洲的意大利、法国、西班牙、葡萄牙等国家、拉丁美洲的几乎全部国家;后者为由德语国家以及受其影响的国家构成的法域,例如德国、瑞士、奥地利以及受德国法传统影响的日本、泰国和我国的台湾。大陆法系的两个分支有许多共性,例如,它们都采用法典法的立法形式,重理论,重抽象等,这些共性使它们能够被称为一个法系。但这两个分支又各有特点,表现为拉丁法族比较重视民法中的人身法部分,而德国法族比较重视民法中的财产法部分。下面分别介绍它们各自的著名民法典。

拉丁法族民法典的代表是 1804 年的《法国民法典》;日耳曼法族民法典的代表是 1896 年的《德国民法典》。

(一)《法国民法典》

《法国民法典》又称《拿破仑法典》,是拿破仑亲自主持制定的,1804 年 3 月 21 日由法国国民公会作为一个整体公布实施。这部民法由序题和三编组成,共 2281 条。序题是关于法律的公布、效力和适用的规定,其调整范围不限于民法,而是及于一般的法,这一安排是民法的世俗法的整体的远祖属性的残留。第一编"人",规

---

① 参见《德国民法典》第 900 条,《瑞士民法典》第 661 条,以及王利明教授主持的物权法草案第 70 条、第 71 条。梁慧星教授主持的物权法草案第 57 条、第 58 条。梁慧星主编:《中国物权法草案建议稿》,社会科学文献出版社 2000 年版,第 232 页及以次。

定了自然人和婚姻家庭法律制度;第二编"财产及对于所有权的各种限制",规定了所有权及他物权制度;第三编"取得财产的各种方法",规定了债、合同、继承等制度。从体系看,《法国民法典》基本上沿袭了罗马法《法学阶梯》的体系,划分人法和物法,但基于多诺和阿佩尔的研究成果已经把诉讼法从民法中分离出去。人法的存在构成其结构上的特征。从内容看,《法国民法典》详细规定了人身关系和财产关系的各个方面,确立了大部分私法制度。从语言文体看,《法国民法典》行文流畅明快、通俗易懂,被誉为"法国最伟大的文学著作",为民众喜爱。①

《法国民法典》对世界各国的民法影响很大,不仅法国在 200 年后的今天仍继续适用它,比利时、卢森堡也把它作为自己的法典继续适用。加拿大的魁北克省、美国的路易斯安那州都以它为蓝本制定民法典。德国、西班牙、瑞士、巴西等国制定民法典时也多少受其影响。

(二)《德国民法典》

《德国民法典》于 1896 年公布,1900 年起正式施行,共五编,2385 条。第一编"总则",规定了自然人、法人、物、法律行为、消灭时效、权利的行使、自助和自卫、提供担保等内容;第二编"债的关系法",规定了债的关系的内容、合同、债的消灭、债权移转、债务承担、各种具体合同及其他具体的债;第三编"物权法",规定了占有、所有权、地上权、役权、先买权、土地负担、抵押权、质权;第四编"亲属法",规定了婚姻、亲属关系和监护;第五编"继承法",规定了继承顺序、继承人的法律地位、遗嘱、继承契约、特留份、继承权的丧失等内容。

与《法国民法典》相比,《德国民法典》有明显的特点。其一,从体系看,《德国民法典》突破了《法国民法典》的编纂模式,在债法、物权法、亲属法、继承法这些具体民事法律制度前专设"总则"一编,规定了主体(自然人、法人)、物、法律行为等民法的共同性问题,阐明了法律关系形成的一般过程,体系上更完整、系统,为此后的民事立法提供了一个较为科学的模式。其二,从内容看,《德国民法典》同样详细规定了资本主义经济关系的各个方面,肯定了私有财产不可侵犯、合同自由、过错责任等原则,但由于它制定在将近 100 年之后,必须反映新时代的客观要求。为此,它最终把法人制度确定下来,对公司制度的广泛存在作出了确认,适应了资本主义经

---

① [日]大木雅夫:《比较法》,范愉译,法律出版社 1999 年版,第 183 页。

济组织尤其是垄断组织、跨国公司发展的需要。它创立了法律行为的抽象概念,囊括了所有基于当事人的意思表示缔结的行为,避免了新的民事关系产生而法律上无相应规定造成无法可依的现象。它开始对所有权作出限制,这对缓和所有者之间及所有者与非所有者之间的矛盾起了一定的作用。它及以后颁布的一些法令开始规定无过失责任,为解决现代工业发展和现代化科学技术的广泛运用带来的问题提供了法律手段。它把债权法置于物权法之前,突出了民法调整动态财产关系的作用,也反映了当时社会中财富证券化的趋势。需要指出的是,《德国民法典》以大量的篇幅规定土地关系,一定程度上维护了封建土地关系,反映了当时德国容克地主阶级的利益要求。其三,《德国民法典》的制定者们不仅追求法典体系的完整、系统,而且重法理,讲究概念科学、字义准确,大量吸收了19世纪潘得克吞学派的研究成果。这一方面使得法典的科学性提高,但另一方面也使得它晦涩难懂,非一般人所能掌握。

受《德国民法典》影响较大的国家有日本、韩国、泰国等,旧中国的民法也基本采纳德国民法体例。沙俄及苏联的民法在法典体例上也受德国民法的影响。

第七节　我国民事立法简史

一、旧中国的民事立法

我国古代,封建社会延续数千年。其间,法制的基本状况是诸法合体、刑民不分、民附于刑、重刑轻民,没有独立的民事立法,调整人身关系和财产关系的民事法律规范大多以刑事规定体现。如《唐律·杂律》规定:"诸负债违契不偿,一疋以上,违二十日,笞二十,二十日加一等,罪止杖六十;三十疋,加二等;百疋,又加三等。各令备偿。"这是古代社会以刑罚处理违约责任问题的一个实例。

我国制定西方式的民事立法始于清朝末年。1840年,鸦片战争爆发,中国开始进入半殖民地半封建社会。19世纪末,内外交困的清王朝从日本明治维新的成功中得到启示,开始引进西方国家的法律文化。1907年(光绪三十三年),清王朝开始仿效德日民法起草民律,至1911年(宣统三年)完成,史称第一次民律草案,其中包括总则、债、物权、亲属、继承五编。但未及颁行，清王朝即灭亡。中华民国时期，国民政府于1918年再次设馆起草民律，至1925年完成，史称第二次民律草案。这一草案除债编效法瑞士债法外，其他各编与第一次民律草案基本相同。当时的国民政府司法部曾通令全国法院将这一草案作为条理引用，但仍未作为法律颁行。1927年，国民政府设法制局，再次起草民律，决定先行拟定与本国固有法律传统联系较为紧密的亲属、继承两编，至1928年完成，是为第三次民律草案。同年12月，成立立法院，着手制定民法典，从1929年5月至1931年12月，陆续颁行起草成果，共分总则、债、物权、亲属、继承五编，计1225条。尔后，又次第颁布了《票据法》《公司法》《海商法》《保险法》等民事特别法。1949年，共产党取得大陆的政权，成立中华人民共和国，国民政府溃逃台湾，《中国人民政治协商会议共同纲领》第17条明确宣布废除包括民法典在内的国民党"六法全书"，"中华民国"民法典及其民事特别法遂只在台湾及其附属岛屿适用。

旧中国民法典以德、日、瑞士等国的民法为蓝本制定，大量的内容来自外国，正如学者所言，这部民法"除物权亲属中一部分规定外，亦纯为外国法之继受"。① 在大量移植外国法的同时，它把西方民法的男女平等原则、私有财产权神圣不可侵犯原则、意思自治原则也规定了下来。1982年，台湾对其民法总则编作修订时，补充规定了诚实信用原则。

由于大量移植外国民法，这部民法同当时的半封建半殖民地社会的中国现实情况严重脱离。在其颁行20多年后，学者仍指出："默察社会情况，与新民法之精神，仍有甚大之距离"，故该民法典为"超前之立法"。② 法律的适当超前，对于引导社会生活、促进社会经济的发展，无疑会起积极作用。继受法国家的民法，都难免充当超前立法的角色，要经过相当的时间，超前的立法相对静止，落后的现实疾步趋前，法律与现实才会耦合起来，旧中国民法典到了台湾及其附属岛屿适用后，才完成这一过程。

作为半封建半殖民地社会的法律，旧中国民法典在一定程度上保留了封建主义的色彩。例如，在亲属和继承领域，它关于重婚为可撤销婚姻的规定，关于养子

---

① 李宜琛：《民法总则》，台湾编译馆1977年版，第8页。
② 王伯琦：《民法总则》，台湾正中书局1963年版，第18页。

女继承份额为婚生子女孩子的二分之一的规定,反映的是封建的婚姻家庭制度的要求。因此,1985年,台湾修订其民法亲属编和继承编时,废除了上述规定。①

二、中华人民共和国的民事立法

(1)改革前的民事立法

1949年后,我国的民事立法主要为巩固新民主主义革命的成果展开。《中国人民政治协商会议共同纲领》第3条规定:"中华人民共和国必须取消帝国主义国家在中国的一切特权,没收官僚资本归人民的国家所有,有步骤地将封建的半封建的土地所有制改变为农民的土地所有制,保护国家的公共财产和合作社财产,保护工人、农民、小资产阶级和民族资产阶级的经济利益及其私有财产,发展新民主主义的人民经济,稳步地变农业国为工业国。"根据这一基本路线,新中国成立初期制定了许多法律、法令,如《政务院关于没收战犯、官僚资本家及反革命分子财产的指示》《土地改革法》《新区农村债务纠纷处理办法》《私营企业条例》《机关、国营企业、合作社签订合同契约暂行办法》《保护发明和专利权暂行规定》《婚姻法》等。它们的颁布和实施,对于消灭半封建半殖民地的所有制关系,建立新民主主义经济,以及恢复和发展国民经济,发挥了积极的作用,并为国家进一步对私有制经济进行社会主义改造创造了条件。

1953年以后,我国开始对农业、手工业和资本主义工商业进行社会主义改造,颁布了《公私合营工业企业暂行条例》《关于目前工商业和手工业的社会主义改造中若干事项的决定》《农业生产合作社示范章程》《高级农业生产合作社示范章程》等法律文件。通过改造,我国消灭了生产资料的私有制,建立了生产资料的全民所有制和集体所有制。与此同时,我们在经济体制上学习苏联,把工商业、农业的经济活动纳入到了国家计划的轨道,逐步建立起全国集中统一的计划经济体制并一直持续到经济体制改革之前。由于把企业的所有经济活动都纳入到了国家计划的轨道,各种关系都已变成纵向关系,民法失去了存在的空间。加上法律虚无主义尤其是私法虚无主义的影响,从1957年至1978年12月十一届三中全会召开,我国民事立法几乎是一片空白。社会生活中的民事纠纷基本上靠政策和司法意见(如

---

① 李景禧主编:《台湾亲属法和继承法》,厦门大学出版社1991年版,第7页、第84~85页。

最高人民法院 1963 年 8 月 28 日《关于贯彻执行民事政策几个问题的意见》）解决，无法可依。

（二）改革以来的民事立法

1979 年，中国政府确定将工作重点转到社会主义现代化建设上来以后，我国进入了改革开放的年代，并最终确立了依法治国的理念，基于此，自十一届三中全会以后，我国的民事立法十分活跃，初步形成以 1986 年《民法通则》为龙头的多层次的民事法律体系。全国人民代表大会及其常务委员会先后颁布及修订了一系列的民事法律，主要有：《婚姻法》（1980 年通过，2001 年修订）、《经济合同法》（1981 年 12 月通过，1993 年 9 月修正）、《商标法》（1982 年 8 月通过，1993 年 2 月修正）、《专利法》（1984 年 3 月通过，1992 年 9 月修正）、《继承法》（1985 年 3 月通过）、《涉外经济合同法》（1985 年 3 月通过）、《民法通则》（1986 年 4 月通过）、《技术合同法》（1987 年 11 月通过）、《全民所有制工业企业法》（1988 年 4 月通过）、《著作权法》（1990 年 9 月通过）、《收养法》（1991 年通过，1998 年修订）、《海商法》（1992 年通过）、《产品质量法》（1993 年 2 月通过）等。

1992 年 12 月，中共十四大确立了社会主义市场经济体制的改革目标，十四届三中全会通过的《关于建立社会主义市场经济体制若干问题的决定》提出："法制建设的目标是：遵循宪法规定的原则，加快经济立法，进一步完善民商法律、刑事法律，有关国家机构和行政管理方面的法律，21 世纪末初步建立适应社会主义市场经济的法律体系……"我国的民商立法从此步入了新的发展阶段。《公司法》（1993 年通过，1999 年修正）、《票据法》（1995 年通过）、《担保法》（1995 年通过）、《合伙企业法》（1997 年通过）、《证券法》（1998 年通过）、《个人独资企业法》（1999 年通过）等民事特别法相继颁行。1999 年 3 月 15 日，九届人大二次会议通过了《合同法》。该法于 1999 年 10 月 1 日起施行，《经济合同法》《涉外经济合同法》和《技术合同法》同时废止，结束了我国合同法"三法鼎立、多种规范并存"的局面。此外，我国于 2007 年颁布了《物权法》、2008 年颁布了《侵权责任法》、2010 年颁布了《涉外民事法律关系法律适用法》。至此，我国的民商法体系初步形成。

在健全和完善我国民商法问题上，民法典的制定具有特殊的意义，一个符合社会主义市场经济体制要求的民商法体系，有赖于民法典的制定；社会主义法治的实现,也有赖于一部完备的民法典的制定。"法典是人民自由的圣经"(马克思语),法典具有普遍的、不取决于个别人任性的性质。1986年颁布的《民法通则》不是民法典。经过20年来的改革,我国经济体制改革的目标已经确立,市场经济体制已初步形成;人民的法律意识、权利意识有很大提高,"依法治国""建立社会主义法治国家"已写入宪法并成为全社会的共识;法学理论研究取得突出的成果,有中国特色的民法学已初步形成;尤其是20余年来活跃的民事立法取得了辉煌的成就,民法的所有领域均有单行法。有关土地使用权、土地承包权、担保物权等他物权的规定散见于《城市房地产管理法》《土地管理法》《担保法》等法律、法规中。所有这些都为我国进一步制定民法典创造了基本的条件,积累了必要的经验。民法典应当到了呼之即出的时候。基于这些条件,2014年10月23日的《中共中央关于全面推进依法治国若干重大问题的决定》提出编纂民法典,第一步是编纂民法总则,这一计划在2017年3月15日得到了实施。2016年6月7日,中国法学会民法典编纂工作会议在中国人民大学召开,确定民法典分则的编纂分为物权法、合同法、侵权责任法、婚姻法、继承法5个工作组并确定了各组的牵头人。按照工作计划,这些分则编的草案将在2018年提交全国人民代表大会讨论,它们与《民法总则》一起,将在2020年整合成《中国民法典》。

第八节 民法的效力、适用与解释

一、民法的效力

(一)概念

民法为实在法,一经制定,自然具有按照规范目的影响民事生活的力量,此为民法的效力。

(二)对时间的效力

民法具有时间性,无永续之民法,故在时间上有其效力范围,即从何时生效、到何时失效之确定。此为民法在时间上的效力。通常规定民法在颁布一段时间后生效,以便人们有时间熟悉新法,并为新法的实施做准备。例如,《民法总则》于2017年3月15日颁布,却在同年的10月1日生效。但有些民事单行法并不复杂,也不需要适用上的准备,可以规定自颁布之日起施行。但除非有特殊理由,民法并不对颁布前的生活事实生效,即民法无溯及力。溯及性地适用民法,有不教而诛之嫌,故立法者尽量避免。

（二）对人的效力

民法为身份法,原则上只适用于本国公民,在例外的情况下适用于外国公民。此为民法的对人效力。民法的效力受如此限制,说明民法并非国际法。《民法通则》第8条第2款对此正确规定:本法关于公民的规定,适用于在中华人民共和国领域内的外国人、无国籍人,法律另有规定的除外。该款并未被《民法总则》废除,是现行的有效规定。

民法原则上只对本国公民有效的属性遭到自然人概念的挑战,该概念包括本国国民、外国人和无国籍人,它被《民法总则》大量使用。它抛弃了民法的对人效力原则,值得商榷。

二、民法的适用

民法的适用,解决不同时间、不同立法主体针对同一事项制定的规则的冲突问题。它通常按特别法优先于普通法、新法优先于旧法、强行法优先于任意法、例外规定排除一般规定、具体规定优先于原则性条文等规则处理。

这些适用规则也有彼此冲突的机会。例如,2011年的《个体工商户条例》第2条第1款规定:有经营能力的公民,依照本条例规定,经工商行政管理部门登记,从事工商业经营的,为个体工商户。第27条规定:香港特别行政区、澳门特别行政区永久性居民中的中国公民,台湾地区居民可以按照国家有关规定,申请登记为个体工商户。这两个规范明确了个体工商户的主体资格是中国大陆地区的公民、香港、澳门居民中的中国公民(换言之,不包括港澳居民中的拥有外国护照者)、台湾地区的居民。但新法《民法总则》第54条规定:自然人从事工商业经营,经依法登记,为个体工商户。该条把《个体工商户条例》设定的资格限制抛得精光,允许任何国家的国民和无国籍人到我国当个体工商户。两法发生了冲突。按照宪法优先于旧法的规则,应适用《民法总则》第 54 条。按照特别法优先于普通法的原则,应适用《个体工商户条例》。此时,如何选用适用规则,在执法者的自由裁量范围内。我们认为此时应适用《个体工商户条例》,因为它保护了中国国籍拥有者的利权,比较合乎实际。

三、民法的解释

民法的解释有如下方法:

1. 文义解释,即按法条所用文字、词句、用语的使用方式来解释法律,阐明法律的意义和内容。

2. 体系解释,以法条在法律体系中的地位、相关条文为依据对法律进行解释。

3. 法意解释,探求立法者于立法时的价值判断,从而推知立法者对现拟处理之问题的态度。

4. 反面解释,对法律规定事项,就其反面所作的解释。例如,法律禁止了诸多的行为,根据反面解释,未被禁止的行为都是允许人们做的。

5. 类推解释,对于法律无直接规定的事项,选择关于类似事项的规定适用之。

6. 扩张解释和目的性扩张,前者指法条文义过窄,不足以表示立法者之意思时,在可能的文义范围内扩张其文义,以求正确解释法律的内容;后者为根据立法目的将法条作超出可能文义的解释。

7. 限缩解释和目的性限缩,前者指法条文义过于宽泛,不合立法者本意时,对法条外延加以限制性处理;后者指法条文义涵盖某一案型,而该案型本不该在此条文范围内时,对这种案型加以排除的处理。

8. 当然解释,法律虽无明文规定,但按法条的目的,未规定的生活事件比已有规定者更有适用理由,因此使生活事件直接适用该法律规定的解释。例如,假设某国的法律规定了不得侵害他人名誉,而该国的法律没有规定不得伤害他人身体,根据当然解释,则后一种行为自然在禁止之范围内,因为伤害他人身体较之侵害他人名誉是一种更严重的行为。轻者尚且遭禁,重者更在被禁之列,为当然之理。

9. 目的解释,指以法律规定的目的为依据阐明法律的意义,直接以法律的目的为依据解释法律。

10. 合宪性解释,指按宪法或位阶关系较高的法律来解释位阶较低的法律,以求得体系的一致。

11. 比较法解释，引用外国立法及判例学说作为解释材料来解释本国法律规定的意义和内容。

12. 社会学解释，从社会学效果的预测，在法条之可能文义范围内阐明法律规定之内容。

本章案例：民事对象规定

[案情]

原告罗某江已移民定居加拿大多年，在国内却还享有穗郊字第142723号《农村（墟镇）宅基地使用证》记载的宅基地使用权，此等土地上建有43.7平方米的平房。罗某海为罗某江的胞兄，在其弟弟移民加拿大后将此等平房拆除，另建两栋楼房出租获益。2008年，罗某江起诉罗某海，要求恢复原状并赔偿损失。

[问题]

1. 此案中发生了哪些民事法律关系？2. 此案中两种民事法律关系彼此的关系如何？

[分析]

本案是一个典型的民法对象案件。它涉及人身关系与财产关系两者间的关系。

1. 罗某江的人格关系。他先是中国公民，依据这种身份取得了广东省一个村落的宅基地使用权。后来，他入籍加拿大，丧失中国公民身份，由此应丧失依据此等身份取得的宅基地使用权。

2. 罗某江的财产关系，也即他以广东省一个村落的宅基地使用权为客体的拥有关系。罗某江的财产关系以他的人格关系为前提。他享有中国公民身份即能合法拥有宅基地使用权，丧失此等身份即丧失此等宅基地使用权。所以，人格关系对于财产关系具有先决性。在本案中，法院应驳回罗某江的恢复原状诉讼请求，并通知有关部门注销他的宅基地使用权，同时应判令罗某海赔偿罗某江因为拆除原有平房承受的经济损失。

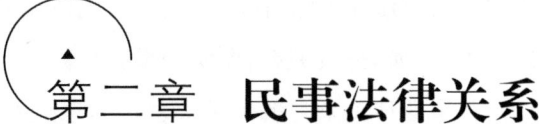
第二章　民事法律关系

第一节　民事法律关系概述

一、民事法律关系的概念

民事法律关系，是指基于法律事实、由民事法律所调整的、发生于民事主体之间的、以民事权利和民事义务为主要内容的社会关系。法律以人与人之间的生活为前提，像鲁宾孙独居一岛时，是不需要法律的，正是因为人是以群居的形式组成社会，调整人与人之间的社会关系的法律才成为必需，因此才形成所谓的法律关系。

"民事法律关系"是我国大陆民法学界所使用的术语。而在德国等大陆法系国家以及我国台湾地区，民法中多只使用"法律关系"一语，通说认为此理论主要来自于德国的法学大家萨维尼。我国大陆学界使用"民事法律关系"这一术语，是因为他们认为，法律关系不但存在于民法中，也存在于其他部门法中，比如在行政法中就存在着"行政法律关系"的概念。所以，加上"民事"这一限定词，表明是存在于民法领域中的法律关系。

因而，依照此种理论，民事法律关系是法律关系的一种，一定的社会关系经由民法调整即形成民事法律关系。但需要注意的是，并不是所有的民事关系都由民法来调整，这里面还有一个筛选的过程，只是经民法调整的那部分民事关系，才可称之为民事法律关系,而其他未纳入民法调整范围的,则由乡规民约或道德礼仪等来调整,比如,情谊关系、事实关系,等等。

民事法律关系是整个民法逻辑体系展开与构建的基础,它是对各种具体的人身关系和财产关系的抽象,它在民法理论研究中占有重要的地位。作为一个最基本的概念,无论是民事立法,还是民法理论,都是依托民事法律关系来构建的,因而我们学习民法时,应该从民事法律关系入手,这样才能达到纲举目张、事半功倍的效果。

二、民事法律关系的特征

民事法律关系作为法律关系的一种,与如行政法律关系、刑事法律关系等其他的法律关系相比,具有以下的特征:

1. 民事法律关系是主要由民事主体自主形成的法律关系

由于民事法律规范大多为任意性规范,同时,在民事领域奉行意思自治原则,因此,民事法律关系大多依民事主体的意志发生,更多地体现了民事主体的自由意志,比如,最为典型的即为合同关系。但是,民法中,也有很多强制性规范,体现了国家的意志,比如,亲属关系、物权关系和因侵权行为、无因管理和不当得利引起的债的关系,多是根据法律的规定而发生,而不是根据当事人的自由意志。

2. 民事法律关系是基于民事法律事实而形成的社会关系

民事法律规范是对可能发生的民事法律关系的抽象的设定,它只是民事法律关系发生的前提,民事法律关系的发生必须以民事法律事实的出现为基础,只有发生了一定的法律事实,既存的民事法律规范调整之,才会形成具体的民事法律关系。

3. 民事法律关系由国家强制力保障实现

民事法律关系是基于民法而产生的,也因此受到了民法的保障,在它受到破坏时国家将进行干预,从而保障它得以顺利运行。从这个角度来看,民事法律关系内在地与民事责任联系在一起了,这也是法律关系与道德关系等最大的不同。在实际生活中,这种国家强制力更多是一种威慑性存在,大多数民事法律关系都是在当事人自愿的情况下发生、变更和消灭。

三、民事法律关系的分类

根据不同的标准,从不同的视角,我们大致可以将民事法律关系分为以下五类:

（一）人身法律关系与财产法律关系

依民事法律关系的内容不同,我们可将民事法律关系分为人身法律关系与财产法律关系。民事法律关系中,凡以人身为内容的,即为人身法律关系;凡以财产为内容的,即为财产法律关系。按此分类,人格权关系、身份权关系为人身法律关系;物权关系、债权关系为财产法律关系;继承权关系兼有人身法律关系和财产法律关系的双重属性。也就是说,继承权是以身份权为基础而发生的财产权,因而以继承权为内容的民事法律关系则具有双重属性,知识产权在此点上与继承权类似,因而知识产权关系也兼有人身法律关系和财产法律关系的双重属性。

划分二者的意义在于,两种法律关系的保护方法、范围和措施都是不同的,并且人身法律关系的主体原则上不能转让自己的权利,而财产法律关系的主体则可依法转让自己的权利。

（二）绝对法律关系与相对法律关系

依义务主体的范围不同,我们可将民事法律关系分为绝对法律关系与相对法律关系。民事法律关系中,凡权利主体为特定的人、义务主体为不特定的人的,是绝对法律关系,如人格权关系、物权关系、知识产权关系即属此类;凡权利主体和义务主体都为特定人的,是相对法律关系,如身份权关系、债权关系、继承权关系即属此类。

划分二者的意义在于,绝对法律关系的义务主体是权利人以外的不特定的一切人,其承担的是消极的不作为义务;相对法律关系的义务主体是特定的,其承担的一般是积极的作为义务。

另外,也有观点认为,此种划分存在缺陷。比如,作为相对法律关系的债的关系,除了债务人作为特定的义务人对债权人负有一定的义务外,其实还应该承认,任何的其他人也应负有不侵害债权人的债权的这一种不作为义务,在这个意义上,其义务人也是不特定的。

(三)单一民事法律关系与复合民事法律关系

依民事法律关系的复杂程度,我们可将民事法律关系分为单一民事法律关系与复合民事法律关系。凡一方纯粹地享有权利、另一方纯粹地承担义务的,为单一民事法律关系,它是民事法律关系中最基本的构成要素;凡当事人双方互为权利义务的,是复合民事法律关系。一般而言,绝对法律关系一般为单一民事法律关系,相对法律关系一般为复合民事法律关系。比如,买卖合同关系这种债的法律关系就是一种复合的民事法律关系,它是两个合同关系的复合,即一个是移转标的物所有权的合同关系,另一个是支付标的物价金的合同关系。

划分二者的意义在于,有助于正确确定主体之间的权利义务,以便准确地适用法律规范。

(四)基础法律关系与救济法律关系

依法律关系的产生以及目的的不同,我们可将民事法律关系分为基础法律关系和救济法律关系。民事法律关系中,凡以设定民事权利义务为目的的,为基础法律关系;凡以救济受到阻碍或破坏的已存在的基础法律关系为目的的,为救济法律关系。比如,一个人对一幢房屋享有所有权,这即是一个物权法律关系,另外一个人将此房屋捣毁,则构成一个侵权的债的法律关系,在这两个法律关系中,前者即为基础法律关系,后者即为救济法律关系。

划分二者的意义在于,为准确地处理法律关系的争议提供适当的指引,并且确认和发现基础法律关系是正确处理救济法律关系的基础与前提。

四、研究民事法律关系的意义

民事法律关系是整个民法逻辑体系展开与构建的基础。作为一个最基本的概念,无论是民事立法,还是民法学理论,都是依托民事法律关系来构建的。民事法律关系的主体,根据民事法规,针对民事法律关系的客体,通过法律事实来设立、变更和消灭民事法律关系,这一套理论体系是法教义学展开的最核心的理论构架。不仅如此,在司法实践中,法学专业人士也是通过民事法律关系的理论来分析具体案例,以"事实为依据,以法律为准绳",通过三段论推理解决实际的案例。

第二节 民事法律关系的构成要素

民事法律关系的构成要素,是指构成某一具体的民事法律关系所必不可少的构成要件。在任何民事法律关系中,如果其要素发生了变化,其具体的民事法律关系就随之发生变化。一般认为,任何民事法律关系都包括主体、客体和内容三个要素。简而言之,它主要解决如下三问题:

第一,法律关系是"谁与谁之间"的,即民事法律关系的主体问题。

第二,法律关系是"针对什么对象"的,即民事法律关系的客体问题。

第三,法律关系的"具体内容是什么",即民事法律关系的内容,主要是权利和义务。

也就是说,了解一个民事法律关系,就必须回答:谁与谁之间,针对什么对象,发生了什么具体内容?回答了这三个问题,我们就搞清楚了民事法律关系的构成要素。

一、民事法律关系的主体

民事法律关系的主体,也简称民事主体,是指参与民事法律关系,享受民事权利和承担民事义务的人。[①] 此处的"人"应作广义理解,是指经由法律确认的、能够在社会生活中以自己的名义承受权利义务的"人",即法律意义上的人,也就是说,具有法律人格的人,可见,民事主体须具备两个要件:其一,是一种社会存在;其二,其存在为法律所承认。比如,自然人,首先他是有血肉之躯的有生命的人类,其次法律赋予了他权利能力(人格),所以,自然人就是被承认的民事主体。

在民事法律关系中,享有权利的一方称为权利主体(积极主体),承担义务的一方称为义务主体(消极主体),他们又分别被称为权利人和义务人。在大多数情况

---

① 纯粹从法技术的角度来看,法律主体或人的概念与人类之间并没有一致性。也就是说,人类不一定是法律意义上的人,比如,奴隶社会,奴隶不是法律意义上的人;相反,法律意义上的人也不一定是人类,比如社团、财团。参见[葡]Carlos Alberto da Mota Pinto:《民法总论》,林炳辉等译,台湾光大柯氏印务有限公司 1999 年版,第 40 页。

下,民事法律关系的主体互享权利、互担义务,即一方在享有权利的同时亦承担相应的义务,即互为权利人和义务人。

按照我国《民法总则》的规定,民事主体主要包括:自然人、法人、非法人组织等。在理论上,我们大致将他们分为三类:即自然人、法人和非法人组织,其中,最主要的即为自然人和法人这两类主体。对于民事主体的这些类型,后面将专章详细展开论述,在此不论。

二、民事法律关系的客体

(一)概述

民事法律关系的客体,又称民事客体,是指民事权利和民事义务所指向的对象。一般而言,民事法律关系的客体是民事权利和民事义务产生的基础,如果没有民事法律关系的客体,民事权利和民事义务就无所依托。而且民事主体也是相对于民事客体而存在的,没有客体,也就无所谓主体。

另外,由于我们通常从权利的视角来看待法律关系,所以,一般认为,法律关系的客体就是相应权利的客体,即将法律关系的客体等同于权利客体。[1] 这就是我国多数学者所持的法律关系客体与权利客体同一说。但有学者对此通说进行了批评,其观点认为同一说以权利客体取代法律关系客体,有忽视法律关系的义务方面而过分宣扬权利之嫌,并且民事权利和民事义务并不一定总有同样的客体,甚至有时候有些权利没有客体。[2] 此种观点,可资借鉴。

(二)民事法律关系的客体

民事法律关系的客体包括如下几种:

1. 人格

人格,即国家赋予自然人、社会组织或目的性财产充当民事主体的资格,也就是我国民法所说的权利能力。

---

[1] [葡]曼努埃尔·德·安德拉德:《法律关系总论》(第一卷),吴奇琦译,法律出版社2015年版,第22页。

[2] 徐国栋:《民法总论》,高等教育出版社2007年版,第156页。

2. 身份

身份,即立法者给予民事主体或客体的某种法律地位。此种身份,可以是给其带来利益的正身份,也可以是给其带来不利益的负身份,换言之,身份总是成双成对地设置的。

3. 自然人

如前所述,自然人,首先是作为民事法律关系的主体而存在的,因而,自然人是否还可以作为客体而存在呢?这个问题,在理论上一直都是有争议的。由于承认自然人作为客体的敏感性,通说一般不承认之,但在解释相关的法律关系上存在着诸多无法解决的矛盾。现在,已有学者勇敢地承认自然人可以作为民事法律关系的客体,它存在着两种可能的情形:①

(1)自然人以其自身作为客体。以前之所以不承认自然人可以其自身作为客体,是因为人们害怕对它的承认会导致自杀、自残或自卖为奴的行为,但我们应该认识到人格权和身体财产权确实是以自然人的自身为客体的。另外,承认自然人可以其自身为客体,并不妨碍法律对于此种客体的运用进行一定的限制。

(2)自然人以他人作为客体。在奴隶社会,自然人可以成为客体,现在当然不允许此种做法。以前理论上曾出现在债的法律关系中将债务人看作是债的法律关系的客体的观点,之后出于人的尊严的考虑,将债权人对债务人的支配解释为对其自由意志的支配,到最后再解释为对特定行为而不是对其整个人身的支配,这样,债的法律关系的客体就被解释为债务人的特定行为(给付),而不再是债务人本身。② 但是,在家庭法范围内身份法律关系的客体应该就是自然人,这不包含任何对人类尊严的侮辱。比如,在收养法律关系中,被收养的自然人就是其客体。

4. 物

民法上的物,是指存在于人体之外,能够为人力所支配,能满足人的某种需要,具有一定的使用价值和交换价值的物质对象。关于物的内容较多,在后面的第四节中,我们再详细论述之。

---

① 徐国栋:《民法总论》,高等教育出版社 2007 年版,第 157 页。
② [德]萨维尼:《当代罗马法体系 I(法律渊源·制定法解释·法律关系)》,朱虎译,中国法律出版社 2010 年版,第 263 页。

5. 行为

作为民事法律关系客体的行为，是指能满足权利人某种利益的行为。比如，在债的法律关系中，其客体为债务人的特定行为，又称"给付"，具体表现形式包括：给予物品、作为或不作为。需注意的是，在给予物品之债中，才有所谓的直接客体和间接客体的说法，前者指债务人的特定给付行为，即我们通常所说的债的客体（债的标的），后者指债务人所给付的物，即我们通常所说的标的物（给付对象），而且只有在给予之债中，才有所谓标的物，而在作为或不作为之债，是没有所谓的间接客体（标的物）的。① 作为债的客体的给付必须符合以下要件：第一，合法性，即给付必须合法，或者至少不为法律所禁止；第二，可能性，即给付不能约定不可能实现的事情；第三，确定性或可确定性，即给付必须是确定的或是可确定的。

6. 智力成果

智力成果，又称知识产品，是指人们通过脑力劳动所创造的精神财富。专利、著作、发明、设计、计算机软件等，均为智力成果。关于智力成果的内容也相对较多，在后面专节中，我们再详述之。

7. 权利

权利也可以成为民事法律关系的客体。比如，在权利质押法律关系中，其客体即为某种类型的权利。权利要成为民事法律关系的客体，必须具备以下的条件：(1)一般是财产权，原则上，人身权不得作为权利客体；(2)必须是可转让的财产权利，一些与人身不可分离的财产权，比如退休金、抚恤金、损害赔偿金的请求权，不得作为权利客体；(3)必须是法律规定可成为民事法律关系客体的权利，有些权利并未进入法律视野，而仅仅是习惯的权利。

三、民事法律关系的内容

（一）传统观点

按传统的观点，民事法律关系的内容，是指民事法律关系的主体所享有的民事权利和所承担的民事义务。民事权利和民事义务是民法调整的社会关系在法律上的直接表现。任何民事主体参与民事法律关系，必然要享受民事权利和承担民事

---

① 齐云：《解开"债的标的"的历史纠缠》，载《甘肃政法学院学报》2009年第2期。

义务,没有民事权利和民事义务,民事法律关系是不可能存在的。民事权利和民事义务从不同的角度表现民事法律关系的内容,民事法律关系的内容是将民事主体和民事客体联系在一起的纽带。另外,传统理论一般还认为,权利与义务是对应存在的,也就是说每一项权利都有一项与之对应的义务,即权利人所享有的权利就是义务人所应承担的义务。

(二)新近观点

新近的观点,虽然承认权利与义务是民事法律关系中最重要的内容,但与此同时还认为,仅仅以权利和义务来概括民事法律关系的内容过于简单,牺牲了论述对象本身所具有的多样性和个别性,在权利与义务的两级之间还存在许多中间的过渡地带,因而,结合权利与义务的对立关系,现在我国的许多学者认为民事法律关系的内容由积极方面和消极方面两部分构成,前者以权利为代表,还包括法益、权能和权限等;后者以义务为代表,还包括屈从、负担等。[1]

1. 民事法律关系的积极方面

(1)权利。权利,是民事主体为实现某种特定利益的自由意思而在受法律保障的范围内作为或不作为的可能性。由于它通常构成了民事法律关系积极方面的最核心内容,后面专节详述之。

(2)法益。法益是民事主体享有的尚未达到权利程度的受法律保护的利益。正是因为出现了法益这一概念,理论上和实务中,也出现了在权利和法益之上建构一个统一的上位概念的倾向,这即是"权益",它是指法律所保护的权利和法益。也就是说,权益的外延比权利更大,它包括权利和法益两种。我国《侵权责任法》第 2 条中使用的"民事权益"就是在这个意义上使用。[2] 其实,在权益的范围内,权利是处于权益最核心的部分,具有典型性和公开性,受到法律最大程度的保护,法益是处于权益的边缘地带,具有事实性和个别性,受到法律保护的程度较弱。另外,权利与法益,随着社会观念和相应立法的变化,也会互相流动,比如,权利往往是法益

---

[1] 徐国栋:《民法总论》,高等教育出版社 2007 年版,第 154 页。
[2] 《侵权责任法》第 2 条规定:"侵害民事权益,应当依照本法承担侵权责任。本法所称民事权益,包括生命权、健康权、姓名权、名誉权、荣誉权、肖像权、隐私权、婚姻自主权、监护权、所有权、用益物权、担保物权、著作权、专利权、商标专用权、发现权、股权、继承权等人身、财产权益。"

上升而来的,比如,我国现行立法规定的隐私权,而权利也可能因为某种原因下降为法益。

(3)权限。权限,是为他人利益可相对自由行动的一种空间。享有权限之人,拥有为了他人利益进行一定活动的自由,由于此种活动不是为了权限拥有者的利益,所以,它不是权利,但它又具有一定的类似权利的支配力,其性质介于权利与义务之间。比如,代理人所拥有的代理权其实就是一种权限,他首先拥有与第三人进行交易的自由,其次,代理行为的利益归属于本人而非代理人。

(4)权能。权能是指权利所具有的功能,或者说是权利的具体表现样态。通常一个权利可以包含多种不同的权能。权利通常是可以单独转让的,但是权能如果还没有从权利分离出来,还不能独立转让时,它本身就不能被称为权利。例如,所有权为一种物权,因为权利人享有所有权这一权利,所以对自己所有之物就享有占有、使用、收益和处分四项权能,所有权人可以将某种权能单分出来,设立某种限制物权,如用益权,从而可转让给他人。①

2. 民事法律关系的消极方面

(1)义务。义务,是指民事法律规范规定或当事人依法约定,义务人为一定的行为或不行为,以满足权利人的利益的法律手段。由于它通常构成了民事法律关系消极方面的最核心内容,我们会在后面专节详述之。

(2)屈从。屈从是指民事主体所处的必须接受他方单方面的权利行使行为的地位,即法律关系的双方当事人,不是处于一个平等的地位,而是在一定程度上处于一种决定与被决定的地位。其典型形式如形成权中的相对人的地位,形成权人与其相对人处于一种决策与被决策的关系,即当形成权人行使其权利使相应的法律关系变动时,其相对人必须允许此等变动的发生。此时的形成权,对应的并不是义务,而是一种屈从,它意味着什么都不需要做。屈从概念的提出打破了民事关系平等性、权利义务二元性的幻影,更能还原真实的民事生活。另外,此种屈从关系,其实不仅体现在形成权上,还体现在亲子关系、劳动关系等领域。②

(3)负担。负担是指为了相对人的利益而科加给权利人但此相对人却不能要

---

① [德]拉伦茨:《德国民法通论》(上册),王晓晔等译,法律出版社2003年版,第263页。
② 徐国栋:《论民事屈从关系——以菲尔麦命题为中心》,载《中国法学》2011年第5期。

求此权利人履行相应的行为的一种非常轻微的义务。负担的最大特点在于,法律并不强制当事人履行这种义务,如果当事人没有履行此种义务,他并不因此承担损害赔偿的义务,而只是受到很轻的制裁,一般是失去一种较为有利的法律地位或接收某种法律上的不利。比如,在买卖合同中,买受人必须在接受到货物后尽快检查货物,如发现瑕疵,应尽快通知出卖人,这就是一个负担。若他不对货物进行检查,就丧失了因货物瑕疵而享有的对出卖人的请求权,除非这个瑕疵是检查所不能发现的。[①]

总而言之,最新的关于民事法律关系内容的理论,打破了传统的权利义务简单两分的民事法律关系内容的理论,在权利和义务两极之间增加了很多位于二者之间的类型,使民事法律关系内容更为真实多彩。另外,由于民事权利和民事义务是民事法律关系的内容中最关键的两个要素,它们也与民事责任有着非常重要的联系,后面我们会将这三个概念分三节重点讨论。

第三节 民事法律事实

民事法律关系的变动,是指民事法律关系的发生、变更和消灭。而之所以能够发生民事法律关系的变动,除了事先存在相应的民事法律规范外,还需要有一定的法律事实出现,所以,法律事实也就被看作是民事法律关系变动的原因。也就是说,一切法律关系理论上都被抽象地预先规定在法律之中,它首先只是作为一种概念存在于法律之中,只有发生一定的法律事实,才会出现具体、确定的法律关系。我们首先来看民事法律关系的变动,然后再来看作为民事法律关系变动的原因的法律事实。

一、民事法律关系的变动

民事法律关系的变动,是指民事法律关系的发生、变更和消灭。此种民事法律关系的变动,若从权利的视角来看,又称为权利之得丧变更,即权利的取得、丧失和

[①] [德]拉伦茨:《德国民法通论》(上册),王晓晔等译,法律出版社2003年版,第269页。

变更。

1. 民事法律关系的发生

民事法律关系的发生，是指在一定的民事主体之间形成某一民事法律关系，从而产生一定的民事权利与民事义务。

民事法律关系的发生又下分为绝对发生和相对发生，前者是不依赖于既存的民事法律关系的发生，后者是以既存的民事法律关系为前提的发生。前者如某人先占无主物取得其所有权，即产生了一种物权的法律关系，后者如侵犯有主物而构成侵权，即产生了一种债权的法律关系。

若从权利的视角来看，民事法律关系的绝对发生和相对发生，又被称为权利的原始取得和继受取得，即前者是指不依赖于他人的既存权利为前提的权利取得的类型，后者是指从前手权利人继受既存权利的权利取得的类型。

2. 民事法律关系的变更

民事法律关系的变更，是指在民事法律关系存续期间，其主体、客体或内容发生变化。

根据变更对象的不同，它被分为三种类型：主体变更、客体变更和内容变更。前者是指民事法律关系的其他内容不变，民事主体发生了变化，比如，甲将自己所有之物转让给乙；中者是指民事法律关系的其他内容不变，民事客体发生了变化，比如，因为洪水，甲所有之物被冲毁一部分；后者是指民事法律关系的其他内容不变，其内容（权利或义务）发生了变化，比如，甲乙二人相互协商之后，对原来的债权债务进行了修改。

3. 民事法律关系的消灭

民事法律关系的消灭，是指当一定事由发生时，民事法律关系终止，原民事权利义务关系消灭。

以原来的民事法律关系是否被移转为标准，民事法律关系的消灭可以分为绝对消灭和相对消灭，前者是指已存的民事法律关系客观地对任何主体都不再存在，后者是指民事法律关系的主体发生了相应的变更，因而相对于原主体而言先前的民事法律关系已消灭（这也被称为民事法律关系的主体变更）。前者如消费自己享有所有权的米，米被实际地消耗掉了，先前的存在的物权关系不再存在，后者如将自己享有所有权的米转让给他人，此时物权关系依旧存在，只不过主体发生了变化。与前面类似,若从权利的视角来看,这又被称为权利的绝对消灭和相对消灭。

二、民事法律事实

如前所述,民事法律关系的发生、变更与终止,都与一定的民事法律事实密切相关。所谓民事法律事实,又称法律事实,是指能引起民事法律关系发生、变更与终止的事实或客观现象。民事法律规范的颁布、实施,只为民事法律关系的发生、变更和消灭提供了法律依据,它本身的存在并不能直接引起民事法律关系的发生、变更与消灭。民事法律关系的发生、变更和消灭,是民法所调整的社会关系在法律上的变化。因此,民事法律关系的变动必须以一定的法律事实为前提。

但并不是任何客观现象都能成为法律事实,某种客观现象能否成为法律事实,取决于法律的规定,反映了对该种社会关系进行民法调整的必要性和可能性。法律事实具有以下特征:

1. 法律事实是一种客观的现象。没有表现为客观现象的主观意识,不是法律事实。例如,内心存在订立合同的意思却未表示出来,不能使合同成立。

2. 作为法律事实的客观现象必须同一定的法律效果相联系,能够引起民事法律关系的发生、变更和消灭。刮风下雨、云聚云散、花开花落,不能引起任何法律效果,因而不是法律事实;而人的出生、死亡、结婚等,能够引起一定的法律效果,因而是法律事实。

3. 作为法律事实的客观现象必须符合民法的规定。客观现象能否作为民法上的法律事实,是由民法规定的,所以,违反民法规定的客观现象不是法律事实。

三、法律事实的分类

以是否与当事人的意志有关为标准,法律事实首先可分为自然事实和人的行为两大类。

(一)自然事实

自然事实,是指与当事人的意志无关的,能够引起民事法律关系发生、变更或终止的客观现象,自然事实又可分为事件与状态两种类型。

1. 事件

事件,是指某种偶发的客观现象。如人的出生、死亡、自然灾害的发生等,大致可以分为与人相关和与人无关两种。

2. 状态

状态,是指某种客观现象的持续,如时间的经过、人的下落不明、对物的持续占有等状态。

(二)人的行为

人的行为,是指依法能够引起民事法律关系发生、变更或终止的人的有意识的活动。需注意的是,此处的行为以有意识为必要,如无意识,比如说梦话、梦游等无意识的行为或精神错乱的行为,不属于这里所说的人的行为。无行为能力的未成年人及精神病人,因其无意识能力,其所为的行为也不属于这里所说的人的行为。

依据行为人的意思表示的效果状态,它又可再分为表意行为和非表意行为,我们分述之:

1. 表意行为

表意行为,是行为人通过意思表示,旨在设立、变更、消灭民事法律关系的行为。它是最大量地产生民事法律关系的法律事实,它可分为法律行为与准法律行为两大类。

(1)法律行为

法律行为,是指可以依据行为人的意思表示而产生法律效力的表意行为,比如合同行为。这是最为重要的法律事实,最能体现当事人的意思自治,我们后面会用专章论述。

(2)准法律行为

准法律行为,是指包含着某种心理状态的表示,但其法律效力之所以产生的直接依据是法律的规定,而非此等心理状态的表意行为。理论上,它包括以下几种:第一,意思通知,即表示内心某种欲望或意思的行为,法律因其表示行为赋予它一定的法律效果,如要约拒绝、履行催告、选择权行使催告;第二,观念通知,指表示认识某种事实并通知该事实而发生法律规定的效果的行为,如承诺迟到的通知、发生不可抗力通知、债权让与通知、债务的承认等;第三,感情表示,指行为人对外表示其感情,依据法律的规定可以引起相应法律后果的行为,如被继承人的宽恕。

准法律行为的特征在于,不论表示人内心是否意欲发生一定的法律效果,法律均使其直接发生某种特定的法律效果。比如,催告或请求则发生时效中断的效果,让与通知则对债务人发生效力,被继承人宥恕则继承人重新获得继承权,等等。

准法律行为,一般类推适用关于法律行为的相关规则,但也有例外,比如,关于条件或期限的规定,因为它的效力是由法律直接规定的,附有这些样态,不符合准法律行为的性质。

2. 非表意行为

非表意行为,是行为人主观上没有产生民事法律关系的目的,但依法律的规定,客观上引起了某种法律效果之发生的行为。依行为是否合法,非表意行为又分为事实行为和违法行为两种。

(1)事实行为

事实行为,指基于某种事实的状态或经过发生法律所特别规定的效力的行为。它不以表现内心的意思为必要,这样就区别于法律行为,如无主物的先占、发现埋藏物的行为、拾得遗失物、无因管理等。

自然人为此等行为时,不必有内部的效果意识,因此,行为人无行为能力亦可,一般也不适用有关意思欠缺、同意、允许和代理的规定。但对于事实行为,行为人当然可以有内心意思,只不过无须将其内心意思表示出来罢了,在此点上它不同于自然事实。

(2)违法行为

违法行为,指违反民法规定,侵犯他人合法权益,依法应承担民事责任的行为。它主要包括侵权行为和违约行为,还包括防卫过当、避险过当等。

四、法律事实构成

法律事实构成,是指能引起民事法律关系发生、变更、消灭的几个法律事实的总和。

通常情况下,一个法律事实足以构成一个民事法律关系发生、变更、消灭的原因,这个法律事实被称为单一事实。但在有些情况下,依照法律规定或当事人约定,须具备几个法律事实作为原因,才能使一个民事法律关系发生、变更和消灭,这些法律事实,被称为结合事实,此即为法律事实的构成。例如,在遗嘱继承的情况下,继承关系之发生,有赖于被继承人死亡、被继承人留有遗嘱和继承人接受继承这三个法律事实。

第四节　物和智力成果作为民事法律关系的客体

如前所述,民事法律关系的客体主要包括人格、身份、自然人、物、行为、智力成果和权利,我们前面对它们进行了简单的论述,对于其中比较复杂的物和智力成果,在本节再进行更详细的论述。

一、物

(一)物的概念和特征

1. 物的概念

法律上的物,是指存在于人身之外的,能够为民事主体控制和支配,并能够满足人们生产和生活需要的物质实体或自然力。

由此可见,法律上所称的物,其范围比自然界存在的物理学意义上的物的范围小很多。物理学意义上的物,是指一切具有形体特征、构成外在世界一部分的东西,它们在空间上占有位置,或至少是我们的感官可以感知的。但法律意义上的物,它排除了那些不能独立地成为法律关系客体的东西。[1] 因而,法律意义上的物与物理学意义上的物,构成了一种种属关系,一切法律意义上的物,都是物理学意义上的物,但是,反之则不然。

2. 物的特征

鉴于我们对法律上的物所下的定义,它具有以下的特征:

(1)须为物质实体或自然力

法律上的物必须具有物理属性,应是固态、液态或气态的物质,一般都是有体物,因而权利、智力成果等无体物,它们不是我们在这里所说的法律上的物,而是其他权利客体。

---

[1] ［葡］曼努埃尔·德·安德拉德:《法律关系总论》(第一卷),吴奇琦译,法律出版社2015年版,第201页。

(2)须存在于人体之外,具有非人格性

自然人不能被看作是物。也就是说,活人的身体的全部或一部分,不可是物。与人体不可分离的假肢、假牙等,也应视为人体的一部分,而不属于物。当然,如果它们与人体长久地分离了,也可视为物。另外,尸体是一种特殊的物,即不融通物且受保护与限制,对其所有权的行使应符合公序良俗,有着特殊的限制,比如,只能用于火化、祭祀、埋葬等目的。

(3)须为人力所能支配

民法上的物,以人力所能控制者为限,而能否支配控制则应以科学技术及社会观念来判断它,人力不能支配之物,仅是物理学意义上的物,而非民法上的物。比如日、月、星辰,虽然是自然界存在的物,但它在目前的科技条件下,我们对它们无法控制,因此不是我们在法律上所称的物。

(4)须能满足人们的社会生活的需要

人们的社会生活包括精神生活和物质生活两个方面,法律上的物必须能够满足人们的精神生活或物质生活上的需要,包括使用价值和交换价值。它可以是劳动创造的,比如工业产品,也可以是自然存在的,比如石油和煤。

(5)须具有稀缺性

只有具有自然的或人为的稀缺性的物,才能成为法律上的物,并不是所有能够满足人们需要的物都可成为法律上的物,比如阳光和空气,这两项人类必不可少的东西却不是法律上的物,因为至少现在它们能够无限供给,不具有稀缺性。按照罗马人的说法,这是一切人共有物(res communes omnium),不能被人专属地独占和管领,不是民法意义上的物,但可以是国际法和环境法意义上的物。

(二)物的扩张

1. 无形的"自然力"

《德国民法典》第 90 条,曾将物仅限于"有体物",即占有一定空间并具有某种形体者,而不包括"无体物",但由于社会经济和科学技术的发展,民法上的物并不局限于"有形",电、热、声、光等无形的"能"或"自然力",由于它们也可经由人力控制、储存和运输,也成了法律意义上的物。

2. 活人的器官和组织

物具有非人格性，人的身体不是物，不得为民事法律关系的客体，但身体之一部分，一旦与人身分离，应视为物，比如，头发、血液、精液、人乳等。

需要注意的是，以分离人的身体一部分为标的的合同是否有效，应视它是否违反法律或公序良俗原则而定。比如，理发、拔牙、医生截取坏死的肢体，均符合公序良俗，应属有效。但如果捐助一个肾的合同，此类可能损害该人健康的合同，虽原则上符合公序良俗，但出于人类尊严和健康的考虑，该人可随时撤回其同意，不允许强制执行。当然，如果是极大地损害当事人的健康的不可再生的器官移植，也是不允许的，比如某人同意将其一只手移植给另一个人。

3. 空间

空间虽有异于一般的有体物，但空间占据位置，如能对位置予以支配，空间也可以成为物。或者说，空间，无论在土地之空中还是在地中，如果具备独立之经济价值及有排他的支配可能时，即可为物。

4. 虚拟财产

虚拟财产是狭义的数字化、非物化的财产形式，分为以下三种类型：(1)是自然人在网络上所拥有的个人账号信息，例如电子邮件、聊天工具、网络论坛等相关的账号信息；(2)是涉及金钱的虚拟货币，例如游戏装备、QQ币、QQ秀、网店等相关的虚拟财产；(3)是自然人在网络上所产生的与知识产权相关的个人财产，例如微博、照片、音频、视频等数字资源作品。从现实世界与虚拟世界两者关系的角度来看，它是指存在于网络世界这一虚拟环境中的、由现实世界的人控制的、具有一定社会意义并具有一定价值的"财产"。

从世界范围来看，现在立法上和理论上承认虚拟财产已成为一种共识，但对于虚拟财产到底是一种什么性质的财产，以及对虚拟财产要如何进行保护，却仍然存在相当大的争议，仍待理论与立法的进一步完善。此次《民法总则》第127条也原则上提到对虚拟财产要进行保护，但将其具体规则留给了以后可能的专门立法。

5. 动物不是物

《奥地利民法典》在1985年增加了第285条a，《德国民法典》在1990年增加了第90条a，都规定"动物不是物"，但同时又规定，除另有规定外，仍然准用有关物的规定。① 之所以有这样的说法,是出于尊重动物的生命,想加强对动物的保护。其实,是否要加强对动物的保护,采取上述规定与否并重要,而是要实质性地贯彻动物保护的理念即可。

(三)物的传统分类

1. 动产与不动产

不动产,是指依自然性质或法律规定不能移动或移动会严重损害其经济效用的物,包括土地及其定着物。所谓土地,是指一定范围内地球表面以及表面的上空及地下。定着物,是指持续密切附着于土地、不易移动的、依社会观念认为非土地构成部分、具有独立的使用价值的构造物。不动产之外的物均为动产。

需要注意的是,对于土地与定着物的关系,存在着结合主义和分别主义两种立法例。前者认为土地的附着物属于土地的主要组成部分;后者认为两者是两项独立的不动产。我国现行立法采取的是后一种立法例。

此种分类,是各国现代法律中对物的最基本的分类,具有重要的区分意义:(1)不动产的价值一般相对较大,而动产的价值一般相对较小。传统上,我们一般认为不动产的价值较大,因而给它们提供更多保护性措施,比如登记制度,在现代社会中,我们也对价值较大的动产,如船舶、汽车以及航空器,提供了类似的保护措施,它们因此也被称为"准不动产"。(2)物权变动的公示方法不同。动产物权的变动一般仅依交付即可生相应的法律后果,不动产物权的变动非依登记不生变动之效力。(3)取得时效期间不同,一般而言,不动产期间长,动产期间短,但我国立法未承认取得时效。(4)法律适用及诉讼管辖不同。就不动产所发生的纠纷适用不动产所在地法,由不动产所在地人民法院专属管辖;就动产发生的纠纷的法律适用则比较灵活。

2. 代替物与不可代替物

代替物,是指不具有独立特征,可以相同的种类、品质及数量相互代替的物,由于它可以以某种计量单位来衡量,又被称为数量物,比如同规格的工业品、农产品等;不可代替物,是指具有独立特征,不可以他物代替的物,比如某幅名画、某个雕像。可见,二者的划分是根据物本身所存在的区别。

---

① 施启扬:《民法总则》,台湾三民书局 2009 年版,第 220 页。

区分意义：只有代替物才能作为消费借贷的标的物，不可代替物可作为使用借贷和租赁的标的物，但不能作为消费借贷的标的物。

3. 特定物与不特定物

特定物，是指依当事人意思具体指定的物，比如指定的某辆汽车；不特定物，又称种类物，是指当事人仅依抽象的种类、品质、数量予以限定之物，比如仅指定某种品牌的某个型号的任一辆汽车。可见，二者完全是以当事人的主观意思为标准的，而非物本身的区别。因此，当事人可将代替物指定为特定物，也可将代替物指定为不特定物。

区分意义：特定物与不特定物在法律效果上不同，如关于债之履行、危险负担、瑕疵担保等，有所谓的"种类物之债不灭"的说法，即以种类物为给付对象的债，一般不存在履行不能，原来的种类物灭失了，债务人仍可找到另一相同的种类物替代履行。

4. 可消耗物与不可消耗物

可消耗物，是指依物的通常使用方法，使用一次即改变其原有形态和性质的物，比如食品、饮料；不可消耗物，是指可以反复多次使用而不改变其形态、性质的物，比如电器、汽车。

区分意义：不可消耗物可作为租赁、使用借贷及通常保管合同的标的物，而可消耗物仅可作为消费借贷及消费保管合同之标的物。

5. 可分物与不可分物

可分物，是指不因分割而改变其性质且不损害其价值的物，比如一袋大米、十公斤黄金；不可分物，是指一经分割将改变其性质或减少其价值的物，比如一匹马、一台电视机。也就是说，若一物经过分割后，各部分之和在性质上和价值上与原本的整体之物相同，则为可分物；反之，则为不可分物。

由此可见，此处谈论的可分与不可分，并非是物理上的可分与不可分，因为在物理上根据原子论，所有的物都是可分的，我们谈论物的可分与不可分，其实是从物的整体功能和整体价值的角度来进行考察的，而不是纯粹从物理意义上来考察的。

区分意义：在多数人之债中，因给付标的是可分物还是不可分物，可决定它属于可分之债还是不可分之债，比如，若甲乙负有向丙移转20公斤黄金的债，则为可分之债,反之,若是移转一枚特定的钻石,则为不可分之债;在共有物的分割时,因对象是可分物还是不可分物,其采用的方法有实物分割和变价分割的区别,比如,若二人共有之物为20公斤黄金,则可采实物分割,相反,若二人共有之物为一枚钻石,一般则只会采取变价分割,即一人获得钻石,另一人获得其享有份额的价值补偿。

6. 流通物、限制流通物与禁止流通物

流通物,是指法律允许在民事主体之间作为交易标的自由转让的物,一般的物多为流通物;限制流通物,是指法律对其流通范围和程度作出一定程度限制的物,比如文物、武器;禁止流通物,是指国家法律规定不得作为交易标的的物,比如毒品、淫秽物品。

区分意义:此种分类有利于民事主体正确选择法律关系的客体,如果违反限制流通物或禁止流通物的法律规定,所为的法律行为无效。

7. 单一物、结合物与集合物

单一物,是指形态上独立、自成一体的物,如一头牛、一个苹果等;结合物,是指由数个单一物联合而成的物,如配有宝石项坠的项链、一辆汽车等,构成结合物的各个单一物,在不影响彼此联系的情况下,仍然保有自身的物理独立性,但在交易观念上及法律上将之视为一物;集合物,是指为了达到共同的目的而由数个单一物或结合物集合而成的物,如一个图书馆的全部藏书、一间画廊、一个农场等。另外,可以看到,构成结合物的各个单一物,一般都有一种物质上的结合、附合或联合;而构成集合物的单一物或结合物,它们是一种观念上的联系。比如,一辆汽车上的各个零件,它们被按预先设计紧密结合在一起,构成了结合物;而一间画廊里的各种物,只是为了一个共同的观念上的目的而较松散地被放在了一起,构成了集合物。

区分意义:单一物与结合物在法律上为一个物,原则上应以其整体作为物权的客体;而集合物在法律上一般不被视为一个物,通常不能以其整体作为物权客体,但法律另有规定或当事人另有约定的除外,比如在财团抵押下,就是以一个集合物为抵押权的标的。

8. 主物与从物

主物,是指独立存在、与他物共同使用时起主要作用的物;从物,是指独立存在、与他物共同使用时起辅助作用的物。可见,主物与从物是就在数件物同时使用时的相互关系而言的,比如车与车钥匙、眼镜与眼镜盒、电视机与遥控、锁与钥匙、书本与书本套。但需注意的是,二者的认定需以社会一般的观念来定,有特别习惯者,依习惯来定。

另外,我们也需注意从物与主物的组成部分的区别:从物是与主物独立的物,从物与主物是两个物;而主物与主物的组成部分,是整体与部分的关系,后者构成前者的一部分,我们将它们看成一个物。比如,眼镜与眼镜盒是主物与从物的关系,眼镜与其镜片则是物与其组成部分的关系。

区分意义:通常从物的所有权随主物所有权的转移而转移,这是因为主物与从物之间具有效用上的从属关系,但法律上此种规范为任意性规范,当事人可依约定而排除此种规范的适用。比如,出售眼镜时,约定其效力不及于眼镜盒。

9. 原物、孳息和出产物

原物,是指按其自然属性或法律规定能够产生收益的物;孳息,是指由在不减损物的实质的前提下由原物周期性地产生的物,根据它们产生的原因不同,可分为法定孳息与自然孳息,前者是指根据法律规定而产生的收益,比如利息、租金,后者是根据自然规律产生的收益,比如牲畜下幼畜、从羊身上剪下的羊毛。出产物是指从物本身分离的一部分,它并非必然和有规律的产生,比如,从采石厂提取的石头。

区分意义:原则上孳息归属于原物所有人,法律另有规定或当事人另有约定的除外,比如用益权人和诚信占有人也可以取得孳息的所有权。而孳息与出产物的区别在于:前者是必然要产生的,并且是有规律地产生的,而后者这两种属性都不具备。区分孳息与出产物的意义在于,对于后者,无论是诚信占有人还是恶信占有人,都必须返还,而对于前者,只有恶信占有人才需要返还。①

10. 有主物与无主物

有主物,是指确定了所有人的物;无主物,是指没有所有人或所有人不明的物。注意,所有人有争议的物,不能归入无主物。

区分意义:一般而言,无主物按先占规则由最先占有它之人取得所有权,但在法律有特别规定的情形除外。

(四)特殊的物

---

① 徐国栋:《民法总论》,高等教育出版社 2007 年版,第 184 页。

1. 货币

货币作为一种特殊的物,它是指可以用票面金额来表现其价值的一种特殊的物。我国的法定货币是人民币,包括各种纸币和铸币。除法律另有规定外,人民币是我国境内惟一通行的货币,外国货币、金银都不得作为支付手段。

货币作为民法上特殊的种类物,其特殊之处是:第一,货币所有权的归属。货币占有权与所有权合而为一,货币的占有人即为货币所有人。第二,货币所有权的转移。货币作为种类物和消费物,它一经其所有人使用,也就是说,一经转入他人之手,其所有权即发生移转。第三,货币不发生返还请求权与占有回复诉权问题。借用人将一定数额的货币借给他人,其所有权即转移,借款人到期只负有返还同等数额的货币的义务;货币所有人丧失货币占有的,即丧失对货币的所有权,仅能基于不当得利或侵权行为提出相应的请求,而无法行使所有物返还请求权。

2. 有价证券

有价证券,是指设定并证明持券人有权取得一定财产权利的书面凭证,它是物的一种特殊形式。在此,我们需要区分"证券上的权利"和"对证券的权利",前者是指有价证券上记载的财产权利,后者是指持券人对有价证券本身所享有的权利。比如,某人持有一张支票,支票上记载的权利即为"证券上的权利",而持票人对于支票本身所享有的物权,是一种所有权,它即为"对证券的权利",二者不可混淆。

有价证券具有下列特征:第一,有价证券与证券上所记载的财产权利不能分离。有价证券直接代表财产权利,权利已证券化了,证券与权利合为一体。第二,有价证券的债务人是特定的。相对于证券的持有人可不断地变换,证券的义务人总是特定的。第三,有价证券的债务人的支付是单方义务,债务人不得要求权利人支付相应对价。

有价证券有以下主要类型:

(1)票据

票据是由出票人依法签发的,约定由自己或委托他人于约定时间无条件支付确定金额给持票人或收款人的有价证券。票据可分为汇票、本票、支票。汇票,是指出票人签发的,委托付款人在见票时或者在指定日期无条件支付确定的金额给收款人或持票人的票据。在我国,汇票有银行汇票与商业汇票之分。本票,是指出票人签发的,承诺自己在见票时无条件支付确定的金额给收款人或者持票人的票据。在我国,本票主要是银行本票。支票,是指出票人签发的,委托办理支票存款业务的银行或者其他金融机构在见票时无条件支付确定的金额给收款人或者持票人的票据。在我国,支票又分现金支票、转账支票和定额支票三种。

(2)债券

债券是国家或企业依法发行的,约定在到期时还本付息的有价证券。它可以分为公债和企业债券。公债是国家发行的债券,不可当货币使用,但可自由转让、兑现或设定质押。企业债券是企业发行的债券,可以转让、设定质押。

(3)股票

股票是股份有限公司依法发行的表明股东权利的有价证券。

(4)提单

提单是指用来证明海上货物运输合同和货物已经由承运人接收或者装船,以及承运人保证以交付货物的单证。提单因其抬头不同,可分为记名提单、指示提单和不记名提单;提单因货物是否实际装船,还可分为已装船提单和备运提单。

(5)仓单

仓单是仓储保管人应存货人请求签发的证明存货人财产权利的文书。仓单为要式证券、物品证券和物权证券,也就是说,它应依法律要求记明有关事宜,它是以给付物品为标的,货物的移转必须移转仓单才发生效力。

二、智力成果

(一)概念和法律特征

智力成果,又称知识产品,是指人们通过创造性劳动创造的,具有一定表现形式的成果。智力成果通常被认为是知识产权的客体,但也有人认为信息、信号、符号是知识产权的客体。本书照顾传统,仍采用智力成果知识产权客体说。

智力成果须有两个基本要素:一是智力要素,即知识产品凝结了人类的创造性劳动;二是形式要素,即知识产品应以外部可感知的形式表现出来。

智力成果具有下列特征:(1)创造性。智力成果同以前的成果相比,具有创新和突破,至于此种创新和突破的程度,因其类型的不同要求不同,享有的权利也不同。(2)非物质性。智力成果是一种非物质化的知识形态的劳动产品,与物质产品不同。(3)公开性。智力成果的公开性是指它本身可以公开而让人们认识它,甚至是重现它,并且只有公开后才可得到法律的保护。

(二)主要类型

法律保护的智力成果的范围,是随着社会的进步和法律的完善而不断扩大的。知识产权因其权利客体的不同,也就是智力成果的类型的不同,也可分为著作权、专利权、商标权、发现权和其他科技成果权利等。一般认为,知识产权具有法定性、专有性、地域性和时间性的特点。对于知识产权的客体,《民法总则》第 123 条有了明确规定。

(1)作品

作品是指在文学、艺术和科学领域内,具有独创性并能以某种形式加以复制的智力创作成果。作品必须具备两个条件:一是作品必须具有特定的思想内容;二是作品必须具备客观表现形式。作品的特征包括:第一,具有独创性;第二,可复制性;第三,具有经济上的利用价值。

(2)发明

发明是指对产品、方法或其改进所提出的新的技术方案。具备的实质性要件是:第一,新颖性;第二,创造性;第三,实用性。

(3)实用新型

实用新型是指对产品的形状、构造及其组合所提出的适用于实用的新的技术方案,俗称"小发明"。

(4)外观设计

外观设计是指对产品的形状、图案、色彩或者其结合所作出的富有美感并且适于工业上应用的新设计。它具有的特征是:第一,必须与产品有关,二者具有不可分性;第二,以产品的形状、图案、色彩或其组织为内容;第四,有美感;第五,适于工业上应用。

(5)商标

商标是指以显著的文学、图形或两者的组合并置于商品表面或商品包装上的标识。它具有以下特性:第一,合法性;第二,显著性;第三,表现性。

(6)地理标志

地理标志,是指标示商品来源于某个区域、该商品的特定质量、信誉或者其他特征并主要由该区域的自然因素或人文因素所决定的标志。

(7)商业秘密

商业秘密,是指不为公众所知悉,能为权利人带来经济利益,具有实用性并经权利人采取保密措施的技术信息和经营信息。商业秘密不同于其他知识产权的地方在于其非公开性和非排他性,以前我国多通过《合同法》和《反不正当竞争法》对它进行保护。

(8)集成电路布图设计

集成电路布图设计,是指关于至少有一个是有源元件的两个以上元件和部分或者全部互联线路集成在基片之中或者基片之上的以执行某种电子功能的产品的设计方案。

(9)植物新品种

植物新品种,是指经过人工培育的或者对发现的野生植物加以开发,具备新颖性、特异性、一致性和稳定性并有适当命名的植物品种。

在我国,作品是著作权法保护的客体,而专利法保护三种类型的智力成果,即发明、实用新型和外观设计,商标是商标权的客体,还有其他一系列相关法律对上述智力成果提供保护。

第五节 民事权利

一、权利的本质

权利一词,源自古罗马法。它在拉丁文中为"Ius",在西方语言中,比如,diritto[意]、droit[法]、derecho[西]、direito[葡]、Recht[德]等,和拉丁语"Ius"一样,都包含法律和权利的双重含义,存在所谓的"主观权利,客观法律"的说法。但日本学者最初将之译为"权理",后改译为"权利"。主流学说认为,虽然在中国古代的典籍中已经出现"权利"这一语词,但在我国作为民法概念的"权利"一词,却是在清末变法时从日本移植过来的。当然,在我国现在,权利与法律两个术语有明显的区分,就正如英语中"right"和"law"的区分一样。

(一)各种学说

至于权利的本质为何,历来争议很大,其实关于权利本质的问题就是如何来定义权利的问题,主要有以下三种学说:

1. 意思说(主观说)

此说认为权利的本质是意思自由,即人的意思能够自由活动或能够任意支配的范围。个人意思是权利的基础,没有意思就没有权利。

2. 利益说(客观说)

此说认为权利的本质就是一种利益,此种利益可以是精神的,也可以是物质的。权利的目的就在于追求利益,利益就是权利的另一种表达形式。

3. 法力说

此说认为权利的本质为法律上之力。权利总是由"特定利益"和"法律上之力"两个因素构成,而所谓"法律上之力",是由法律所赋予的一种力量,凭此力量,既可支配标的物,也可支配其他人。

(二)我们的观点

上述学说都有其合理因素和理论缺陷,综合考虑三者,我们采混合说,也就是认为权利本身具有多面性,从单一的一个角度观察它无法得出正确的结论,而把各个因素综合起来才可以全面地认识它。基于此观点,我们给它下了如下的定义:民事权利,是民事主体为实现某种特定利益的自由意思而在受法律保障的范围内作为或不作为的可能性。它包含以下三层含义:

1. 民事权利意味着权利人在一定范围内的意思自由。在该范围内,权利人可以做其所希望的事情。因此,民事权利是一种自由权,法律对权利的设定,就是为了划定各民事主体之间自由的界限。

2. 民事权利意味着权利人实现一定利益的可能性。权利人享有自由并不是目的,其目的在于运用这种自由权来实现自己的利益。在民法领域,一切法律关系均可归结为利益关系,故民事权利的落脚点在于利益。

3. 民事权利具有法律保障性。没有法律保障的权利为"裸体权利",不具有实际意义。民事权利之所以受到法律保障,就因为它是依法产生的,而且凡是权利都具有合法性。

因此,我们认为,意思、利益和法力都是权利的基本要素,缺一不可:利益是权利的核心,自由是权利的内容,而法力是权利的外壳。

二、民事权利的分类

(一)人身权和财产权

以民事权利体现出的利益为标准,它可分为人身权和财产权。这其实是我国立法所采用的分类,也是最重要的一种分类,在我国《民法总则》第五章的民事权利中,它对人身权和财产权按照"人前物后"的排列方式进行了规定。

人身权,是指不具有直接财产内容,为了实现主体人身利益的权利,包括人格权和身份权两种。前者是指民事主体对自己的人格要素享有的权利,如《民法总则》第110条规定的自然人享有的生命权、身体权、健康权、姓名权、肖像权等;后者是自然人由法律确认的对其亲属人身的控制权,如《民法总则》第112条的规定。

财产权,是指有直接财产内容,为了实现民事主体经济利益的权利。财产权一般包括物权、债权和知识产权。

财产权可以用金钱价值来衡量,允许转让,而人身权一般不能用金钱价值去衡量,与其主体不可分离,故一般不能转让和继承。同时,有些民事权利具有人身权和财产权的双重属性,如继承权、知识产权。

(二)支配权、请求权、抗辩权和形成权

以权利的作用划分为标准,它可分为支配权、请求权、抗辩权和形成权。

支配权,是指可直接支配权利客体并排斥他人干涉的权利,如物权、人格权等。此等权利的行使不需他人配合,权利人直接即可支配权利客体,这也被看作是支配权的消极方面和积极方面。

请求权,是指可请求他人为或不为一定行为的权利,如债权。此等权利的行使必须由义务人来配合进行,没有义务人的配合,权利人根本无法真正享有其权利。请求权是因基础权利而发生的,先有基础权利,才有请求权,比如,先有债权,才有债权请求权,请求权只是债权的效力之一。

抗辩权,是指对抗请求权或否认对方权利的权利,即它可产生阻止相对人所行使权利的效力,如合同法中规定的不安抗辩权、同时履行抗辩权、先履行抗辩权、主张合同不成立或不生效的抗辩、时效经过的抗辩等。它还分为一时性的抗辩权和永久性的抗辩权,前者可产生暂时阻止对方权利的效力,后者可产生永久地阻止对方权利的效力。

形成权,是指当事人一方可以以自己的行为单方面使法律关系发生变动的权利,如追认权、撤销权、抵销权等。形成权的特点在于,依权利人单方面的意思表示就可以发生特定的法律效果,而不管相对人同意与否。根据形成权的权利人可以直接行使还是必须通过法院行使才发生相应的效力,形成权还可以分为直接的形成权和间接的形成权。

(三)绝对权和相对权

以权利人可对抗的义务人的范围为标准,它分为绝对权和相对权。

绝对权,又称对世权,是指义务人不确定,权利人无须通过义务人实施一定的积极协助行为即可实现的权利,在这些权利中,义务人负有的是一种消极的不作为义务,即对他人的权利进行尊重、容忍和不侵犯的义务,如所有权、人身权。

相对权,又称对人权,是指必须通过义务人实施一定的行为才能实现,只能对抗特定人的权利,在这些权利中,义务人负有一种积极的作为义务,即权利人的权利的享有依赖于义务人的积极的行为,如债权。

但是,此种分类的合理性已受到一定的批评和挑战,有观点认为,任何权利都受到法律的保护,从而都具有不可侵犯性,物权是如此,债权也应该不例外。所以,从义务人特定与否来区分绝对权和相对权,有欠妥当。

(四)主权利和从权利

以权利相互间的关系为标准,分为主权利和从权利。

主权利,是指不以其他权利的存在为前提,能够独立存在的权利,如人身权、物权、债权等。

从权利,是以主权利存在为前提的权利,如相对于主债权,质权或抵押权为从权利。

在民法中,一个重要的原则就是,如无特别约定,从权利与主权利是同一命运,即主权利转移、消灭或者被设定负担,从权利也随之转移、消灭和设定负担。

(五)既得权和期待权

以权利的成立要件是否立即齐备为标准,分为既得权和期待权。

既得权,是指成立要件已全部齐备而已为当事人实际享有的权利,一般的权利多为既得权。

期待权,是指成立要件尚未全部齐备,将来有可能实现的权利,如附延缓条件的法律行为中,在延缓条件成就前,债权人享有的债权,即属期待权。

(六)原权和救济权

以权利之层次为标准,分为原权和救济权。

原权,是指合法产生的民事法律关系中存在的权利。

救济权,是指原权受到侵害或有侵害的现实危险时而发生的权利。

前者又称为第一性的权利,后者又称为第二性的权利,如一个人享有所有权,此权利即为原权,若它受到侵害,产生的损害赔偿请求权,即为救济权。

(七)专属权和非专属权

以民事权利与民事主体的关系为标准,分为专属权和非专属权。

专属权,是指专属于某特定民事主体的权利,人身权多为专属权,比如生命权。

非专属权,是指不属于某特定主体专有的权利,财产权多为非专属权。

三、民事权利的行使

民事权利的行使,是指民事权利主体具体实现其权利内容的行为。行使民事权利的方法多种多样,主要有事实行为方法和法律行为方法两种。分述之:

1. 以法律行为行使民事权利

以法律行为行使民事权利,是指以符合法律规定的意思表示来行使民事权利,比如所有权人通过签订买卖合同来行使其所有权。应该说,通过法律行为来行使民事权利是民事权利行使最主要的方式。

2. 以事实行为行使民事权利

以事实行为行使民事权利,是指以单纯的作为或不作为来行使民事权利,比如发现埋藏物的行为、拾得遗失物,此时行为人行使权利的意图并未通过文字和语言表达在外面,只是通过自己的行为就可产生一定法律承认的效力。

民事权利是否行使或如何行使本来是权利人的自由,但与此同时也要注意其界限:民事主体在行使权利时应坚持诚实信用原则和权利不得滥用原则,尊重社会利益和基本道德,使权利人和义务人的利益得到平衡。对于民事权利行使的要求,《民法总则》的第130条到第132条进行了明确的规定。

四、民事权利的保护

民事权利的保护,是指当民事权利受到侵害时,以民事权利的保护方法,确保民事权利不受侵犯或者使受到侵害的权利得到恢复的措施。它包括自我保护(私力救济)和国家保护(公力救济)两种保护方法。

(一)自我保护(私力救济)

自我保护,是指民事主体的权利受到侵害时,来不及请求国家保护时,民事主体自己采取各种必要的合法措施进行保护。它包括自卫行为和自助行为两种。

1. 自卫行为

自卫行为,是指民事主体的民事权利受到侵害或者有受到侵害的危险时,权利人采取的必要措施,它包括正当防卫和紧急避险两种形式。

(1)正当防卫

为了使国家、公共利益、本人或者他人的人身、财产和其他权利免受正在进行的不法侵害,而采取的制止不法侵害的行为,对不法侵害人造成损害的,属于正当防卫,不负刑事责任。但正当防卫明显超过必要限度造成重大损害的,应当负刑事责任,但是应当减轻或者免除处罚。比如,甲遭到乙的抢劫,甲为了保护自己的财产和人身安全,奋勇对乙进行适度还击,即可构成正当防卫。

正当防卫的构成应具备以下四个要件:第一,对象要件。防卫的对象必须针对的是不法侵害行为,并且应针对不法加害人本人实施。因而,当事人不能针对合法的侵害行为进行所谓的防卫,比如警察拘捕人犯,人犯不能以正当防卫为由拒捕。第二,目的要件。防卫的目的是为了保护自己或他人的合法利益或社会公共利益。因而,当事人不能为保护自己的非法利益进行所谓的正当防卫,比如贩毒之人拒捕。第三,时间要件。正当防卫必须是在一个正确的时间实施,即防卫的时间条件是侵害行为正在实施,防卫具有必要性和紧迫性。对于未实施的行为进行所谓的防卫,属于"假想防卫",对于已经实施完毕的侵害行为进行防卫,属于"事后防卫",均不符合正当防卫的时间要件。第四,限度要件。防卫不应超过必要的限度,它包括防卫方式和防卫强度这两方面的适当性。正当防卫以能够阻止加害行为为限度,如果超过了这一限度,对加害人造成了过重的损害,构成防卫过当。

(2)紧急避险

为了使国家、公共利益、本人或者他人的人身、财产和其他权利免受正在发生的危险,不得已采取的紧急避险行为,造成损害的,不负刑事责任。紧急避险超过必要限度造成不应有的损害的,应当负刑事责任,但是应当减轻或者免除处罚。比如,甲驾车正常行驶在马路上,乙突然横穿马路,甲为了避免撞上乙,紧急打方向撞毁丙停在路边的汽车,甲的行为构成紧急避险。

紧急避险的构成应具备以下三个要件:第一,危险要件。必须有正在发生的危险,威胁到本人、他人的利益或社会公共利益,不管这危险来自自然界(地震、洪水、台风),还是人类行为(放火、战争、抢劫),都可。危险必须是正在发生的真实的而并非想象的,否则就可能构成"假想避险",避险人应承担赔偿责任。第二,紧迫要件。除了采取紧急避险的方式外,没有其他可以排除危险的方式。这其实讲的是"迫不得已"这个标准,也就是坚持"必要原则"。第三,限度要件。紧急避险行为不应超过必要的限度。所谓必要的限度,一般是指因紧急避险造成损害的利益应小于被保护的利益,也就是说必须遵守"比例原则",即"两害相权取其轻"。

2. 自助行为

自助行为,指的是民事主体在自己的民事权利受到侵害时,由于事情紧急,来不及请求国家机关救助的情况下,对加害人的人身或者财产进行扣押或者毁损,而为法律所许可的行为。比如,餐馆的主人临时扣留吃饭不给钱就想逃跑的顾客,物品的主人抓住正在携赃物逃走的小偷。

对此,虽然我国法律没有明文规定,但理论上和实践中都承认它。通常认为自助行为的构成应具备以下四个要件:第一,目的要件。目的是为了保护自己的权利不受侵害。第二,紧急要件。必须是情况紧急,来不及请求国家机关救助。若来得请求国家机关救助,则不可实施所谓的自助行为。第三,限度要件。采取的手段并无过分,限定在可保护自己权利的必要范围内。第四,报告要件。事后应该及时提请有关国家机关处理。

(二)国家保护(公力救济)

国家保护,是指在民事权利受到侵害时,由专门的国家机关,通过法定的程序和规则加以保护。民事权利受到多个法律部门保护,因此,国家保护民事权利可以通过多种国家机关,以多种方式进行。但最主要的是通过人民法院民事诉讼的方式进行保护,它表现为不同的诉讼类型,如确认之诉、给付之诉、停止侵害之诉和形成之诉。

需注意的是,对权利的私力救济,是人类早期盛行的权利保护方式,但现在公力救济已成为保护民事权利的主要手段,私力救济已被严格限制。这是因为私力救济比较容易滋生暴力,并且救济人的自我救济的尺度也不好把握,容易造成对对方的人身伤害,因此,一般认为,现代社会的文明性即体现在以公力救济取代了私力救济。虽然如此,我们也不能否认私力救济在特定情形下的积极作用,因而应将两种救济手段结合起来,以更好地保护民事权利。

第六节　民事义务

一、民事义务的概念和特征

(一)概念

民事义务,是指民事法律规范规定或当事人依法约定,义务人为一定的行为或不行为,以实现权利主体设定的利益的法律手段。关于义务的本质,学者之间争议多多,主要有规范说、责任说、约束说、手段说、利益说、意思说和法力说,各种学说的侧重点不同,但大多围绕着权利与义务的关系来论述。显而易见,我们上述的对民事义务的定义也是数个学说折中综合的产物。

流行的通说认为,民事义务是民事权利的对称,义务不过是颠倒过来的权利,权利与义务呈现一种对偶的关系。因而说清楚了什么是权利,义务也就自然清楚了,这样义务在一定程度上成为权利的附属品。但此种学说没有解决如下的疑问:

义务是否具有独立性,是否存在无义务的权利或无权利的义务呢?对此,有学者认为,虽然大多数情况下,权利和义务是一一对应的,但在有些情形下,存在着无权利的义务,比如我国公民的计划生育的义务、受教育的义务,在这种情形下,义务的独立性得到了证明。[①]

(二)特征

一般认为,民事义务具有以下的特征:

1. 民事义务一般具有利他性。既然权利与义务在大多数情况下是一一对应的,而利益是权利的核心,那么,义务主体实施一定行为的目的,就在于满足权利人的利益,反之,若义务人实施的行为是以满足自己的利益为目的,则是一种权利,而不是义务。在这种意义上,义务也体现为一种不利益。

2. 民事义务具有限定性。义务主体一般只需在权利主体的权限范围内为一定行为或不为一定的行为,其应实施的行为种类和范围由权利主体所享有的民事权利决定。

3. 民事义务具有法律的约束性。民事义务对义务人具有法律的约束力,它不随被约束的义务人的意思而变更或解除。义务只能由权利人加以免除,而不能由义务人抛弃。这从另一个角度来说体现了民事责任是履行义务的保障,若义务人不履行其义务,就会导致国家的制裁,这种制裁就是相应的民事责任。

二、民事义务的分类

由于民事义务和民事权利一般是相对应的,因此,二者的分类有许多相似之处,对权利适用的一些分类标准,一些也可以适用于义务,比如,财产义务与人身义务,对于这些分类,我们不再赘述,参照其相应的权利分类即可。在此,我们只介绍民事义务的一些相对特别的主要分类:

1. 法定义务和约定义务

法定义务,是指根据现行法律的规定所产生的义务;约定义务,是指根据当事人协商确定的合同所规定的义务。

[①] 徐国栋:《民法总论》,高等教育出版社2007年版,第171页。

2. 积极义务和消极义务

积极义务，又称作为义务，是指义务人必须做一定的积极的举动或者行为的义务；消极义务，又称不作为义务，是指义务人不作为的义务，如不得侵害他人的物权的义务，竞业禁止义务。

3. 对世义务和对人义务

对世义务，是指义务人必须尊重他人的权利的义务，即不得侵害他人的人身和财产的权利的不作为义务，这种被尊重的权利一般是绝对权，但也可以是相对权，一般而言，对于义务人来说，在此种情形下的权利人是不特定的任何人，因而这种义务被称为对世义务；对人义务，是指针对特定人的义务，其实一般就是指债务，即债务人对债权人应尽的义务。

4. 主义务、从义务和附随义务

主义务，又称主给付义务，是指债的关系中所固有的、必备的能决定债之关系类型的义务；从义务，又称从给付义务，是指主给付义务之外，债权人可以独立诉请履行，以完全满足权利人的利益的义务，比如，在买卖合同之债中，给付标的物即为主义务，而与给付标的物相关的证书或证明等，即为从义务；附随义务，是指除合同约定之外，基于诚实信用原则而产生的辅助债权人利益实现的义务，如告知义务、照顾义务和保密义务等。

第七节 民事责任

一、民事责任的概念

由于学界对法律责任的概念采取不同的理解，因而在民事责任的概念上，学者也有多种不同的看法。关于什么是法律责任，主要有以下三种学说：(1)制裁说。此说认为，法律责任是义务人违反其义务时，所应受的法律上的处罚、惩罚或制裁。(2)担保说。此说认为，法律责任实质上是义务履行的担保。(3)法律后果说。此说认为，法律责任是不履行义务所应承担的某种不利后果。

综上所述，上述学说都从一个角度阐述了法律责任的某一方面的特性，但都不够全面。我们认为责任是义务的转化,是一种不利后果,目的是实现对权利的保护。因而,我们这样定义民事责任:民事责任,是指民事主体因为违反法律规定或合同约定的义务而应该承担的不利的法律后果。民事责任的本质是促使义务人履行其民事义务,从而保障权利人实现其民事权利。

正是因为民事义务与民事责任之间既联系紧密又互相区别,学者经常会将两者放在一起讨论,因此,也有学者认为民事责任也应是民事法律关系的构成要素。

二、民事责任的特征

1. 次生性

民事责任是违反民事义务而承担的不利后果。民事义务是民事责任产生的前提,没有民事义务也就没有民事责任,故民事责任产生的根据就是违反民事义务的行为。因此,有学者也将民事义务称之为第一性的义务,将民事责任称为第二性的义务。

2. 补偿性

民事责任经历了一个从人身责任向财产责任发展的过程。现代民法普遍承认,民事责任主要是财产责任,并禁止对义务人实行人身强制,由此促进了法律文明的发展,此种财产责任,通常是按照填平原则来补偿受损人的损害,并且在多数情况下并不带有惩罚性。惩罚性赔偿主要是美国法中的制度,但我国近些年来的立法也有所借鉴,比如,现行《消费者权益保护法》中的三倍赔偿(之前为双倍),《侵权责任法》第 47 条对产品责任规定的惩罚性赔偿。与此同时,并不排斥其他非财产形式的责任,比如,消除影响、恢复名誉、赔礼道歉等。

3. 强制性

民事责任的强制性,是指民事责任最终必须依赖国家强制力做保障,如果受害人请求责任人承担民事责任而责任人拒绝时,受害人有权请求法院运用国家公权力强制责任人承担。

4. 任意性

由于民法的私法性特征,当事人意思自治原则也可以体现在民事责任当中。在义务人必须承担民事责任时,双方当事人可以在不违背法律规定的前提下协商约定是否承担责任或如何承担责任。

三、民事责任的分类

民事主体违反民事义务的形式多种多样,当事人承担责任的根据、内容和方式也就各不相同。根据不同的标准,民事责任可做以下不同的分类:

1. 合同责任、侵权责任和其他责任

合同责任,是指违背合同或者违背合同法规定的义务而产生的责任;侵权责任,是指侵害他人财产或者人身所产生的民事责任。其他责任指的是除合同责任和侵权责任以外的民事责任,如基于不当得利而产生的责任,等等。

2. 无限责任和有限责任

无限责任,是指责任人应该以自己所有的财产承担的责任,比如自然人对其借款的责任;有限责任,是指责任人只在法律规定的财产限额内承担的民事责任。对这两种责任作出区分主要是为了明确责任的范围和方式。

3. 单独责任与共同责任

单独责任,是指由单个责任人独自承担的民事责任;共同责任,是指由两个及两个以上的责任主体承担的民事责任。根据责任人之间是否有连带关系,共同责任又可以分为按份责任和连带责任:前者指的是责任人按照法律的规定或合同的约定各自承担一定份额的民事责任;后者指的是责任人对权利人的请求不分份额、不分先后地承担的整体责任。

4. 过错责任、无过错责任与公平责任

过错责任,是指因行为人主观上存在过错,而且事实上也给他人造成了损害而应承担的责任。无过错责任,是指即使行为人主观上没有过错,只要事实上给他人造成了损害就应该承担的民事责任。公平责任,是指在不能适用过错责任,也不能适用无过错责任的情形下,根据社会公平观念所判定的当事人应该承担的责任。前两种责任形式,是侵权法中最重要的两种责任形式,而最后一种责任形式只是前两种责任形式的补充,不能与前二者的重要性相提并论。

5. 按份责任与连带责任

按份责任,是指数个责任人按照确定的份额对权利人进行承担的责任类型。连带责任,是指数个责任人都对权利人承担全部责任,权利人可要求任何一个责任人承担全部或部分责任,并且一旦其中任何一个责任人承担全部责任,其他责任人即可从该责任中解脱。另外,这两种责任形态里都有所谓的对内关系和对外关系,二者的区分主要是以对外关系来决定的,在对内关系上,其实数个责任人的责任分配,一般都是按"有约定,从约定;无约定,依实际;无法确定,平均之"的规则来处理。对这两种责任,《民法总则》在第八章民事责任的第177条和第178条分别进行了规定,但在大陆法系传统民法典中,这些内容一般在债法总则多数人之债的部分进行规定。因此,《民法总则》此种规定的合理性受到很多学者的批评:一是它没有采用债的概念,而采用了责任的概念;二是仅以两条规定多数人之债,过于简陋,而且使民法典的总则部分与债法的分则部分无法协调。

四、民事责任的承担方式

民事责任的承担方式,是指国家针对违反民事义务、需要承担民事责任的情形所规定的对受侵害权利进行救济的方法。

根据我国《民法总则》第179条的规定,民事责任的承担方式主要有:(1)停止侵害;(2)排除妨碍;(3)消除危险;(4)返还财产;(5)恢复原状;(6)修理、重作、更换;(7)继续履行;(8)赔偿损失;(9)支付违约金;(10)消除影响、恢复名誉;(11)赔礼道歉;(12)惩罚性赔偿,等等。

可以看出,消除影响、恢复名誉和赔礼道歉是侵犯人身权的民事责任方式,其他的责任方式,除了"停止侵害"可共用于侵犯财产权和侵犯人身权外,都是侵犯财产权的责任形式。因此,根据前述的"人前物后"的民法调整对象理论,为了将"人前物后"贯彻到底,上述12种民事责任最好这样排列:(1)停止侵害;(2)消除影响、恢复名誉;(3)赔礼道歉;(4)排除妨碍;(5)消除危险;(6)返还财产;(7)恢复原状;(8)修理、重作、更换;(9)继续履行;(10)赔偿损失;(11)支付违约金;(12)惩罚性赔偿,等等。也就是说,将侵害人身权的责任类型放在侵害财产权的责任类型之前,这样才在逻辑上前后一致,体系上前后呼应。需特别指出的是,第12种惩罚性赔偿责任是此次《民法总则》新增的类型,是对我国《消费者权益保护法》《侵权责任法》等单行法中规定的新的责任类型的进一步认可。

另外,以上承担责任的方式,可以单独适用,这要也可以合并适用,根据法律规定和具体案情来决定,并且《民法总则》第187条还确立了民事责任优先性规则,即"民事主体因同一行为应当承担民事责任、行政责任和刑事责任的,承担行政责任或者刑事责任不影响承担民事责任;民事主体的财产不足以支付的,优先用于承担民事责任"。民事责任的优先原因在于,此等责任保护的往往是犯罪、行政违法受害人的生命权、健康权,属于被害人的生存利益,高于其他主体的经济利益。

本章案例:民事法律关系的理论

[案情]

甲因其父死亡依法继承了其拥有的某市海滨小区的一套100平方米的住房。2012年年初,甲同乙在看过该房后,签订了房屋买卖合同,约定由乙以150万元的价格购买甲的该套住房。但由于乙手头暂时没有足够的资金,甲在乙交了100万元的首付款后将房屋交付于乙居住,但双方没有马上办理房屋过户手续。2012年年底,丙找到甲,提出愿以200万元的价格买下甲的住房,甲为钱所动,当即与丙签订了另一份房屋买卖合同,在丙交付200万元现金之后,双方马上到不动产登记部门办理了过户登记手续。乙随后发现了甲丙之间的交易,三方陷入争执。

[问题]

1. 此案中相继发生了哪些民事法律关系?
2. 此案中引起这些民事法律关系变动的法律事实是什么?
3. 此案中这些民事法律关系的性质是什么?
4. 此案中这些民事法律关系的内容是什么?

[分析]

此案是一个典型的"一物二卖"的案例,涉及继承法、物权法和债权法相关的法律知识。根据本书中相关的民事法律关系的理论,我们就上述问题,可以作如下分析解答:

1. 本案中相继发生了如下五个民事法律关系:

(1)继承法律关系,即甲对其父的房屋的继承法律关系。

(2)物权法律关系,即甲对于继承的房屋享有所有权这一物权法律关系。

(3)债权债务的法律关系,即甲与乙之间基于买卖合同的债权债务法律关系。

(4)债权债务的法律关系,即甲与丙之间基于买卖合同的债权债务法律关系。

(5)物权法律关系,即丙对购买的房屋享有所有权这一物权法律关系。

2. 本案中引起这些民事法律关系变动的法律事实分别如下:

(1)因甲父的死亡(事件)和甲接受继承(法律行为)两个法律事实而引起此种继承法律关系的发生。

(2)因甲父的死亡(事件)和甲接受继承(法律行为)两个法律事实外加房屋登记这一形式要件而引起此种物权法律关系的发生。

(3)因甲与乙之间的买卖合同(双方法律行为)这一法律事实而引起此种债权债务关系的发生。

(4)因甲与丙之间的买卖合同(双方法律行为)这一法律事实而引起此种债权债务关系的发生。

(5)因甲与丙之间的买卖合同(法律行为)这一法律事实外加房屋登记这一形式要件而引起此种物权法律关系的发生。这是由于我国实行债权形式主义的物权变动模式,即除非法律另有规定,基于法律行为的不动产物权变动必须完成登记,基于法律行为的动产物权变动必须完成交付。本案涉及的是作为不动产的房屋,故而除了订立房屋买卖合同外,交付并不能使房屋所有权发生变动,只有过户登记才会导致房屋所有权发生变动,因而是丙而不是乙最终享有了案涉房屋的所有权。

3. 本案中的这些民事法律关系的性质如下:

(1)继承法律关系,是一种兼有人身关系和财产关系的法律关系。前者是指甲与甲父存在的父子这种身份关系,后者是指基于父子这种身份关系而依据法定继承的规则甲可以继承其父的财产而产生一定的财产关系。

(2)物权法律关系,是一种绝对法律关系,即甲作为权利人因为享有对房屋的所有权,任何人都负有一种不侵害其所有权的义务。

(3)债权债务法律关系,这是一种相对法律关系和复合法律关系。前者是指在甲与乙因买卖合同而形成的债权债务关系中,其权利主体和义务主体都是特定的人,其权利和义务一般都不涉及合同之外的第三人;后者是指在这种债权债务关系中,甲与乙就房屋和房款互为债权人和债务人,形成了复合的而不是单一的法律关系。

(4)同上。

(5)同第二种法律关系。

4. 本案中的这些民事法律关系的内容如下:

(1)在此继承法律关系中,甲是权利人,其父的房产是法律关系的客体,甲对该房产享有继承的权利,这即是此继承法律关系的内容。

(2)在此物权法律关系中,甲是权利人,案涉房产是法律关系的客体,甲对该房产享有所有权,这即是此物权法律关系的内容。

(3)在此债权债务关系中,由于它是复合法律关系,所以,我们可以从两个方面来看:一方面,甲是债权人,乙是债务人,法律关系的客体是乙的特定行为,即债权人甲有权要求债务人乙给付房屋的价款,此时房屋的价款又可称为间接客体;另一方面,甲是债务人,乙是债权人,法律关系的客体是甲的特定行为,即债权人乙有权要求债务人甲将房屋交付并过户,此时房屋也可称为间接客体。

另需说明的是,由于它还是相对法律关系,所以,此种法律关系一般只约束合同的当事人,因而在这个债权债务关系中,乙并不能对合同之外的丙提出任何请求,就正如在下一个债权债务关系中丙也不能对乙提出任何请求一样。

(4)同上。

(5)同第二种法律关系。

第三章 自然人

第一节 自然人的概念

一、民法中的人

从法律规定上看,"自然人"首先是"人"。这个"人"是指民法中的人格体,包括自然人、法人以及非法人组织。"人"成为自然人、法人以及非法人组织的上位概念。可以说,"人"是民法中一个最为抽象的概念。民法中的人的构造原理体现在这几个方面:

首先,民法中的人是从宇宙万物中挑选出来的。立法者赋予那些能够且应当成为施动者的事物以人格,将之设定为法律主体,是为民法中的人。例如,生物人、企业、国家机构、事业单位等便是立法者挑选的结果;而其他事物便只能作为受动者而存在,是为民法中的物。当然,宇宙万物并不是被二分为非人即物,法律主体需要从宇宙万物中挑选,法律客体同样也需要按照一定标准以从中挑选,[1]例如,猪、牛、羊可以成为民法中的物,但太阳、星辰便不属之。

其次,民法中的人是被抽掉所有身份属性的剩余物。如德国法学家拉德布鲁

---

[1] 这些标准包括能够满足人的需要、有稀缺性、存在于人体之外等。

赫所言,民法典是"不知晓农民、手工业者、制造业者、企业家、劳动者等之间的区别的"。[①] 这样的"人"其实是"面目全非、行尸走肉"的。民法中的"人"成为一个空洞的框架性概念,等同于民事主体。民法中的"人"在各种具体民事法律关系中充当各种民事主体,例如,抵押关系中的抵押人、抵押权人、债权人、债务人以及第三人,买卖关系中的买受人与出卖人,租赁关系中的出租人与承租人。这些"人"可以是自然人,也可以是法人或者其他组织。

最后,民法中的人是抽象人格。这里的"人格"采主体资格之意,而所谓"抽象人格"具有两个层面的意思。其一,从法技术上看,它是权利义务的归属点。由于法律的普遍性、形式理性等特质,使得作为权利义务的归属点的"人"只能是被摒弃所有身份信息的抽象人格,唯有如此,才能让有限的民法规范适用于无限的社会现实,才能做到法律面前人人平等,才能对相同情形做相同处理;其二,从社会伦理上看,它是理性的自由意志的承载体。由于民法是市民社会的基本法,那么,作为施动者的民法中的人就应当是有能力进行自治的实体。近代民法受到以经济人假设为演绎前提的古典经济学的影响,以经济人为民法中的人的预设原型。经济人是"在利己的推动下进行活动、通过此等活动增进社会福利的人",被预设为是完全理性的、具有完全意志力的、完全自利的。[②] 因而在制度设计上,近代民法以所有权绝对、契约自由以及过失责任为基石。然而,随着社会的发展,市场机制的马太效应导致财产愈发集中,[③]强者愈强,现实中的人的能力差别愈发明显,社会交往中的角色身份逐渐丧失互换性而趋于固定,例如,经营者与消费者、雇主与雇员这两组分别相互对应的身份便是如此。民法若继续忽视人的具体身份属性而采抽象人格、以经济人为民法中的人的预设原型,必然与现实生活相去甚远,必然会导致弱者受强者欺凌的结果。而且,自19世纪末以来,古典经济学的经济人假设受到行为经济学派的批判,他们通过试验认为,经济人假设不符合生活现实,现实中的人

---

① [德]拉德布鲁赫:《法律学入门》,转引自[日]星野英一:《私法中的人》,王闯译,中国法制出版社2004年,第35页。
② 徐国栋:《民法哲学》,中国法制出版社2009年版,第304页。
③ 朱富强:《劳动合同法和集体谈判权的理论基础》,载《中山大学学报(社会科学版)》,2014年第3期。

并非完全自利、理性,而仅仅是有限的自利、有限的意志力以及有限的理性。① 于是,现代民法中的人便从抽象人格走向具体人格,即关注不同主体的差别,从经济人到现实人,从强而智的人到弱而愚的人。这是一场从"父亲"到"儿子"的运动。② 这场运动最直接的结果便是分别关注消费者与经营者、用人单位与劳动者这两对具体人格的《消费者权益保护法》与《劳动者》从民法中分离出去。而在制度设计上,契约自由开始受到强制缔约制度的限制、所有权开始附有义务以及无过错责任原则也开始占据过错责任原则的部分领地。

另外,值得指出的是,由于生物人在生活世界中的核心意义,民法上的其他主体如法人和非法人组织以及其他部门法上的主体都是以生物人为参照物的。③

二、民法中的自然人

民法中的自然人其实是生物人,是一个被法人概念倒逼出来的概念。罗马法中就有法人现象,包括社团和财团(D.46,1,22),但未被赋予类名。到了近代,给法人现象起个名字成了迫切的问题。教皇英诺森四世(1195—1254年)用"拟制人"(persona ficta)这个词指称我们说的法人。托马斯·阿奎那(1225—1274年)进一步把法人描述为观念团体(persona morale)。④ 从此,在很长时间内都用观念人指称法人。法人概念产生后,产生了用相应的词汇指称生物人的需要。多数国家(例如意大利、法国、俄罗斯)采用物理人(Physical person)的术语,意在说明这种人看得见摸得着,与看不见摸不着,只能凭想象把握的法人形成对立。从1825年的《路易斯安那民法典》开始,一些国家采用自然人(Natural person)术语,德国在其中。实际上,Natural 是希腊来源词 Physical 的拉丁文形式,两者含义一样,但自然人易于被与自然状态、自然权利、社会契约论关联起来,得到了我国立法者和学界的喜爱。所以,《民法总则》全部用自然人概念取代了《民法通则》使用的公民概念。

---

① 徐国栋:《民法哲学》,中国法制出版社2009年版,第304~315页。
② 徐国栋:《民法哲学》,中国法制出版社2009年版,第315页。
③ 朱庆育:《民法总论》,北京大学出版社2013年版,第367页。
④ Cfr. Anna di Bello, Ordine e Unità nel Medioevo: la rappresentanza dal corpus mysticum all'universitas, In Esercizi Filosofici, 4, 2009, p. 20.

第二节　自然人的民事能力

一、自然人民事能力的界定

法律是社会关系的调节器,从这个角度来看,法律是具有规制社会关系的功能的。在民法学中,民事能力这一法律概念指称的是民事主体进入某种法律领域的资格,即民事主体参与某种民事法律关系的资格。自然人的民事能力即为自然人参与某种民事法律关系的资格。自然人的民事能力有民事权利能力、民事行为能力两种。这两种能力都是在资格意义上使用,是自然人的法律能力。然而,同样具有"能力"两字的术语——意思能力、识别能力则不是在资格意义上使用的。它们是指民事主体的自然能力,即能够认识到自身行为的意义的能力。

二、自然人的民事权利能力

(一)自然人民事权利能力的概念与特征

自然人的民事权利能力是指法律赋予自然人享有民事权利、承担民事义务的资格。也就是说,有民事权利能力者才能获得民事权利、才能承担民事义务。作为资格,民事权利能力仅描述一种获取民事权利、承担民事义务的可能性,界定的是民事生活的起点,而不是终点。从这个意义上看,有民事权利能力才有可能获得民事权利、承担民事义务,相反,无民事权利能力便毫无获得民事权利、承担民事义务的可能。民事权利能力成为自然人实际地享有民事权利、承担民事义务的门槛或准入条件。

从构造原理上看,民事权利能力概念的形成是与"民法中的人"的构建有关的。民法中的人是立法者从世界万物中挑选出来的。以我国为例,《民法总则》第2条明确规定"民法调整平等主体的自然人、法人和非法人组织之间的人身关系和财产关系",这意味着立法者挑选了自然人、法人和非法人组织作为民法中的人。现代民法将人的具体身份属性抽掉,除了是为了符合法律规范的抽象性、普遍性原则的要求之外，还有人为地打造民事主体的平等地位的目的。不过，我们由现实世界中挑选出这些生物人与组织体作为民法中的人之后，在逻辑上仍然面临着由应然到实然的转化过程。也就是说，生物人与组织体被赋予民事主体资格、成为民事主体并不是终点而是起点，它们只有依据民法规范而获得民事权利、承担民事义务，才能过上自由、平等的幸福生活。然而，它们获得怎样的民事权利、承担怎样的民事义务会因为现实中实际存在的各自身份属性的不同而有所不同，民法不可能直接规定民事主体实际享有了怎样的民事权利、承担了怎样的民事义务。这样一来，在民法中的人与民事权利、民事义务之间需要一个衔接性的概念，这就是民事权利能力，即民法中的人得以享有民事权利、承担民事义务的资格，是民事主体可以去追逐权利的权利。[1]

这种解释也许能够较为合理地把握民事权利能力概念的必要性。曾世雄教授就对这种必要性产生过质疑。1863年的《萨克逊民法典》第一次使用了权利能力概念，[2]其第32条规定："权利能力起于出生……"第36条规定："权利能力终于死亡。"[3]曾世雄教授认为，权利能力概念是秉承罗马法上的persona（人格）与法国法上的"人格"而来的，其制度目的在于提供是否适用民法的判断标准，即有权利能力者则适用民法，反之，则否。既然如此，由于民法中已经规定了民事主体的范围，这就提供了是否适用民法的标准，另行规定权利能力便显得多余。而且，《法国民法典》第8条规定"所有法国人均享有民事权利"，[4]是以奴隶制为背景的，法国殖民地的奴隶制直到1848年才被废止，而《德国民法典》制定之时并无此背景，生物人即为法律人，并无设置分拣器以挑选民法中的人的必要。另外，其他部门法并无权利能力概念，但也适用自如。[5] 这些质疑正好说明了，对民事权利能力概念的解释应当遵循由应然到实然的逻辑链条。

基于前述理解，自然人的民事权利能力应当具备如下几个特征：

---

[1] 徐国栋教授认为，权利能力是一种原权，是享有权利的权利，其他权利都是派生权，是依据权利能力享有的权利。徐国栋：《民法总论》，高等教育出版社2007年版，第214页。

[2] 徐国栋：《寻找丢失的人格——从罗马、德国、拉丁法族、苏联、俄罗斯到中国》，载《法律科学》2004年第6期。

[3] 张善斌：《权利能力论》，中国社会科学出版社2016年版，第114页及以次。

[4] 《法国民法典》（上册），罗结珍译，法律出版社2005年版，第41页。

[5] 曾世雄：《民法总则的现在与未来》，中国政法大学出版社2001年版，第75~78页。

其一，工具性。权利能力的得丧是立法者的治理工具。他们可以剥夺坏人的全部或部分权利能力，例如，按照《民法总则》第 36 条的规定，积极加害被监护人的监护人，消极不作为致使被监护人陷入危困境地的监护人，可被剥夺监护能力。当然，立法者也可奖励有优异表现者特别的权利能力。

其二，先在性。民事权利能力的先在性是指民事权利能力作为民事主体得以获取民事权利、承担民事义务的资格，是民事主体所享有的能够去追逐权利的权利，因而，相对于民事主体实际享有的民事权利而言，民事权利能力是前提基础，是原权。[①]

其三，不可转让性。作为一种原权，民事权利能力是民事主体自身所必须具备的，因为它是民事主体得以在民法世界中活动、参与民事法律关系的前提。民事权利能力是民事主体与生俱来的，是民事主体的唯一的、直接的效力体现，也就是说，法律一旦赋予生物人或组织体以民事主体的地位，便同时赋予生物人或组织体以民事权利能力。因为民事主体的存在意义就是获得民事权利、承担民事义务。这样说来，民事权利能力成为民事主体的决定性要素，当然不能与其自身相分离，因而不具可转让性。

（二）自然人民事权利能力的种类

自然人的民事权利能力主要有两大分类，即一般的民事权利能力与特殊的民事权利能力；积极的民事权利能力与消极的民事权利能力。

一般的民事权利能力与特殊的民事权利能力这一分类是以自然人所参与的民事法律关系的种类为标准来划分的。自然人参与一般的民事法律关系，享有一般的民事权利、承担一般的民事义务，所需要的法律资格便是一般的民事权利能力；而参与特殊的民事法律关系，享有特殊的民事权利、承担特殊的民事义务，所需要的法律资格便是特殊的民事权利能力。也就是说，前者是获取一般民事权利的资格，后者是获取特殊民事权利的资格。在这个问题上，国内学者几乎没有分歧。之所以做此区分，是学者意识到有些民事权利仅有某些民事主体才能享有，例如，按照《婚姻法》的规定，已满 22、20 周岁的成年男女才能结婚；自然人可以结婚、继承，而法人则不可以；本国人依据本国法可以享有的权利比外国人广泛。史尚宽先生

[①] 徐国栋：《民法总论》，高等教育出版社 2007 年版，第 214 页。

的《民法总论》在谈到权利能力时,就特设专项以探讨外国人的权利能力。① 胡长清先生的《中国民法总论》同样如此。② 此问题的重要,可见一斑。这三种情形足以让人觉得自然人的民事权利能力一律平等的命题难以成立。

积极的民事权利能力与消极的民事权利能力这个分类则以民事权利的享有、民事义务的承担是通过自己的还是他人的民事法律行为来完成为区分标准。积极的民事权利能力是以自己的民事法律行为来获取民事权利、承担民事义务的资格。例如,通过缔结买卖合同使自己获得请求对方支付价款的权利、承担向对方交付标的物的义务。消极的民事权利能力是以他人的民事法律行为来获取民事权利、承担民事义务的资格。例如,由于被继承人的遗嘱使继承人或受遗赠人获取对遗产的继承权。③ 国内较少学者注意到这种分类,这种分类的意义在于突显出民事权利、民事义务的生成方式,使民事权利能力与民事行为能力之间的衔接关系展现出来。

(三)民事权利能力的起止

我国《民法总则》第13条规定:"自然人从出生时起到死亡时止,具有民事权利能力,依法享有民事权利、承担民事义务。"可见,自然人的民事权利能力的起点与终点是分别以出生和死亡这两个事件作为判断时点的。这个规定看似简单明了,实质上却隐藏着诸多问题,我们需要在解释论上予以澄清。

1. 自然人的出生

在生物学看来,出生是胎儿脱离母体获得独立存在的过程。胎儿娩出母体,谓之"出","出"之后能呼吸(体现为啼哭),谓之"生"。④ "出"是生物人作为独立个体的前提,"生"是生物人作为活体的条件。可见,出生这一事件的完成仍然需要从理论上构建出一个判断标准。关于这个判断标准,向来有阵痛说、一部产出说、全部产出说、断带说、泣声说以及独立呼吸说。⑤ 随着人类认知的深入,新近还有学者

---

① 史尚宽:《民法总论》,中国政法大学出版社2000年版,第93页。
② 胡长清:《中国民法总论》,中国政法大学出版社1999年版,第62页。
③ 徐国栋:《民法总论》,高等教育出版社2007年版,第215页。
④ 徐国栋:《出生与权利——权力冲突》,载《东方法学》2009年第2期。
⑤ 史尚宽:《民法总论》,中国政法大学出版社2000年版,第87页。

主张受孕说、着床说。①

这些学说的重点在于解决婴儿或胎儿取得主体地位的时间点,时间点确定得越靠前,对婴儿或胎儿越为有利,越显人道主义,但同时给民法理论造成的困境也越大,对母亲权利的限制也更大。在前述学说当中,断带说以婴儿的脐带被剪断作为其取得主体地位的时间点,婴儿取得主体地位、获得民事权利能力的时间最晚,但对母亲权利的限制最小,也不会影响到民法理论的自洽性。因为婴儿的脐带被剪断,说明婴儿与母亲已经是两个独立的生命体,分别享有主体地位,这是民法主体理论的当然诠释,自然不存在解释上的困惑;而母亲在剪断婴儿脐带之前的行为(例如打胎、误伤腹中胎儿)都是对自己身体的正常处置,而未伤及另一民事主体的权益。受孕说、着床说将胎儿取得主体地位的时间提前到其母亲受孕、受精卵着床于母亲的子宫这一时点,使得两个民事主体存在于一个生物人之中,而且母亲打胎成为对另一民事主体的生命权的侵害,导致民法主体理论不再具有周延性,而母亲的自由也遭到较多的限制。不过,从出生这一事件的构成要素——"出"且"生"来看,我们完全有理由将受孕说与着床说理解为关于胎儿权利能力的学说,而不是关于出生这一事件完成与否的判断标准的学说。其理由是出生的完成必须以"出"为前提,而母亲受孕、受精卵着床怎么都不能算是"出",受孕说、着床说所讨论的其实是胎儿成为民事主体、拥有民事权利能力的时间点,而不是在讨论胎儿的出生时点。其他几种学说讨论的都是出生完成时点的确定问题。

还未出生的胎儿拥有民事权利能力,这是各国都遵循的"人的权利能力始于出生"原则的例外,这在德国法中被称为"权利能力的前置"。② 从民法的调整方法上看,这其实是一种拟制,即将未出生的胎儿视为已经出生以保护其出生前的权益。在当前较为典型的民法典中,对胎儿权利能力的规定主要有两种立法例:其一是概括式地径直赋予胎儿以权利能力。例如,《瑞士民法典》第31条第2款规定:"胎儿,只要其出生时存活的,其出生前即享有民事权利。"③我国台湾地区的"民法"第7条规定:"胎儿以将来非死产者为限,关于其个人利益之保护,视为既已出生。"其

---

① 徐国栋:《民法总论》,高等教育出版社2007年版,第228~229页。
② 朱庆育:《民法总论》,北京大学出版社2013年版,第375页。
③ 《瑞士民法典》,于海涌、赵希璇译,法律出版社2016年版,第18页。

二是在具体领域列举式地赋予胎儿以权利能力。例如,《德国民法典》第 844 条第 2 款赋予胎儿针对在受孕后、出生前所受侵害的赔偿请求权;①第 1923 条第 2 款赋予胎儿以继承权。② 尽管整个《德国民法典》没明确规定胎儿的权利能力,但从胎儿能够享有这两项权利来看,其实它是在这两个领域赋予了胎儿以权利能力。然而,不管是概括式还是列举式立法例,在解释论上都有进一步明确胎儿的权利能力的起始时间点的必要,在这个问题上,受孕说或着床说可以起到这个作用。我国《民法总则》第 16 条规定,涉及遗产继承、接受赠与等胎儿利益保护的,胎儿视为具有民事权利能力。但是胎儿娩出时为死体的,其民事权利能力自始不存在。这个规定与台湾地区《民法典》第 7 条相差无几,因为从"等胎儿利益保护"这个表述来看,该条文的"遗产继承、接受赠与"只是胎儿利益保护的典型事项而已。

值得说明的是,《民法总则》第 15 条规定:"自然人的出生时间和死亡时间,以出生证明、死亡证明记载的时间为准;没有出生证明、死亡证明的,以户籍登记或者其他有效身份登记记载的时间为准。有其他证据足以推翻以上记载时间的,以该证据证明的时间为准。"从这个规定来看,我国法以出生证明作为出生完成的时间点,医生所记录的出生时间应该是剪断脐带的时间。

2. 自然人的死亡

死亡是民事法律事实体系中的事件,这一事件导致自然人的民事权利能力终止,该自然人也就不再是民事主体,于是,遗嘱发生效力,继承开始,婚姻关系消灭。这既然事关民事主体的存亡,同样需要给死亡确定一个较为精细的时间点。关于这个时间点的确定,同样有很多种学说。人的生命表征有心脏跳动、脉搏跳动、独立呼吸以及脑干活动,相应地,死亡的判断标准也有心跳停止说、呼吸停止说、脉搏停止说以及脑死亡说。③ 我国台湾地区以心跳停止说为通说,但有特别法采纳了脑死亡说,如台湾地区的《人体器官移植条例》规定,从尸体摘取器官而施行移植手

---

① 《德国民法典》第 844 条第 2 款:"若第三人于损害发生时已受孕,纵未出生,亦发生赔偿义务。"

② 《德国民法典》第 1923 条第 2 款:"继承发生时虽未生存却已受孕者,视为继承之前即已出生。"

③ 郑玉波:《民法总则》,中国政法大学出版社 2003 年版,第 108 页;徐国栋:《民法总论》,高等教育出版社 2007 年版,第 231 页。

术必须在脑死亡后才能进行。① 德国以脑死亡说为通说,只要大脑机能已经完全不可逆转地崩溃,即使血液循环与呼吸得以人工延续,也构成死亡。② 总的来看,采用脑死亡这一标准是一种趋势。据统计,在联合国191个成员国中,有80多个国家承认了脑死亡标准。美国、日本等14个国家已经通过了《脑死亡法》。③ 我国《民法总则》第15条规定:"自然人的死亡时间,以死亡证明记载的时间为准……。"按照这一规定,如果自然人于医院中去世,死亡证明所记载的时间由医生来确定,这其实采用的是医学上的死亡标准;如果自然人并非在医院中去世,其死亡时间便由亲属按生命表征的变化来判断。所以说,我国当前采用的是呼吸、心跳、脉搏停止、瞳孔放大的死亡标准。④

前述标准适用的是可以根据人的生命表征来进行正常判断自然人是否死亡的情形。然而,社会生活中,仍然存在着需要判定死者的死亡时间以定分止争而又苦于没有关于人的生命表征的证据加以判定的情形。这时便需要由法律来推定死者的死亡时间。特别是在数人遇难的情形中,死亡时间的推定对于继承关系的确定意义重大。推定的基本导向是合理处理遗产移转问题并简化法律关系。⑤ 德国《失踪法》第11条、《瑞士民法典》第32条第2款以及我国台湾地区"民法"第11条皆推定死者为同时死亡,死者之间不发生相互继承,⑥从而最大限度地简化了法律关系。我国法对数人在同一事件中遇难的情形推定了死者的先后死亡时间顺序,区分为三种情形以适用:其一,推定没有继承人的人先死;其二,在各自有继承人的死者中,推定长辈先死;其三,对于辈分相同的死者,推定其同时死亡。⑦

自然人作为民事主体,具有民事权利能力,是以其生存作为前提,自然人的死

---

① 王泽鉴:《民法总则》,中国政法大学出版社2001年版,第109页;林诚二:《民法总则》(上册),法律出版社2008年版,第127页。
② 朱庆育:《民法总论》,北京大学出版社2013年版,第378页。
③ 徐国栋:《民法总论》,高等教育出版社2007年版,第234页。
④ 徐国栋:《民法总论》,高等教育出版社2007年版,第234页。
⑤ 朱庆育:《民法总论》,北京大学出版社2013年版,第379页。
⑥ 朱庆育:《民法总论》,北京大学出版社2013年版,第379页。
⑦ 最高人民法院的《继承法意见》第2条规定:"相互有继承关系的几个人在同一事件中死亡的,如不能确定死亡先后时间,推定没有继承人的人先死亡。死亡人各自都有继承人的,如几个死者辈分不同,推定长辈先死;几个死者辈分相同,推定同时死亡,彼此不发生继承,由他们各自的继承人分别继承。"

亡当然会导致其主体地位丧失、民事权利能力消灭，其生前享有的民事权利，能转移的便通过继承、遗赠转移到其继承人、受遗赠人身上；其生前承担的民事义务或自行终结，或由其继承人来替其了结。① 死者便不再享有民事权利、承担民事义务。这是极为合理的逻辑演绎。然而，社会生活中却存在很多死者受"侵害"的情形，我国古代发生的伍子胥鞭尸的类似事件仍偶现于报端。这种"侵害"在学理上被称为身后损害(posthumous harm)。② 身后救济(即死者的利益保护)从来都被认为是具有正当性的，而且在司法实践中身后损害的加害人往往也会被课加赔偿责任。死者的身后救济的难点在于民法理论如何应对这两个问题，即凭什么保护死者的利益、死者的利益通过谁来保护。这两个问题都涉及民法理论的体系化思考。"逝者长已矣"，既然人已死，便无法作为客观世界的施动者存在，死者在以活人为构建基础的民法中便不具有主体地位，那么，死者的利益凭什么得到保护？也就是说，非法律主体者不能依据法律提出任何要求；"死去元知万事空"，尽管身后救济具有正当性，但死者无法自己去诉诸法律，而民法以"不告不理"为救济原则。民法理论为了回应道德伦理上的价值要求——人类尊严应当得到保护，通过拟制的法技术来解决这两个问题。③ 税兵教授将死者的利益类型化为延伸利益、转换利益和遗体利益。延伸利益的基础是死者的生前行为，其实是死者的生前利益的延伸，包括死者的人格利益(如死者的名誉)和身份利益(如死者作为作者的身份)。针对死者的延伸利益，民法理论采用引用式拟制，④将死者拟制为活人来加以保护，使得死者人格利益与身份利益法律保护的效力得以延后，相当于将死者视为法律主体。例如，《著作权法》第21条将作者生前的发表权延伸至身后50年，其实是将死者拟制为对其死后50年内的发表权享有民事权利能力。而1989年《最高人

---

① [德]哈里·韦斯特曼：《德国民法基本概念》，张定军等译，中国人民大学出版社2013年版，第5页。

② 税兵：《身后损害的法律拟制——穿越生死线的民法机理》，载《中国社会科学》2011年第6期。

③ 税兵：《身后损害的法律拟制——穿越生死线的民法机理》，载《中国社会科学》2011年第6期。

④ 引用式拟制是立法者将明知为不同者等同视之的法技术工具，其法律推理过程是这样的：假设A—B，则A'—B。税兵：《身后损害的法律拟制——穿越生死线的民法机理》，载《中国社会科学》2011年第6期。

民法院关于死亡人的名誉权应依法保护的复函》也指出,"吉文贞(艺名荷花女)死后,其名誉权应依法保护……"那么,针对延后利益的身后损害,受害人是死者。我国法规定,死者的近亲属有权针对这种损害向法院起诉,这并不表明近亲属是享有前述权益的民事主体,事实上,在此情形下,民事主体与诉讼主体是分开的,死者是民事主体,而其近亲属是诉讼主体,对此,颇具解释力的理论是诉讼担当理论。①转换利益包括死者生前的财产利益与因死亡赔偿所生的利益,此类利益发生于死者死亡之前,但在死亡瞬间利益归属发生变化:生前财产利益作为遗产由继承人取得;死亡赔偿利益被特定化为死亡赔偿金,由近亲属取得。前者已经以继承的法理使得财产利益在死者与活人之间承接,而后者则由法律拟制,将受害人死亡视为死者近亲属的固有利益受到侵害,死者的近亲属成为享有死亡赔偿利益的民事主体。如《侵权责任法》第18条规定:"被侵权人死亡的,其近亲属有权请求侵权人承担侵权责任"。遗体利益是由遗体承载着的死者人格利益与死者所在家庭、家族共同体利益。前者的存在是为了保护遗体完整性,那么,侮辱尸体、尸体的器官移植都会损害死者的遗体利益。这类利益的保护应当类推适用死者名誉、隐私、肖像等人格利益的救济规则;后者的存在体现了遗体作为人格物对死者近亲属所具有的意义。这方面目前仍属法律漏洞,当相关纠纷诉诸法院时,法院只能借用公序良俗等已被普遍接受的一般原则予以调整。② 在法律渊源方面,最高人民法院至今共颁布了五个关于死者利益的司法解释,分别是1989年《最高人民法院关于死亡人的名誉权应依法保护的复函》、1990年《最高人民法院关于范应莲诉敬永祥等侵害海灯法师名誉权一案有关诉讼程序问题的复函》、1993年《最高人民法院关于审理名誉权案件若干问题的解释》、2001年《最高人民法院关于确定民事侵权精神损害赔偿责任若干问题的解释》,以及2003年《最高人民法院关于审理人身损害赔偿案件适用法律若干问题的解释》。最高人民法院1989年的《复函》是针对"荷花女案"作出

---

① 诉讼担当的典型情形是遗嘱执行人、破产清算人及著作权集体管理组织享有诉权却不享有实体权利。诉讼担当案件中,原告以自己的名义提起诉讼,却非实体权利义务的归属者,这与诉讼代理人不同。税兵:《身后损害的法律拟制——穿越生死线的民法机理》,载《中国社会科学》2011年第6期。

② 税兵:《身后损害的法律拟制——穿越生死线的民法机理》,载《中国社会科学》2011年第6期。

的,而 1990 年的《复函》是针对"海灯法师案"作出的。较为著名的案例还有我国台湾地区早年的"诽韩案"。①

三、自然人的民事行为能力

(一)自然人民事行为能力的概念

自然人的民事行为能力是指自然人能够通过自己的行为去取得民事权利、承担民事义务的资格。民事行为能力概念的独特之处在于,它所着眼的是民事主体的独立性,即民事主体以自己的行为独自地而非假手于人地参与民事法律关系。就此而言,民事权利能力与民事行为能力的区分是极为明显的,前者关注的是能否成为民事法律关系的主体,而后者关注的是能否独自参与民事法律关系。在这个意义上,民事行为能力是以民事权利能力为基础的,是对民事主体所做的进一步筛选或限定。民事权利能力概念将民事主体从世界万物中筛选出来,而民事行为能力概念将能独立参与民事法律关系的民事主体区别于不能独立参与民事法律关系的民事主体。有民事行为能力者能够通过自己的行为取得民事权利、承担民事义务,而民事行为能力欠缺者则只能通过他人的行为以取得民事权利、承担民事义务。通过自己的行为取得民事权利、承担民事义务与通过他人的行为取得民事权利、承担民事义务适用不同规则。

从比较法上看,民事行为能力与意思能力、民事法律行为以及意思自治原则紧密相连。民事行为能力以意思能力为基础,原则上,有意思能力者才有民事行为能力,因为意思能力是能够理解自己行为意义的精神能力或判断能力,即识别能力。② 只有能够理解自己行为的意义的人才能通过自己的行为取得民事权利、承担民事义务,否则,民事主体只能通过他人行为才达致此目的。其中,"自己行为"

---

① 杨仁寿:《法学方法论》,中国政法大学出版社 1999 年版,第 3 页。
② 关于识别能力与意思能力的关系,学者争论甚多,有认为同一的,有认为区别的,本书采同一说。区别说认为识别能力处于判断层次而意思能力处于推理层次上,而推理以判断为前提,两者所要求的程度不同。其实,这种区分不切实际,因为法官根本区分不出推理层次与判断层次,而且没人能找到只有判断能力而无推理能力的人,判断与推理在那一瞬间就已经同时完成了。持同一说的学者有李模(李模:《民法总则之理论与实用》,1998 年自版,第 40 页)、王伯琦(王伯琦:《民法总则》,台湾编译馆 1979 年版,第 50 页)、洪逊欣(洪逊欣:《中国民法总则》,1981 年自版,第 81 页)、施启扬(施启扬:《民法总则》,2005 年自版,第 89 页),等等。

与"他人行为"都是指民事法律行为,前者是民事主体作出的民事法律行为,而后者是民事主体的代理人作出的民事法律行为。于是,从狭义上看,民事行为能力其实是能够作出有效民事法律行为的资格,简称法律行为能力。可见,民事行为能力是民事法律行为有效的前提条件。例如,《民法总则》第143条规定,民事法律行为有效的条件之一就是"行为人具有相应的民事行为能力"。正是出于这一考虑,很多学者在写作《民法总论》时,往往会将民事权利能力放在"民事主体"项下,而民事行为能力则被放置于"法律行为"或"民事法律行为"项下。意思自治原则为民事主体划出一片空间,而这片空间是以民事行为能力为前提的民事法律行为制度的领地。如此,民事行为能力与意思能力、民事法律行为以及意思自治原则便内在地联系在一起。

不过,我国民法在处理民事行为能力与前述三者之间的关系上却与外国法有所不同。这点主要体现在民事行为能力与民事法律行为之间的关系上。按照德国法族的民法理论,行为能力的制度意义是决定法律行为有效与否,其作用场域是法律行为制度。而我国法的民事行为能力理论受到苏联民法理论的影响,民事行为能力概念统领了民事主体能够作出有效民事法律行为的资格与承担过错违法行为责任的资格。① 也就是说,该概念所指称的是德国法中的法律行为能力与侵权行为能力。在德国法中,法律行为能力即狭义的行为能力,侵权行为能力即责任能力,是指民事主体承担过错行为责任的资格。② 这样一来,民事行为能力便成为民事主体做"好事"与"坏事"的资格,将法律行为能力与责任能力熔于一炉、一体使用。1986年《民法通则》第133条第1款规定:"无民事行为能力人、限制民事行为能力人造成他人损害的,由监护人承担民事责任。监护人尽了监护责任的,可以适当减轻他的民事责任。"2009年《侵权责任法》第32条延续了这一规定。在这个规定中,与其说被监护人承担责任的判断标准是民事责任能力,不如说是民事行为能

---

① 陈帮锋:《民事责任能力:本原与异化》,载《中外法学》2012年第2期。
② [德]迪特尔·梅迪库斯:《德国债法总论》,杜景林、卢湛译,法律出版社2003年版,第237页;[德]卡尔·拉伦茨:《德国民法通论》,王晓晔等译,法律出版社2002年版,第156页;[德]马克西米利安·福克斯:《侵权行为法》,齐晓琨译,法律出版社2006年版,第86页;[德]迪特尔·施瓦布:《民法导论》,郑冲译,法律出版社2006年版,第202页。

力。我国民法并未采纳德国法意义上的责任能力概念,已经为学界所周知。① 这样一来,民事行为能力已内含民事责任能力。

(二)民事行为能力的程度分界

由于民事行为能力的构建基础是意思能力,《民法总则》便根据自然人的意思能力将自然人划分为三种,即完全民事行为能力人、限制民事行为能力人和无民事行为能力人。这其实是在程度上将民事行为能力区分为完全民事行为能力、限制民事行为能力和无民事行为能力三种样态。本来,意思能力是自然能力,意思能力的有或无是通过个案审查以准确判断的,以意思能力为基础的民事行为能力的具体样态的判断也应当如此。然而,法律是反复使用的规范性文件,它应当以统一标准来指引人的行为,而无法将所有具体情形以及相应的法律后果都规定进来。所以说,作为法律制度的民事行为能力只能以统一标准来作为其程度界分。按照《民法总则》第22条、第24条第2款的规定,这种标准有三个,即年龄与精神状态、智力水平状态。其中,年龄是主要标准,而精神状态、智力水平状态是辅助标准。我们按照年龄将民事行为能力分为前述三种样态,而按照精神状态或者智力水平状态将有精神病、智力弱的成年人宣告为限制民事行为能力人或无民事行为能力人。

1. 完全民事行为能力

完全民事行为能力,是指民事行为能力的最完满状态。完全民事行为能力人可以独立实施法律规定的自然人有权实施的一切民事法律行为,是民法中的最为自由的主体,因为他们可以完全按照自己的意思来行事,自己管理自己的事务,而无须假手于人、受制于人。他们与他人达成的交易无须别人来审查。

根据《民法总则》第17条、第18条第1款的规定,完全民事行为能力的判断标

---

① 在2009年侵权责任法制订过程中,学者对是否应继承《民法通则》第133条有很大分歧。"专家和法官分成了两种立场:一种是肯定立场,一种是反对立场。肯定派主要是年龄较大的学者以及全体参加讨论的法官,都一致赞成这样的做法,认为《民法通则》第133条的规定经过二十几年的司法实践检验,是好用的,是应当肯定的,尽管其没有太多的理论可说。反对派主要是年轻学者,强烈反对这样的规定,都说这个规则没有深刻的理论基础,是不对的。而在主要国家的侵权法中,都不这样规定,而是用未成年人过失理论、识别能力理论以及责任能力理论作为这个责任的理论根据。""我们认为,对于我国《民法通则》中规定的好的规则,应当坚持并且继承下来,这也涉及对《民法通则》以及我国国情的尊重态度问题。"杨立新:《侵权责任法草案应当着重研究的二十个问题》,载《河北法学》2009年第2期。

准是自然人已满18周岁,即成年人都是完全民事行为能力人。而该法第18条第2款作了变通性规定,即16周岁以上不满18周岁的自然人,以自己的劳动收入为主要生活来源的,视为完全民事行为能力人。对于"以自己的劳动收入为主要生活来源"这一要件,最高人民法院的《关于贯彻执行〈中华人民共和国民法通则〉若干问题的意见(试行)》第2条作了界定,即"能够以自己的劳动取得收入,并能维持当地群众一般生活水平"。这其实是将符合一定条件的未成年人拟制为成年人,其目的在于方便这类未成年人的生产生活,因为他们实际上已经是"一家之主",如果为他们另设法定代理人或监护人来审查他们的交易,反而限制了他们的交易活动。

2. 限制民事行为能力

限制民事行为能力,也称不完全民事行为能力或部分民事行为能力,是指民事行为能力的不完满状态。仅具限制民事行为能力的自然人不能独立地作出所有的民事法律行为,而只能独立作出某些民事法律行为。相较于完全民事行为能力人,限制民事行为能力人处于半自由状态,他们仅能够自主从事一定范围内的民事交易,而在此之外的民事交易则由其法定代理人或监护人审查或代劳。按照《民法总则》第19条、第22条的规定,限制民事行为能力人仅可以独立地作出纯获利益的民事法律行为或者与其年龄、智力、精神状况相适应的民事法律行为,其他民事法律行为由其法定代理人代理或者经其法定代理人同意、追认。①

根据《民法总则》第19条、第22条的规定,限制民事行为能力人包括两种人:一是8周岁以上而未满18周岁的自然人;二是不能完全辨认自己行为的成年人。前者达到一定年龄但未成年,他们有一定的意思能力但不够健全;后者虽已成年,但由于精神状况、智力水平状态有问题,其意思能力也不健全,所以他们都仅具有一定的民事行为能力。从制度目的来看,法律之所以设立限制民事行为能力制度,其目的在于保护已经满8周岁的未成年人以及有精神病、智力弱的成年人的利益。限制民事行为能力人仅能从事某些民事活动,而其他民事活动则由其法定代理人审查或代劳,从活动范围上看,这是对限制民事行为能力人的行为自由度的限制,

---

① 所谓"纯获利益"如何理解?学界对此有两种观点:一种观点认为,只要民事行为能力欠缺者最终获利则可,就算是在获益多于支出的双务合同中纯获利也属之;另一种观点认为,纯获利益仅限于单纯取得权利、免除义务的行为。第二观点较为简便可行,应当予以采纳。参见李瑞钦:《未成年人的缔约能力与交易安全》,载《福州大学学报(哲学社会科学版)》2009年第6期。

但从法律效果上看，这也是对限制民事行为能力人的特别关照，因为他们在需要从某些领域获取民事权利、承担民事义务时，有别人为其把关，同时还给未成年人保留反悔的机会，也就是说，未成年人可以通过法定代理人的拒绝追认来撕毁自身不愿遵守的约定。

3. 无民事行为能力

无民事行为能力，是完全、限制民事行为能力概念的反面。无民事行为能力人，不能独立从事任何民事法律行为。根据《民法总则》第 20 条和第 21 条第 1 款、第 2 款的规定，无民事行为能力人包括两种人：一是不满 8 周岁的未成年人，也就是说，在我国法中，有或无民事行为能力的年龄界限是 8 周岁；二是完全不能辨认自己行为的 8 周岁以上的人。这两种人在民法中的自由度是最小的，几乎所有民事活动都不能参与，只能通过别人代劳，自己坐享其成。这体现在前述两个条文中，这两个条文都规定"无民事行为能力人由他的法定代理人代理实施民事法律行为"。可见，民法赋予限制民事行为能力人与无民事行为能力人的自由度颇为不同。前者在所有民事领域都可以从事交易行为，只不过，超出自身理解能力范围的交易可由法定代理人事先同意或事后追认；后者在所有民事领域都无所作为，都由法定代理人进行代理，也就是说，对于无民事行为能力人不适用法定代理人事先同意或事后追认规则。

需要澄清的是，对限制民事行为能力人的权限范围做规定的《民法总则》第 19 条、第 22 条所规定的"可以独立实施纯获利益的民事法律行为或者与其年龄、智力相适应的民事法律行为"能否类推适用于无民事行为能力人？也就是说，一个 7 岁的小孩能否自己到超市买糖果，别人送给他或她一个玩具能否算数？从立法上看，似乎《民法总则》给的答案是否定的，因为《民法总则》将《民法通则》确定的已经适用 31 年的无民事行为能力年龄界限由 10 周岁改为 8 周岁，而沿用《民法通则》关于民事行为能力的其他规定。同时，最高人民法院《关于贯彻执行〈中华人民共和国民法通则〉若干问题的意见（试行）》第 6 条所确立的规则被选择性地吸纳到《民法总则》中来。最高人民法院《关于贯彻执行〈中华人民共和国民法通则〉若干问题的意见（试行）》第 6 条规定，"无民事行为能力人、限制民事行为能力人接受奖励、赠与、报酬，他人不得以行为人无民事行为能力、限制民事行为能力为由，主张以上行为无效。"这个条文是对《民法通则》第 12 条、第 13 条的补充。①《民法通则》第 12 条、第 13 条仅表明无民事行为能力人不能独自实施民事法律行为,而限制民事行为能力人可以独自实施某些民事法律行为。考虑到这一规定不够周延,最高人民法院《关于贯彻执行〈中华人民共和国民法通则〉若干问题的意见(试行)》第 6 条补充规定,无民事能力人与限制民事行为能力人都可以独自实施纯获利益的民事法律行为以济其穷。然而,《民法总则》将民事行为能力的年龄界限降低到 8 周岁,而仅仅吸纳最高人民法院《关于贯彻执行〈中华人民共和国民法通则〉若干问题的意见(试行)》第 6 条确定的限制民事行为能力人都可以独自实施纯获利益的民事法律行为这一配套规则。我们从中足以看出立法者的初衷,即未满 8 周岁的人一般由其父母全天候照管,没有独立作出民事法律行为的余地,因而其所有民事法律行为都由法定代理人来实施。并且《民法总则》第 144 条规定,无民事行为能力人实施的民事法律行为无效。但在实践中,如果严守这一规则,势必产生诸多违背生活常理的情形,给社会生活带来诸多不便。例如,在广大农村地区,到小卖部买零食是六七岁小孩常做的事。由于他们在学校食堂、小卖部的各种日常开销而形成的买卖合同关系,其法定代理人难以事事、时时予以代理,而这些交易又不得不进行,于是,这个规则便需要从解释论上予以突破。②

---

① 《民法通则》第 12 条第 1 款:十周岁以上的未成年人是限制民事行为能力人,可以进行与他的年龄、智力相适应的民事活动;其他民事活动由他的法定代理人代理,或者征得他的法定代理人的同意。第 12 条第 2 款:不满十周岁的未成年人是无民事行为能力人,由他的法定代理人代理民事活动。第 13 条第 1 款:不能辨认自己行为的精神病人是无民事行为能力人,由他的法定代理人代理民事活动。第 13 条第 2 款:不能完全辨认自己行为的精神病人是限制民事行为能力人,可以进行与他的精神健康状况相适应的民事活动;其他民事活动由他的法定代理人代理,或者征得他的法定代理人的同意。

② 从比较法上看,德国法系的零用钱条款与英美法系的必需品规则值得借鉴。零用钱条款为《德国民法典》第 110 条所确立,该条规定:"如果未成年人以金钱履行合同中的给付义务,而其金钱系法定代理人为此目的或者为未成年人的自由处分而给与,或者系第三人经其法定代理人同意而给与的,未成年人未经法定代理人同意而订立的合同自始有效。"可见,法定代理人向未成年人支付的零用钱相当于法定代理人的事先同意,这其实是将限制行为能力制度的事先同意规则扩用于无行为能力制度。而必需品规则已经为英美国家的法院坚持了几个世纪,该规则的意义在于,未成年人未经其监护人同意或追认而购买必需品的合同仍属有效。在英美法系国家,以往对于"必需品"的界定仅限于提供给未成年人的生活必需品及服务,后来则扩大适用于雇佣合同、学徒期合同和教育合同。参见李先波:《缔约能力制度比较研究》,载《中国法学》2001 年第 1 期。

4. 民事行为能力的宣告制度

精神病人、弱智者被确定为无民事行为能力人或限制民事行为能力人,是法院以一种特定的法律程序来认定的。法院这一行为就是对精神病人、弱智者的民事行为能力欠缺状态的官方宣告,而宣告的结果是这两种人由限制民事行为能力人、完全民事行为能力人变为无民事行为能力人或限制民事行为能力人。就此而论,以精神状态、智力水平状态这两个辅助标准来确定民事行为能力的有或无是需要经过宣告这个法律程序的,而正常情况下(以年龄这一主要标准来确定民事行为能力的有或无)则不需要。

以精神状态、智力水平状态作为辅助标准来确定民事行为能力的程度,是一把双刃剑,因为在现实生活中民事行为能力制度有被恶用的危险。其实,将一个成年人宣告为限制民事行为能力人或无民事行为能力人,他或她所做的民事法律行为便经由其法定代理人审查才能生效,其自由完全受限。更有甚者,其人身财产还会遭受公然侵犯,时常有正常人被投入精神病院的新闻报道便是明证。为了尽量避免这种情况的发生,这就需要经过法院的审查与宣告。当然,法院对精神病人、弱智者的民事行为能力状态的宣告还具有另一意义,即在具体交易中,精神病人的行为能力较难判断,经过法院的宣告可以避免他人误解,免除举证责任。我国《民法总则》第24条第1款规定,"利害关系人或有关组织可以向人民法院申请,将不能辨认或不能完全辨认自己行为的成年人宣告为无民事行为能力人或者限制民事行为能力人。"而已经被宣告为无民事行为能力人或者限制民事行为能力人的,经本人、利害关系人或者有关组织申请,法院可以根据其智力、精神健康恢复的状况,认定该成年人恢复为限制民事行为能力人或者完全民事行为能力人。与《民法通则》相比较,在《民法总则》中,申请人增加了"有关组织"。按照该条第3款的规定,"有关组织"是指居民委员会、村民委员会、学校、医疗机构、妇女联合会、残疾人联合会、依法设立的老年人组织、民政部门等。整个程序适用《民事诉讼法》规定的特别程序。在具体审查当事人是否患有精神病时需要的证据包括司法精神病学鉴定、医院的诊断。最高人民法院《关于贯彻执行〈中华人民共和国民法通则〉若干问题的意见(试行)》第7条规定,"当事人是否患有精神病,人民法院应当根据司法精神病学鉴定或者参照医院的诊断、鉴定确认;在不具备诊断、鉴定条件的情况下,也可以参照群众公认的当事人的精神状态认定,但应以利害关系人没有异议为限。"

另外，值得指出的是，《民法总则》仅将精神耗弱者、弱智者作为宣告无民事行为能力或限制民事行为能力的对象，并未考虑将这一制度适用于浪费人的现实必要性。浪费人挥霍无度、寅吃卯粮，是最危险的"败家子"。精神耗弱者、弱智者存在心智上的缺陷，而浪费人存在行为习惯上的缺陷。在现代法上，浪费人主要是指滥赌、吸毒以及酗酒这些人士。①

第三节 宣告失踪与宣告死亡

在社会生活中，常有某人因种种原因失踪而下落不明、生死难定的情况。这种情形在民法世界中意义重大，因为如果任由此种状况持续下去，就会导致其本人与他人之间的人身关系和财产关系处于不确定状态，这种状态既不利于其本人，也不利于与之有利害关系的其他人。针对此种不确定状态，出于维护社会关系稳定的考虑，民法设立了宣告失踪制度和宣告死亡制度。这两个制度所立足的都是人已失踪这一事实，所影响的是自然人的民事能力，宣告死亡制度影响自然人的权利能力，而宣告失踪制度影响自然人的行为能力。

一、宣告失踪

（一）宣告失踪的概念

宣告失踪是指自然人下落不明达到法定期限，经利害关系人申请，由人民法院宣告其为失踪人的制度。宣告失踪是对确定的自然事实状态的法律确认，赋予失踪这一事实状态以法律意义。也就是说，只要未经过宣告失踪这一法律程序，失踪人失踪的时间再长也不具法律意义，不能发生相应的法律后果。该制度的目的在于结束失踪人财产关系的不确定状态，以保护失踪人和利害关系人的利益。失踪人不在原住所，其债务无人履行、债权无人受领、财产无人管理，而这三个方面涉及失踪人的财产损益和其债务人或债权人的债权债务关系的了结。而将下落不明者宣告失踪之后，法院相应地为失踪人安排财产代管人以了结债权债务、管理财产。

---

① 陈帮锋：《论浪费人》，载《现代法学》2011年第6期。

（二）宣告失踪的条件和程序

根据《民法总则》第 40 条、第 41 条以及《民事诉讼法》关于宣告失踪特别程序的规定，宣告失踪的构成条件和程序如下：

1. 自然人处于下落不明的状态。下落不明，是指自然人离开最后居所后没有确切行踪和音讯，处于生死不明的状态。然而，如果能够确定该失踪人仍然健在，仅仅为无法正常通讯联系的，或者确知该失踪人已经死亡的，宣告失踪制度并无适用余地。也就是说，必须是无法从所有的已知消息中判定自然人的生死存亡才符合这一条件。

2. 自然人下落不明已经持续了一定期间。依《民法总则》第 40 条的规定，可以据以提起宣告失踪申请的期间是下落不明状态已经届满 2 年。按照该法第 41 条的规定，该期间从自然人失去音讯之日起计算。① 战争期间下落不明的，该期间自战争结束之日或者有关机关确定的下落不明之日起计算。

3. 由失踪人的利害关系人向法院提起申请。利害关系人，是指与失踪人存在民事权利义务关系的人。根据最高人民法院《关于贯彻执行〈中华人民共和国民法通则〉若干问题的意见（试行）》第 24 条的规定，利害关系人有两大类：一是失踪人的近亲属，包括配偶、父母、子女、兄弟姐妹、祖父母、孙子女、外孙子女；二是与失踪人有民事权利义务关系的人，包括债权人、合伙人、对该自然人有监护责任的人等。

4. 经法院依法宣告。宣告失踪的案件应依照《民事诉讼法》规定的特别程序予以审理。按照《民事诉讼法》第 185 条的规定，法院受理宣告失踪案件后，应当发出寻找下落不明人的公告。宣告失踪的公告期间为 3 个月。公告期间届满，法院应当根据被宣告失踪的事实是否得到确认，作出宣告失踪的判决或者驳回申请的判决。

（三）宣告失踪的效力

被宣告失踪并不导致失踪人丧失民事主体资格，其法律后果主要是为失踪人的财产设定财产代管人，与其他民事法律关系并未改变。《民法总则》第 42 条第 1

---

① 在该场合的起算点上，《民法总则》第 41 条异于最高人民法院《关于贯彻执行〈中华人民共和国民法通则〉若干问题的意见（试行）》第 28 条，后者规定该起算点是"音讯消失之次日"。无论是从新法优先于旧法，还是从法律位阶上，这个问题都应当适用《民法总则》第 41 条。

款规定,失踪人的财产由其配偶、成年子女、父母或者其他愿意担任财产代管人的人代管。可见,财产代管人是由失踪人的亲属或其他亲友主动请缨而设立的。既然是主动请缨而设立的,便存在无人请缨或多人竞争的情况,于是该条第2款规定,代管有争议,没有前款规定的人,或者前款规定的人无代管能力的,由人民法院指定的人代管。财产代管人的主要职责是妥善管理失踪人的财产,维护好失踪人的财产权益。其主要的管理行为是从失踪人的财产中支付失踪人所欠税款、债务和应付的其他费用。而按照最高人民法院的《民通解释》第31条的规定,其中的"其他费用"包括赡养费、扶养费、抚养费和因代管财产所需的管理费等必要的费用。在管理过程中,财产代管人应当尽管理己物的注意义务,因故意或者重大过失造成失踪人财产损失的,应当承担赔偿责任。也就是说,财产代管人因轻过失导致失踪人财产损失的,无须承担赔偿责任。

宣告失踪制度影响的是失踪人的民事行为能力,宣告某人为失踪人,为其确定财产代管人,相当于宣告其为无民事行为能力人,因为从法律规定上看,即使失踪人返回,在未经过撤销该失踪宣告之前,该失踪人是没权管理自己财产、独立进行交易的。其财产代管人相当于代理人,只不过,财产代管人在管理财产的过程中,所作出的是事实行为与民事法律行为,而代理人做的主要是民事法律行为。

(四)宣告失踪的撤销

根据《民法总则》第45条的规定,失踪人重新出现,经本人或者利害关系人申请,人民法院应当撤销失踪宣告。也就是说,法院撤销失踪宣告的条件有两个:失踪人重新出现;经本人或利害关系人申请。前者是撤销失踪宣告的原因,后者是撤销失踪宣告的程序。在原因这一点上,《民法总则》作出了有异于《民法通则》的规定,后者规定的原因除了失踪人重新出现之外,还包括有人确知其下落。[①] 这表明,《民法总则》有意排除"有人确知其下落"作为向法院申请撤销失踪宣告的原因。失踪宣告撤销后,本人有权要求财产代管人及时移交有关财产并报告财产代管情况。

---

① 《民法通则》第22条。

二、宣告死亡

(一)宣告死亡的概念

宣告死亡,是指自然人下落不明满法定期限,经利害关系人申请,由人民法院依法定程序宣告其死亡的法律制度。由于宣告失踪虽然解决了失踪人的财产代管问题,稳定了一部分财产关系,但如果失踪这种状态长久地持续下去,仍然无法从根本上消除因当事人长期下落不明而引发的人身关系和财产关系的不稳定状态。于是,民法进一步设立宣告死亡制度,以最终终结这种状态,稳定社会经济秩序,并保护被宣告死亡人之利害关系人的利益。

宣告死亡是自然死亡的对反概念。不管是自然死亡,还是宣告死亡,都是能够导致某些民事法律关系发生、变更或消灭的客观事实,即民事法律事实,只不过,自然死亡是自然意义上的客观事实,宣告死亡是法律意义上的客观事实。也就是说,宣告死亡仅仅是一种法律推定,即从自然人下落不明达到一定的期限的事实,在法律上,推断该自然人已经死亡。因此,被宣告死亡的自然人不一定已经自然死亡,他可能仍在某个地方幸福地生活着。正因为宣告死亡是一种法律推定,《民法总则》第49条才如此规定,即"自然人被宣告死亡但是并未死亡的,不影响该自然人在被宣告死亡期间实施的民事法律行为的效力。"这个条文是对最高人民法院《关于贯彻执行〈中华人民共和国民法通则〉若干问题的意见(试行)》第36条第2款的吸纳,该款规定:"被宣告死亡和自然死亡的时间不一致的,被宣告死亡所引起的法律后果仍然有效,但自然死亡前实施的民事法律行为与被宣告死亡引起的法律后果相抵触的,则以其实施的民事法律行为为准。"也就是说,当自然事实与推定事实不一致时,以自然事实为准。

(二)宣告死亡的条件和程序

依照《民法总则》第46条和《民事诉讼法》关于宣告死亡特别程序的规定,对失踪人做宣告死亡,应当依下列条件和程序来进行:

1. 自然人处于下落不明的状态并且该状态持续了一定期间。根据《民法总则》第41条、第46条以及最高人民法院《关于贯彻执行〈中华人民共和国民法通则〉若干问题的意见(试行)》第27条的规定,自然人下落不明,所持续的期间分为两种,即普通期间和特殊期间。前者是指自然人下落不明满4年,在一般情形下,该期间从自然人音讯消失之日起算;如果自然人在战争期间下落不明该期间则从整个战争结束之日或者有关机关确定的下落不明之日起算。后者是指自然人因意外事故而下落不明时,从意外事故发生之日起满2年。但因意外事故下落不明,经有关机关证明该自然人已无生存的可能时,不受该2年时限的限制。

2. 必须由利害关系人向法院提出申请。"利害关系人"应当包括:配偶、父母、子女、兄弟姐妹、祖父母、外祖父母、孙子女、外孙子女;其他与失踪人有民事权利义务关系的人。按照最高人民法院《关于贯彻执行〈中华人民共和国民法通则〉若干问题的意见(试行)》第25条第1款的规定,申请宣告死亡的利害关系人是有顺序的,配偶位于第一顺序,父母与子女位于第二顺序,兄弟姐妹、祖父母、外祖父母、孙子女、外孙子女位于第三顺序,而其他与失踪人有民事权利义务关系的人属于第四顺序。也就是说,如果前顺位的利害关系人不同意对失踪人申请宣告死亡,后顺位的利害关系人便不能做此申请。然而,从《民法总则》第47条的规定来看,最高人民法院《关于贯彻执行〈中华人民共和国民法通则〉若干问题的意见(试行)》第25条第1款所确立的顺位制度已经被放弃,因为《民法总则》没有吸纳最高人民法院《关于贯彻执行〈中华人民共和国民法通则〉若干问题的意见(试行)》第25条,同时在吸纳最高人民法院《关于贯彻执行〈中华人民共和国民法通则〉若干问题的意见(试行)》第29条时,将"同一顺序"这一表述去掉了。①

3. 必须由人民法院进行宣告。按照《民事诉讼法》第185条的规定,法院受理宣告死亡案件后,应当发出寻找下落不明人的公告。宣告死亡的公告期间为1年。因意外事故下落不明,经有关机关证明该公民不可能生存的,宣告死亡的公告期间为三个月。公告期间届满,人民法院应当根据被宣告死亡的事实是否得到确认,作出宣告死亡的判决或者驳回申请的判决。

---

① 最高人民法院《关于贯彻执行〈中华人民共和国民法通则〉若干问题的意见(试行)》第29条:"宣告失踪不是宣告死亡的必须程序。公民下落不明,符合申请宣告死亡的条件,利害关系人可以不经申请宣告失踪而直接申请宣告死亡。但利害关系人只申请宣告失踪的,应当宣告失踪;同一顺序的利害关系人,有的申请宣告死亡,有的不同意的,则应当宣告死亡。"《民法总则》第47条:"对同一自然人,有的利害关系人申请宣告死亡,有的利害关系人申请宣告失踪,符合本法规定的宣告死亡条件的,人民法院应当宣告死亡。"

（三）宣告死亡的效力

宣告死亡与自然死亡一样，其效力都是使民事主体资格丧失，所以，宣告死亡的效力及于一切民事关系，包括人身关系和财产关系。在人身关系方面，被宣告死亡的人与其配偶的婚姻关系，自死亡宣告之日起消灭。自死亡宣告之日起，其配偶可以另行缔结婚姻关系。被宣告死亡的人在宣告死亡后，其子女可以被他人依法收养。在财产关系方面，被宣告死亡人的财产作为遗产为其法定继承人继承，其债权债务也要统一了结。

关于被宣告死亡的人的死亡时间，《民法总则》第48条规定，"被宣告死亡的人，人民法院宣告死亡的判决作出之日视为其死亡的日期；因意外事件下落不明宣告死亡的，意外事件发生之日视为其死亡的日期。"这个规定来源于最高人民法院《关于贯彻执行〈中华人民共和国民法通则〉若干问题的意见（试行）》第36条第1款，并在意外事件导致下落不明的场合作另外规定。另外，最高人民法院《关于适用〈中华人民共和国保险法〉若干问题的解释（三）》第24条第2款规定，"被保险人被宣告死亡之日在保险责任期间之外，但有证据证明下落不明之日在保险责任期间之内，当事人要求保险人按照保险合同约定给付保险金的，人民法院应予支持。"也就是说，投保人为被保险人订立以死亡为给付保险金条件的保险合同中，被保险人被宣告死亡后，下落不明的时间被视为被保险人的死亡时间。[①] 可见，原则上，被宣告死亡者的死亡时间是宣告死亡判决作出之日，但在意外事件导致下落不明或以死亡为给付保险金条件的保险合同，宣告死亡判决作出之日在保险责任期间之外而下落不明之日在保险责任期间之内这两种场合，下落不明的时间被视为死亡时间。

关于宣告死亡效力的地域范围，宣告死亡的效力仅及于以原住所地为中心的民事法律关系。如被宣告人并未死亡，在其他地区生存，则在该地区，受宣告人仍具有民事权利能力，其民事活动的效力也不受任何影响。这点从《民法总则》第49条即"自然人被宣告死亡但是并未死亡的，不影响该自然人在被宣告死亡期间实施的民事法律行为的效力"可知。

---

① 薛军：《论被宣告死亡者死亡日期的确定——以中国民法典编纂为背景的论述》，载《政治与法律》2016年第6期。

(四)死亡宣告的撤销

《民法总则》第 50 条规定,"被宣告死亡的人重新出现,经本人或者利害关系人申请,人民法院应当撤销死亡宣告。"值得说明的是,按照最高人民法院《关于贯彻执行〈中华人民共和国民法通则〉若干问题的意见(试行)》第 25 条第 2 款的规定,申请撤销对失踪人的死亡宣告,利害关系人并无顺序限制。在死亡宣告被撤销后,将溯及性地产生下列效力:

1. 对人身关系的效力。宣告死亡对人身关系的效力主要体现在婚姻关系与亲权关系这两个方面。在婚姻关系上,宣告死亡使失踪人丧失民事主体资格,因而婚姻关系自动消灭。而作为纠错机制,撤销宣告死亡则使婚姻关系自动恢复。按照《民法总则》第 51 条的规定,"被宣告死亡的人的婚姻关系,自死亡宣告之日起消灭。死亡宣告被撤销的,婚姻关系自撤销死亡宣告之日起自行恢复,但是其配偶再婚或者向婚姻登记机关书面声明不愿意恢复的除外。"也就是说,撤销死亡宣告之后,只要失踪人的配偶未再婚或没有向婚姻登记机关作过不愿意恢复婚姻关系的书面声明,婚姻关系便自动恢复而无须经由任何程序。按照最高人民法院《关于贯彻执行〈中华人民共和国民法通则〉若干问题的意见(试行)》第 37 条的规定,"再婚"包括再婚后又离婚或者再婚后配偶又死亡的。在亲权关系上,由于失踪人在被宣告死亡后丧失民事主体资格,法律意义上的父或母与子或女之间的关系消灭,失踪人对其未成年子女的亲权(我国法上的监护权包含了亲权)消灭。宣告死亡被撤销后,亲权关系自动恢复,但如果在宣告死亡期间,其未成年子女被他人依法收养,亲权关系不自动恢复。《民法总则》第 52 条规定,"被宣告死亡的人在被宣告死亡期间,其子女被他人依法收养的,在死亡宣告被撤销后,不得以未经本人同意为由主张收养关系无效。"如果收养关系被解除,①亲权关系自动恢复,②这点与婚姻关系颇为不同。

2. 对财产关系的效力。宣告死亡对财产关系的效力体现在继承的开始上,撤

---

① 《收养法》第 26 条第 1 款:"收养人在被收养人成年以前,不得解除收养关系,但收养人、送养人双方协议解除的除外,养子女年满十周岁以上的,应当征得本人同意。"

② 《收养法》第 29 条:"收养关系解除后,养子女与养父母及其他近亲属间的权利义务关系即行消除,与生父母及其他近亲属间的权利义务关系自行恢复,但成年养子女与生父母及其他近亲属间的权利义务关系是否恢复,可以协商确定。"

销宣告死亡便使原来由于"继承"而导致的利益变动处于无法律原因的状态下,因而,失踪人有权请求取得他的财产的自然人或者组织返还财产。所以,《民法总则》第53条第1款规定,"被撤销死亡宣告的人有权请求依照继承法取得其财产的民事主体返还财产。无法返还的,应当给予适当补偿。"这里的"返还财产"包括债权请求权与原物返还请求权。如果原物不复存在而无法返还原物,仅可以要求"适当补偿",而不能要求损害赔偿。理由在于,这种错误是由失踪人造成的,应当对此承担一定的不利益。但如果宣告死亡是由于利害关系人隐瞒真实情况而导致的,这种无法律原因的利益变动所造成的损失便应当由该利害关系人来承担。所以,《民法总则》第53条第2款规定,"利害关系人隐瞒真实情况,致使他人被宣告死亡取得其财产的,除应当返还财产外,还应当对由此造成的损失承担赔偿责任。"此款的案例根据是杨国昌诉王艳重婚案。原被告两人1994年结婚。婚后杨国昌去日本研修,不断汇款于王艳,其中一笔就达9000美元。2002年,王艳向丰台法院申请宣告杨国昌死亡成功。2003年,王艳与胡性男人结婚。2003年,杨国昌起诉王艳重婚。2004年,石景山法院判决:王艳犯重婚罪,判处拘役6个月,缓刑1年,判决王艳与胡某的婚姻关系无效。王艳在宣告杨国昌死亡成功后继承了其遗产,在杨国昌重新出现后应返还之。杨国昌多次汇给王艳的款子应属前者遭受的财产损失,后者应赔偿之。当然,杨国昌因为被死亡宣告遭受的精神损害,王艳也应赔偿。

另外,宣告失踪与宣告死亡之间的关系,我们应当加以说明。《民法总则》第47条规定,"对同一自然人,有的利害关系人申请宣告死亡,有的利害关系人申请宣告失踪,符合本法规定的宣告死亡条件的,人民法院应当宣告死亡。"这说明宣告失踪不是宣告死亡的必须程序。自然人下落不明,符合申请宣告死亡的条件,利害关系人可以不经申请宣告失踪而直接申请宣告死亡。但利害关系人只申请宣告失踪的,应当宣告失踪;有的利害关系人申请宣告死亡,有的利害关系人申请宣告失踪,则应当宣告死亡。

第四节 监护

一、监护的概念

监护,是指监护人对未成年人和需要保护的成年人的人身、财产和其他合法权益依法实行的监督和保护。在监护关系中,接受监督和保护的是被监护人,而承担监督和保护义务的是监护人。监护人起到补充被监护人民事行为能力的作用,即由监护人帮助欠缺民事行为能力的被监护人获得权利、行使权利以及实现权利,从而使他们得以生存和发展。

从比较法上看,对于未成年人的监督和保护,有两种制度,即亲权与监护。前者是父母对未成年子女的监督与保护,后者是父母以外的成年人对未成年人的监督与保护。[①] 而对于那些需要保护的成年人(包括精神病人、弱智者和浪费人),[②] 德国民法以法律上的照管制度、法国民法以司法保护制度来解决这几种人的意思能力欠缺问题。我国民法统一以监护制度来解决前述外国法的监护、亲权、照管或司法保护等制度所要解决的问题,而且需要保护的成年人仅指精神病人和弱智者,并不包括浪费人。因而,从这个意义上讲,我国法中的监护制度是广义的,而德国、法国等国家民法中的监护制度是狭义的。

从前文的分析可知,按照被监护人的不同,监护可以分为未成年人监护与成年人监护。

[①] 亲权以父母对未成年子女的教养和保护为目的,是父母对未成年子女在人身和财产上享有一定的权利和承担一定义务的统一体。亲权和监护的区别主要表现在这几个方面:第一,两者的法律关系基础不同。亲权以血缘关系为基础,基于父母子女特定的身份关系而产生;监护则不强求以血缘关系为基础。第二,两者的权利义务内容不同。亲权具有权利义务双重性,而法律对监护在相当程度上只有义务的规定,无实质性的权利规定,因此,监护纯粹是一种职责和义务。第三,两者的主体范围不同。亲权的主体仅为父母,而监护的主体除了可以是父母外,还可以是成年子女、祖父母、外祖父母、兄弟姐妹、非亲属的自然人或组织等。第四,法律限制不同。立法对亲权采放任主义,而监护人执行监护事务则受到种种限制。

[②] 浪费人是指挥霍无度、寅吃卯粮者,现代法将浪费人的行为模式细化为吸毒、赌博以及酗酒等。参见陈帮锋:《论浪费人》,载《现代法学》2011年第6期。

监护制度的意义主要体现在两个方面,即保护行为能力欠缺者与维护社会秩序的稳定。被监护人都是意思能力欠缺者,要么是无民事行为能力人,要么是限制民事行为能力人。其意思能力的不足导致其无法正常从事日常生活,通过设立监护人,让监护人来料理未成年人和精神病人的生活,保护他们的人身和财产,代替或指导他们进行民事活动,从而维护了他们的各种合法权益。同时,由于未成年人或精神病人欠缺对自身行为的社会后果的认识,可能损害他人的合法权益,从而影响社会的正常秩序,通过设立监护制度,要求监护人对被监护人加以监督和管束,防止其实施违法行为,从而有利于社会秩序的稳定。

二、监护的性质

监护是一种制度,但也常常有"监护权""监护职责"的表述,例如,《民法总则》第34条第2款就这样表述:"监护人依法履行监护职责产生的权利,受法律保护。"这就难免让人产生疑问:究竟监护本质上是什么。这便是监护的性质这一问题的由来。关于监护的性质,主要有三种学说,即权利说、义务说和职责说。持权利说的学者认为,监护即监护权,是一种身份权;持义务说的学者指出,在监护制度中,监护人并未享有任何利益,而仅承担沉重的负担,因而监护是一种法律义务;而持职责说的学者则认为,监护是一种职责,因为监护制度纯粹是为了保护被监护人的利益而创设的,是一种具有社会公益性质的任务。

从民法的概念体系上看,义务说是合适的。因为监护本身就是一种民事法律关系。这种民事法律关系的主体是监护人与被监护人,客体是被监护人的人身利益与财产利益,内容是以管教被监护人和保护被监护人权益为目的的义务。申言之,监护人应当管教被监护人、保护好被监护人的人身财产权益。相应地,在监护关系中,被监护人也享有权利、承担义务。职责说的理论意义在于强调监护人的工作是具有社会公益性质的任务,但在法律关系的框架下,职责其实是义务。也就是说,在这种意义上,职责说与义务说并无差别。

三、监护的设立

为未成年人或需要照管的成年人设立监护人,有多种方式。按照设立方式的不同,监护有法定监护、遗嘱监护、指定监护、成年人意定监护之别。

（一）法定监护

法定监护是指监护的设立、监护人的确定由法律直接加以规定的监护。这种监护设立的方式会因有监护资格的近亲属在成年人监护与未成年人监护中的不同而有所不同。

在未成年人监护中，能担任监护人的人有：父母；祖父母、外祖父母；兄、姐；其他愿意担任监护人的个人或者组织，但是须经未成年人住所地的居民委员会、村民委员会或者民政部门同意。① 在成年人监护中，能担任监护人的人有：配偶；父母、子女；其他近亲属；其他愿意担任监护人的个人或者组织，但是须经被监护人住所地的居民委员会、村民委员会或者民政部门同意。②

这些人或组织要成为监护人，应当具备监护资格。而监护资格的获取应当符合两个条件：其一，监护能力。《民法总则》第27条第2款、第28条规定，前述个人或组织在有监护能力的前提下才能担任监护人；而同法第39条规定，监护人丧失监护能力是监护关系终止的事由之一。然而，监护能力是什么？最高人民法院《关于贯彻执行〈中华人民共和国民法通则〉若干问题的意见（试行）》第11条规定，认定监护人的监护能力，应当根据监护人的身体健康状况、经济条件，以及与被监护人在生活上的联系状况等因素确定。也就是说，监护能力本质上是自然能力，是适合管教、保护被监护人的实际能力。判断某个个人或组织是否具备此能力，从监护的主旨与相关法律规定来看，该个人或组织首先应当是完全行为能力人，其次才考虑其身体健康状况、经济条件，以及与被监护人在生活上的联系状况等因素。不过，在判断父母对未成年子女是否具有监护能力时则仅考虑其是否为完全行为能力人，而不考虑其他因素。其二，处于《民法总则》第27条第2款、第28条所规定的顺序中的首位。也就是说，如果未成年人的父母健在，其祖父母、外祖父母就算

---

① 《民法总则》第27条第1款：父母是未成年子女的监护人。其第2款：未成年人的父母已经死亡或者没有监护能力的，由下列有监护能力的人按顺序担任监护人：（一）祖父母、外祖父母；（二）兄、姐；（三）其他愿意担任监护人的个人或者组织，但是须经未成年人住所地的居民委员会、村民委员会或者民政部门同意。

② 《民法总则》第28条：无民事行为能力或者限制民事行为能力的成年人，由下列有监护能力的人按顺序担任监护人：（一）配偶；（二）父母、子女；（三）其他近亲属；（四）其他愿意担任监护人的个人或者组织，但是须经被监护人住所地的居民委员会、村民委员会或者民政部门同意。

有监护能力也不具有监护资格。唯有如此解释,才能体现该条所规定的顺序的法律意义,毕竟这种法定顺序的确立是以监护关系与亲属关系的亲疏远近紧密关联为合理化基础的。

在法定监护中,监护人的确定无须经过任何程序。例如,未成年人的监护人在某个事件(出生、父母死亡)发生后得以确立,成年人的监护人在被宣告为无行为能力人、限制行为能力人之后得以确立。那么,只要是处于同一顺序且具有行为能力的近亲属,都是监护人。例如,祖父母与外祖父母都是监护人。如果有近亲属不愿意担任监护人,可以适用《民法总则》第 30 条(即"依法具有监护资格的人之间可以协议确定监护人")或进入指定监护程序,由法院来确定。

(二)遗嘱监护

遗嘱监护是指继任监护人的确定由作为监护人的父母通过遗嘱予以指定的监护。在我国民法体系中,这种监护设立方式是《民法总则》新增加进来的。该法第 29 条规定:"被监护人的父母担任监护人的,可以通过遗嘱指定监护人。"这个条文将遗嘱的功能扩展到继承法以外,值得称赞。

从该条文的文义来看,遗嘱监护的目的在于由遗嘱来指定监护人,而有权立此遗嘱的人是担任监护人的父母。该条文仍有几个问题需要澄清:其一,如果被指定的人不愿意担任监护人怎么办?由于遗嘱是单方行为,而监护职责的承担主要是不利益的,未经被指定的人同意,遗嘱监护不能生效。具体而言,遗嘱公布后,仅于被指定的人明示接受时,遗嘱监护才生效;其二,父或母立遗嘱之后被撤销监护资格,该指定监护人的遗嘱是否有效?按照《民法总则》第 36 条的规定,父母等监护人严重侵害被监护人的合法权益时会被法院撤销其监护资格。如果最后死亡的父或母立完此类遗嘱之后被撤销监护资格,该遗嘱不能产生遗嘱监护的效力。如果该父或母之后又根据《民法总则》第 38 条恢复其监护资格,[①]该遗嘱仍然产生遗嘱监护的效力;理由是该法第 29 条"被监护人的父母担任监护人"的文义应当是指父或母正在担任监护人,即最后死亡的一方立遗嘱时和死亡时都是监护人。关于这

---

① 《民法总则》第 38 条:"被监护人的父母或者子女被人民法院撤销监护人资格后,除对被监护人实施故意犯罪的外,确有悔改表现的,经其申请,人民法院可以在尊重被监护人真实意愿的前提下,视情况恢复其监护人资格,人民法院指定的监护人与被监护人的监护关系同时终止。"

点,《德国民法典》第1777条第1款有很好的说明,即"仅在父母于死亡时有权照顾子女和子女的财产的情况下,父母才能指定监护人"。① 其三,父或母各有遗嘱而两个遗嘱所指定的监护人不一致怎么办?以最后死亡的父或母的遗嘱为准,因为父母一方死亡后,另一方仍然是监护人,通过遗嘱指定监护人的权利在后死亡一方,这才符合"父母担任监护人"的文义。因而,《德国民法典》第1776条第2款规定:"父和母指定不同的人的,以最后死亡的父母一方的指定为准。"②

值得指出的是,该法第29条的"被监护人的父母担任监护人"应当包含第27条第1款规定的父母担任未成年子女的监护人与第28条第2项规定的父母担任成年子女的监护人两种情形。

(三)指定监护

《民法总则》第31条第1款:"对监护人的确定有争议的,由被监护人住所地的居民委员会、村民委员会或者民政部门指定监护人,有关当事人对指定不服的,可以向人民法院申请指定监护人;有关当事人也可以直接向人民法院申请指定监护人。"可见,指定监护是指监护人的确定由有权机关予以指定的监护。

适用指定监护以确定监护人的前提条件是"对监护人的确定有争议"。此处需要进一步明确的问题有两个:其一,争议的内容是什么;其二,谁有权做此争议,也就是说,法院应当受理谁的争议。关于第一个问题,争议的内容是监护人的确定,即由谁来担任监护人。这个争议是关于有无监护资格的争议。这就与《民法总则》第36条的适用区分开来,因为后者是关于撤销监护资格的争议。如果因为监护人未能尽责而向法院起诉,只能适用该法第36条。"对监护人的确定有争议"应当包括争当监护人的争议与不当监护人的争议。而"监护人的确定"是指谁当监护人已经由法定监护或遗嘱监护来加以确定,而被确定的人不愿意担任监护人或者其他人认为被确定的人不应当担任监护人。可见,指定监护是法定监护和遗嘱监护的后续程序。关于第二个问题,有权做此争议的人主要是被监护人的近亲属,因为其他亲友或组织要担任监护人必须事先经被监护人住所地的居委会、村委会或民政部门同意,这说明,对于监护资格,近亲属以外的人与近亲属不在同一位阶上,因而

---

① 《德国民法典》,陈卫佐译注,法律出版社2006年版,第539页。
② 《德国民法典》,陈卫佐译注,法律出版社2006年版,第539页。

无权质疑近亲属的监护资格。然而,由于该法第 27 条第 2 款第 3 项和第 28 条第 4 项规定的审查机关是复数的(其文句"须经被监护人住所地的居民委员会、村民委员会或者民政部门同意"),那么,近亲属以外的个人或组织之间仍然是有权做此争议的。例如,被监护人乙无近亲属,甲经居委会同意担任乙的监护人,而丙经民政部门同意担任乙的监护人,甲丙争执,谁当监护人?

在指定监护制度中,有指定权的组织或部门有居委会、村委会、民政部门以及法院。其中,法院有最终指定权,因为经居委会、村委会或民政部门指定后,"有关当事人对指定不服的,可以向人民法院申请指定监护人;有关当事人也可以直接向人民法院申请指定监护人。"也就是说,最终决定由谁担任监护人的是法院,而且法院不需要理会前述组织或部门的意见,不是在其意见的基础上作出指定。理由是其文句使用的是"向人民法院申请",而不是像《民法通则》第 16 条、第 17 条所使用的"对指定不服提起诉讼的,由人民法院裁决",诉讼的对象是前述组织或部门关于指定监护人的意见。

按照《民法总则》第 31 条第 2 款的规定,居民委员会、村民委员会、民政部门或者人民法院应当尊重被监护人的真实意愿,按照最有利于被监护人的原则在依法具有监护资格的人中指定监护人。能够被指定为监护人的人仅仅是具有监护资格的人,其实就是在被监护人的近亲属中那些处于第一顺位的人(《民法总则》第 27 条第 2 款、第 28 条)。在这个问题上,《民法总则》对《民法通则》做了更改,《民法通则》第 16 条第 3 款、第 17 条第 2 款规定在近亲属中指定监护人,而最高人民法院《关于贯彻执行〈中华人民共和国民法通则〉若干问题的意见(试行)》第 14 条进一步明确为:"前一顺序有监护资格的人无监护能力或者对被监护人明显不利的,人民法院可以根据对被监护人有利的原则从后一顺序有监护资格的人中择优确定。"

(四)成年人意定监护

成年人意定监护是指监护人的设立由被监护人事先与他人协商确定的监护。这种监护设立模式是《民法总则》的一个亮点。《民法总则》第 33 条规定:"具有完全民事行为能力的成年人,可以与其近亲属、其他愿意担任监护人的个人或者组织事先协商,以书面形式确定自己的监护人。协商确定的监护人在该成年人丧失或者部分丧失民事行为能力时,履行监护职责。"这其实是允许自然人预先为自己设立监护人。成年意定监护所贯彻的是意思自治原则,因而订立该类协议的双方当事人都是完全民事行为能力人。由于该条采"具有完全民事行为能力的成年人"的表述,协议监护的被监护人应当排除《民法总则》第 18 条第 2 款规定的已经满 16 周岁而未满 18 周岁的完全民事行为能力人。协议监护生效时间点是该成年人丧失或者部分丧失民事行为能力之时。

四、监护人的职责

根据《民法总则》第 34 条第 1 款的规定,监护人的职责是代理被监护人实施民事法律行为,保护被监护人的人身权利、财产权利以及其他合法权益等。从该条文的表述来看,监护人所承担的职责主要集中在"代理"与"保护"两个方面,即代理被监护人实施民事法律行为,保护被监护人的合法权益。这个条文所规定的监护人职责的着眼点是被监护人与他人之间的关系,也就是说,该条文所考虑到的是被监护人与他人实施民事法律行为时、他人侵犯被监护人的合法权益时监护人应当做什么,而并未考虑到监护人与被监护人之间的关系,也就是说,对于被监护人的成长、生活,监护人应当做什么,该条文并未加以考虑。关于这方面,其本意在规定亲子关系的《民法总则》第 26 条有所涉及,即"父母对未成年子女负有抚养、教育和保护的义务"。父母对未成年子女养育和保护,这是父母对未成年子女应当做的。那么,结合该法第 26 条与第 34 条第 1 款是否能得出父母担任未成年子女的监护人时,其监护职责是养育和保护,而其他人担任监护人时,监护职责是代理和保护?这样解释不符合生活常理。监护人的职责应当包括养育、保护与代理。《德国民法典》使用的是"照顾"和"代理",[①]"照顾"在语义上可以将养育和保护涵盖进去。

具体而言,在理论上,监护人的职责主要有以下几个方面:(1)保护被监护人的人身、财产及其他合法权益不受侵害;(2)照顾被监护人的日常生活,关心、教育被监护人;(3)管理被监护人的财产;(4)代理被监护人进行民事活动;(5)代理被监护人进行诉讼活动。

---

① 《德国民法典》第 1793 条第 1 款:"监护人有照顾被监护人和被监护人财产的权利和义务,尤其有代理被监护人的权利和义务,准用第 1626 条第 2 款。被监护人被长期接纳入监护人的家庭的,也准用第 1618a 条、第 1619 条、第 1664 条。"《德国民法典》,陈卫佐译注,法律出版社 2006 年版,第 544 页。

五、监护的终止

监护的终止,是指监护关系由于某些法定事由的出现而归于消灭。设立监护的原因是被监护人欠缺行为能力,其目的在于保护被监护人的权益。如果设立监护的原因消失或者监护目的不能实现,监护关系便应终止。监护关系的终止有自然终止与人为终止两种,前者是指由于法定事由的出现,监护关系自然而然地终止,而无须任何程序,逻辑上与自然而然地设立监护人的法定监护一样;后者是指在有法定事由的前提下,经过法定程序让原有的监护关系终止。很多学者将这种情形指称为监护的变更。但对于原有的监护关系而言,仍然属于监护的终止。

按照《民法总则》第 39 条第 1 款的规定,导致监护关系自然终止的原因有:(1)被监护人取得或者恢复完全民事行为能力;(2)监护人丧失监护能力;(3)被监护人或者监护人死亡;(4)人民法院认定监护关系终止的其他情形。前三项导致监护关系终止的原因是监护人或被监护人的民事行为能力、民事权利能力的得丧变化,而第四项是兜底条款,仅于双方对监护关系是否终止有争议时适用。

按照《民法总则》第 36 条第 1 款、第 30 条的规定,导致监护关系人为终止的原因有撤销监护人资格与协议监护两种。前者通过诉讼程序使监护关系终止,后者通过协议让原有的监护关系终止。《民法总则》第 36 条第 1 款规定,"监护人有下列情形之一的,人民法院根据有关个人或者组织的申请,撤销其监护人资格,安排必要的临时监护措施,并按照最有利于被监护人的原则依法指定监护人:(一)实施严重损害被监护人身心健康行为的;(二)怠于履行监护职责,或者无法履行监护职责并且拒绝将监护职责部分或者全部委托给他人,导致被监护人处于危困状态的;(三)实施严重侵害被监护人合法权益的其他行为的。"即监护人严重侵害被监护人的合法权益时会被法院撤销监护资格,从而导致监护关系终止。《民法总则》第 30 条规定,"依法具有监护资格的人之间可以协议确定监护人。"也就是说,已经被确定为监护人的近亲属可以通过协议监护让其他有监护资格的近亲属来担任监护人,从而让原有的监护关系终止。

另外,需要探讨的是,监护关系是否会因为监护人辞职而终止?监护人辞职是指监护人有正当理由而辞去监护职务的情形。本来,若无正当理由,监护人是不能辞去监护的，①因为监护"属于公共性质的责任"(《法国民法典》第 427 条)。然而，如果监护人由于种种客观原因而无法履行监护职责，不仅不利于对被监护人的保护，监护人也会因使被监护人遭受损失而承担民事责任。所以，《法国民法典》第 428 条规定了免于负担监护任务的情形，《德国民法典》第 1786 条规定了可以拒绝担任监护工作的情形。尽管我国《民法总则》未明确规定拒绝权，但如果因年龄、疾病、距离遥远、职业或家庭事务极为繁忙而不能负担监护任务时，监护人是能够辞去监护的，监护人可以按照《民法总则》第 31 条第 1 款的规定向法院提异议，即通过适用指定监护的规定以达到辞去监护的效果。

第五节 户籍与住所

一、住所的含义

住所，是指自然人以久住的意思经常居住的处所。住所是民事主体发生民事法律关系的中心区域，一般来说，构成住所应具备两个条件：(1)心素，即久住的意思；(2)体素，即经常居住的事实。②

依据《民法总则》第 25 条的规定，自然人以户籍登记或者其他有效身份登记记载的居所为住所；经常居所与住所不一致的，经常居所被视为住所。经常居住地是指自然人离开住所地最后连续居住 1 年以上的地方，但住医院治病的除外。如果自然人由其户籍所在地迁出后至迁入另一地之前，无经常居住地的，仍以其原户籍所在地为住所。

二、住所的法律意义

自然人的住所，具有如下重要的意义：(1)住所是处理涉外民事法律关系时确

---

① 《民法总则》第 31 条第 4 款："监护人被指定后，不得擅自变更；擅自变更的，不免除被指定的监护人的责任。"

② 徐国栋：《民法总论》，高等教育出版社 2007 年版，第 240 页。

定准据法的根据之一;(2)住所是法院对民事案件管辖的根据之一;(3)住所是确定自然人失踪的根据之一;(4)住所是确定债务履行地的根据;(5)住所是继承活动进行的地点;(6)住所是民事法律文书的送达地点。

三、户籍和身份证

户籍是对公民按户进行登记的公共证明簿。户籍登记簿记载着公民的姓名、出生、住所、结婚、收养、家庭成员、迁徙、受教育程度及死亡等事项。户籍制度是国家通过户籍和管理,确认公民身份、保护公民权利、维护社会秩序的一项法律制度。

在继续实行户籍簿制度的同时,我国自1984年起开始实行居民身份证制度,根据国务院1984年4月6日颁布的《居民身份证试行条例》的规定,除未满16周岁的公民、现役军人、人民武装警察,以及依法正在服刑的犯人和被劳动教养的人员外,凡居住在中国境内的公民,均应按照规定申领居民身份证。居民身份证登记项目包括姓名、性别、民族、出生日期、住址等。居民身份证是证明自然人个人身份的法律凭证。另外,我国于2003年6月颁布,2004年1月开始实施的《居民身份证法》对居民身份证制度进一步作了更为全面的规定。自然人在进行某些重要的民事活动时,必须出示身份证。

身份证的内容以户籍为依据,因而两者的内容是一致的。不过,两者的法律意义仍有差别。首先,户籍是团体主义的,而身份证是个人主义的。户籍实行一户一本主义,而且户籍还有城市户籍与农村户籍之分,[①]表明的是某一群人的身份状况;身份证遵循一人一证原则,意味着个人获得相对于家庭的独立性,表明的是个人的身份状况。其次,户籍的设立目的在于户政管理,相比之下,户籍具有较浓重的公法色彩。[②]

本章案例:宣告死亡

[案情]

张月英的丈夫陈炎于1986年7月去上海治病,再未回家,张月英及其亲属和

---

① 徐国栋:《民法总论》,高等教育出版社2007年版,第242页。
② 朱庆育:《民法总论》,北京大学出版社2013年版,第401页。

有关部门虽多方寻找,陈炎至今下落不明,于是,她向江苏省淮阴县人民法院提出申请,要求宣告其丈夫陈炎死亡。淮阴县人民法院受理张月英的申请后,依照《民事诉讼法》第168条关于"人民法院受理宣告失踪、宣告死亡案件后,应当发出寻找下落不明人的公告"的规定,于1995年5月9日在《江苏法制报》上发出寻找陈炎的公告。公告发出1年后,陈炎仍无下落。淮阴县人民法院认为,陈炎从家出走之日至今10年没有音讯,虽经申请人张月英多方寻找,法院在报纸上公告查寻,仍下落不明。张月英系陈炎之妻,现申请宣告陈炎死亡,符合《民法通则》第23条关于公民"下落不明满四年的"、"利害关系人可以向人民法院申请宣告他死亡"的规定,法院遂于1996年5月15日判决:宣告陈炎死亡。①

[问题]

由本案出发,谈谈你对我国宣告死亡制度的理解。

[分析]

这是一个案情极为明了但却为最高人民法院公报所刊登的案例。对于本书而言,其存在的目的在于,为初学者展现宣告死亡制度的特殊性。从前述案情可见,宣告死亡制度具有这几个特点:其一,宣告死亡案件总是"缺席"审理,总是由在场者"控告"不在场者,对抗性较小;其二,宣告死亡案件的重要事实有两个,即被申请宣告死亡者离家而音讯全无、通过公告寻找一年仍无音讯。对于第二个事实,较好确定,在本案中,公告期满而仍无音讯则可;而对于第一个事实,则往往难以证明,因为"音讯全无"是消极事实,不可能得到有说服力的证明,申请人仅能够证明"离家"的时间点。本案中,申请人仅证明了自己的多方查找,通过证明积极事实以达到证明消极事实的目的。最后,在司法实践中,宣告死亡案件必然属于少数,因为失踪而音讯全无本就少见,而失踪后满漫长的4年更是罕有。

---

① 吴合振:《最高人民法院公报案例评析·民事卷(一般民事案例)》,中国民主法制出版社2003年版,第295页。

第四章 个体工商户和农村承包经营户

第一节 概述

一、"两户"的现实性

《民法通则》与《民法总则》相隔31年,两个法律体现了不同时代的社会经济和意识形态环境。就"两户"而言,它反映了1986年及以前存在的城乡二元社会结构。31年后,这样的结构瓦解不少,到2016年,我国31个省市全面取消农业户口,并鼓励农民进城发展小城镇。但《民法总则》第54～56条仍规定了"两户",尽管有许多人反对,认为应将"两户"转化为商自然人。保留"农村承包经营户"的理由是:农村承包经营制度跟我国宪政关系大,涉及农村改革和土地制度。全国有两亿多"农村承包经营户",去留影响很大,要拿下要有充分的理由。保留个体工商户的理由是国家工商行政管理局不同意取消它。既然如此,我们就把现实的当作合理的,研究一下户的法律意义以及怎样才是户。

二、户的法律意义

(一)户在我国法律中的体现

家庭在民法中有两个名称:其一,家庭,它归民法中的亲属法调整,这一民法的分支体现了家庭作为人口生产单位的方面;其二,户,它归《民法总则》中的"两户"制度调整。这一民法的分支体现了家庭作为社会生产的一个单位的方面。个体工商户体现了家庭在工商生产中的样态,农村承包经营户则体现了家庭在农业生产中的样态。

在我国法律中,户也是或明或暗地被作为一个主体单位考虑的。例如,1984年以来最高人民法院、最高人民检察院单独或会同发布的司法解释都规定,盗窃自己家中财物或近亲属财物的,可不按盗窃犯罪处理。确有追究刑事责任必要的,也与其他盗窃区别对待。[①] 对这一规定,有"法不入家庭"等解释,我们的解释是盗窃者是家庭财产的共有人,换言之,他并非独立于家庭的主体,所以,他自己"盗"自己的财产不构成盗窃。又如,2010年发布的《最高人民法院关于限制被执行人高消费的若干规定》规定:"不执行法院判决的人,法院可以限制其高消费,因此不得实施下列行为:……(7)子女就读高收费私立学校。"再如,根据如上所述的《中国共产党党员纪律处分条例》,非独公务员本人不得经商,司局级以上的公务员的配偶、子女也不得经商办企业。[②] 在这两例中,"老赖"的子女未曾"赖",高级公务员的配偶子女不曾当公务员,为何也要剥夺或限制他们的有关权利能力?答案很简单:他们不独立,与"老赖"、高级公务员属于一户,在利益上有关联。例如,2009年4月,财政部等多部委联合下发的《家电下乡操作细则》第3条规定:享受补贴的每类下乡家电产品每户农民限购2台(件)。这是以户为主体考虑资源分配。2011年1月26日,国务院出台的为限制房价限制购买二套房的贷款措施,也是以户为主体。[③]

在私法上,户有时也被作为法律关系的主体,例如房屋租赁合同的主体。首先,我们可见《合同法》第234条的规定:承租人在房屋租赁期间死亡的,与其生前共同居住的人可以按照原租赁合同租赁该房屋。其次,我们可见《侵权责任法》第32条的规定:无民事行为能力人、限制民事行为能力人造成他人损害的,由监护人承担侵权责任。监护人尽到监护责任的,可以减轻其侵权责任。假设这里的监护

[①] 鲁昕:《新中国亲属相盗问题研究——以家庭伦理为背景的展开》,载《甘肃政法学院学报》2011年第6期。

[②] 编辑部:《中央和国家机关部分单位关于司(局)级以上领导干部的配偶、子女个人经商办企业的规定》,载《中国监察》2001年第3期。

[③] 林伟祺:《家庭的民事主体地位的研究》,载《商品与质量》2013年第3期。

人是父母,未成年的子女闯祸的,父母赔,体现了责任的"户"性。第三,我们可见《绿色民法典草案》第三分编第 55 条的规定:……(3)配偶一方只有在取得他方明示同意后,才可以解除婚姻住所租赁合同、转让婚姻住所或通过其他法律行为在婚姻住所上设定负担。(4)配偶一方有充分理由需要得到他方同意才可为此等处分,无法得到前款同意或配偶他方无充分理由拒绝同意的,可诉请法院批准。① 故我国学者徐学鹿主张户(家庭)是民法法人。② 第四,我们可见《意大利民法典》的几个规定,典型的是其第 2083 条,其辞曰:自耕农、手工业者、小商人以及其他从事以自己和家庭成员提供劳动为主的有组织的职业活动的人,是小企业主。③ 该条把我国的个体工商经营户和农村承包经营户都包括了,承认了"户"是一种民事主体。既然如此,一些合同就不因缔约的自然人死亡而解除。它们有分益耕种契约(第 2158 条)、共同耕种契约(第 2168 条)、一般牲畜饲养契约(第 2179 条)。最后,我们可见《巴西新民法典》第 626 条的规定:承揽合同不因任一当事人的死亡而消灭,但此等合同明确地考虑承揽人的个人资质订立的,除外。④ 由于合同当事人不是个人而是户,所以,单个承揽人或加工人的死亡不导致合同消灭。

(二)户的法律特征

1. 其成员彼此间具有血缘或亲属关系,这是"户"的题中之意,但不排斥雇工,然雇工的数量不得超过家庭成员的数量,且其工作处在辅助的地位。

2. 其成员互相依存,换言之,彼此不独立。"独立"是一个民法术语。例如,2013 年的《匈牙利新民法典》第 1 条规定:本法根据独立原则和平等原则调整人之间的财产关系和人身关系。⑤ 又如,《朝鲜民法典》第 2 条规定:本法规制平等地位的机关、企业、团体、公民之间形成的财产关系。国家保护机关、企业、团体、公民在民事法律关系中的独立地位。⑥ 这两部民法典都把民法规制的自然人设想为独立

---

① 徐国栋主编:《绿色民法典草案》,社会科学文献出版社 2004 年版,第 192 页。
② 徐学鹿:《商法总论》,人民法院出版社 1999 年版,第 213 页。
③ 费安玲等译:《意大利民法典》,中国政法大学出版社 2004 年版,第 488 页。
④ 《巴西新民法典》,齐云译,中国法制出版社 2009 年版,第 90 页。
⑤ See Act V of 2013 on the Civil Code, On https://tdziegler.files.wordpress.com/2014/06/civil_code.pdf,2015 年 6 月 10 日访问。
⑥ [韩]崔达昆:《北朝鲜の民法・家族法》,日本加除出版株式会社 2001 年版,第 331 页。

的,昭示了独立是一个民法术语,尽管意大利的法律词典只把独立当作一个宪法术语(宪法机关间彼此独立、司法独立)和国际法术语;①中国的词典把独立当作一个国际法术语和军事术语。②

3. 户的成员死亡,并不必然导致其缔结的法律关系消灭,涉及专业技能和人身信任关系的除外。例如,按优士丁尼的《法学阶梯》,以户的成员之一的名义缔结的租赁合同不因户主的死亡而消灭,但以户成员之一的名义缔结的委任合同和合伙合同因订约当事人的死亡而消灭。③

4. 户的成员间彼此可代理而无须专门授权,尤其是夫妻之间。例如,《法国民法典》第 220 条规定:夫妻各方均有权单独订立旨在维持家庭日常生活与教育子女的合同。夫妻一方依次缔结的债务对另一方具有连带约束力。④ 与此相似,最高人民法院《关于适用〈婚姻法〉若干问题的解释》第 17 条规定:因日常生活需要而处理夫妻共同财产的,任何一方均有权决定。

5. 户的成员间的关系类似于全产合伙,各成员除了少量生活用品,不得有异财。

(三)《民法总则》关于"两户"的规定存在的问题

《民法总则》第 54 条规定:"自然人从事工商业经营,经依法登记,为个体工商户。个体工商户可以起字号。"

第 55 条规定:"农村集体经济组织的成员,依法取得农村土地承包经营权,从事家庭承包经营的,为农村承包经营户。"

第 56 条规定:"个体工商户的债务,个人经营的,以个人财产承担;家庭经营的,以家庭财产承担;无法区分的,以家庭财产承担。"

农村承包经营户的债务,以从事农村土地承包经营的农户财产承担;事实上由

---

① Cfr. Federico del Giudice, Nuovo Dizionario Giuridico, Edizione Simone, Napoli, 1998, pp. 638.

② 中国社会科学院语言研究所词典编辑室编:《现代汉语词典》,商务印书馆 1980 年版,第 264 页。

③ Cfr. I. 3,24,6;I. 3,26,10;I. 3,25,5. 中译文参见徐国栋:《优士丁尼法学阶梯评注》,北京大学出版社 2011 年版,第 439 页、449、442 页。

④ 《法国民法典》(上册),罗结珍译,法律出版社 2005 年版,第 207 页。

农户部分成员经营的,以该部分成员的财产承担。

这三个条文有三个问题。第一个是逻辑问题。第52条把个体工商户分为个人经营和家庭经营两种形态,显然,个人经营的形态就不属于户,不应在"两户"的标题下规定。事实上,"个体工商户"的名称就是自相矛盾的,既然是"户",何来"个体"?第二个是平等问题,其表现为两个方面。第54条允许个体工商户起字号,其他条文未允许农村承包经营户起字号,反面解释,农户不可起字号。目前,城乡区隔的社会结构已崩解,城市人干的事,很多农村人也在干,前者可以起字号,后者不可,我们可以认为,后者受到了歧视并因此蒙受经营中的许多不便。第三个是第54条误用自然人概念问题。说"误用",是对比2011年的《个体工商户条例》第2条第1款和第27条的结果。前者规定:"有经营能力的公民,依照本条例规定经工商行政管理部门登记,从事工商业经营的,为个体工商户。"后者规定:"香港特别行政区、澳门特别行政区永久性居民中的中国公民,台湾地区居民可以按照国家有关规定,申请登记为个体工商户。"这两个规范限定可以在中国大陆当个体户的主体必须是大陆地区的中国公民、港澳的中国公民(排除港澳居民中的持有外国护照者)、台湾居民,此等限定把个体工商户资格当作一种利益赋予自己人和值得争取的人,但第54条确允许一切自然人(包括外国人和无国籍人在大陆中国当个体户),把《个体工商户条例》精心设置的各种屏障化为乌有,允许外国人和无国籍人分享过去由中国人独享的利益。这可能并非深思熟虑的结果,而是用自然人术语统一取代公民术语的结果。故我们说"误用"。

饶有兴味的是,立法者在制定第55条时保持了清醒,没有允许一切自然人来当我国的农村承包经营户,而是保留了《民法通则》留下的"农村集体经济组织的成员"的门槛,值得钦佩。

(四)"两户"的体效应

既然《民法总则》规定了两户,那就必须按"户"的本意规定两户制度。"户"的本意是不同于自然人和法人的一种民事主体。对此,这里有罗马私法的蓝本可以参考。

罗马私法除了个别情形以个人为主体外,都是以户为主体,表现为大家熟悉的家父制度。户被理解为一个法人,家父是其法定代表人。

当然，罗马私法规定的是一般的户，《民法总则》规定的是商户。未来的中国民法典如果要采用"户"的制度，不见得要全面照搬罗马私法的规定，但以下规定必不可少，不然，就规定的不是户，而是个人：

1. 在总则编规定"两户"资格的转让以及法律关系的承担，并规定"两户"成员互有代理权，有相反约定的除外。

2. 在物权编规定"两户"成员的财产实行共同共有。对于农户，还应规定保证重要农业生产资料不因其领导成员的死亡而通过继承程序分散的问题。①

3. 在债编规定"两户"的成员死亡并不导致其缔结的法律关系消灭，此等关系由其他家庭成员承担，涉及专业技能和人身信任的除外

4. 在亲属编规定家庭会议制度，将此作为户的决策机关，由此等会议推选户主，作为户的执行机关。

5. 在继承编规定户主的死亡才导致遗产分配。

6. 在民诉法上，规定"户"具有诉讼主体资格。原告告"户"即可，不必告具体的家庭成员。

由此可见，"户"是一个有体效应的制度，做了这些规定，就实现了"户"化。《民法总则》没有"户"化。显然，其制定者是在未理解"户"的制度的意义的情况下规定"两户"的。

第二节　个体工商户

一、概念

个体工商户是按照《个体工商户条例》进行登记，有固定经营场所、以家庭或个人的形式从事工商业活动的商事主体。

个体工商户要进行商业登记并有固定经营场所，此即区别于流动商贩。后者

---

① 与此相应的制度有家人遗产信托。参见徐国栋：《帕比尼安在其〈问题集〉中对地方论的运用》，载《法学》2016年第3期。

由于占道经营、出售的食品不卫生等问题经常遭到城管的打击,有时引发流血冲突。有人呼吁取缔,有人呼吁合法化,例如,广东省就打算如此。无论如何,流动商贩是与个体工商户不同的一种商事主体。

个体工商户可以家庭经营,此时,整个户构成一个家庭合伙。家庭合伙中往往不存在合伙协议,家庭成员以相互默契的方式参加共同经营,以同样的方式分派盈利和亏损。当然,个体工商户也可以个人经营,这个时候的"户"名不符实,实际上是商自然人。

要指出的是,根据《个体工商户条例》第21条,无论以何种方式经营,个体工商户都可以雇工。雇工的数量无上限。雇工的形式可以是学徒、帮手,也可以是某方面的技术能手或一般的工人。允许雇工减少了个体工商户的家族性。但雇主必须与雇工订立劳动合同,保障后者的合法权益,包括为他们购买各种必要的保险。

个体工商户只能从事工商业活动,不能从事农业活动。这是个体工商户的题中之意。个体工商户经营旅馆、印刷、刻字等特种行业的,必须得到管理部门的批准。

个体工商户的设立以营利为目的,所以是商事主体,是企业。

二、登记

个体工商户因在其经营场地所在地的工商行政管理局完成登记而成立。登记事项包括经营者的国籍、姓名和住所、组成形式、经营范围、经营场所。个体工商户使用字号的,此等字号也作为登记事项。工商局审查此等事项合格的,发给营业执照。

尽管在广州、义乌等城市已有大量的外国人经商,但他们不能以个体工商户的形式在中国经营,因为按照《个体工商户条例》第2条和第27条的规定,只有中国公民、港澳永久居民中的中国公民、台湾地区的居民可以在我国当个体工商户。所以,个体工商户的经营形式是从属于中国公民身份或准中国公民身份拥有者的一项特权。中国公民是中国大陆居民中拥有中国国籍者。港澳永久居民中的中国公民是港澳永久居民中的拥有外国国籍者的对称。香港有350万人是英国海外国民。澳门也有10多万人拥有葡萄牙国民身份,这些人就不具有在中国大陆当个体工商户的资格。台湾尚未回归,基于九二共识,台湾居民是准公民,可以在中国大陆当个体工商户。事实上,"宝岛眼镜"就是一家台湾人在大陆开的个体工商户企业,现在已在全国发展出很多分号。对于申请个体工商户登记的外国人和无国籍人,工商管理局应驳回之,以保护我国的劳动市场。

我国的农村居民也是中国公民,具有申请个体工商户的资格。

个体工商户除了要办理营业登记外,还要办理税务登记。此等登记在取得营业执照后进行。

营业执照和税务登记是个体工商户在银行或其他金融机构开立账户的必要条件。

三、歇业

个体工商户歇业的,必须对自己的债权债务进行清算,然后到工商管理局办理注销登记。而后,个体工商户可卸下商人身份,从事其他工作。

第三节　农村承包经营户

一、概念

依法取得农村土地承包经营权的农村集体经济组织的成员,全部家庭成员或部分成员参与农业经营的,为农村承包经营户。

按照这个定义,农村承包经营户必须是农村集体经济组织的成员。农村集体经济组织,指原生产大队建制经过改革、改造、改组形成的经济组织村。它拥有土地所有权。农村集体经济组织的成员即乡民。换言之,城市居民、港澳永久居民中的中国公民、台湾地区居民、外国人和无国籍人无承当农村承包经营户的资格。由此可见,农村承包经营户是我国的农村社会组织制度。

农村居民取得的农村土地承包经营权是占有、使用、收益并一定程度上处分承包土地的权利。类似于罗马法上的永佃权。承包地必须用于农业,不得变更为其他用途。

农村居民取得此等土地承包经营权所依据的法律有:《农村土地承包法》(2002

年)、《农村土地承包经营权流转管理办法》(2005 年)。

按照这个定义,农村承包经营户可以家庭经营,也可以个人经营。农业劳动以户为单位进行,是世界各国通例,因为这种劳动繁重、类型琐细,个人力量难以承担,需要合作的团体才能承担。但由于剪刀差的存在,农业劳动价值偏小,不少农村集体经济组织的成员进城务工,留下部分家庭成员留守农村,形成一家两制的局面。此时,不必让不参与务农的家庭成员承担务农家庭成员的债务的责任。

二、农村承包户的团体人格

农村承包经营户尽管不是法人,但具有法人的某些特性。即户的主体资格不因其成员的变化受影响,换言之,承包户个别成员的死亡、外嫁、外地入赘以及因读书、入伍、服刑或其他原因户籍外迁的,不影响原承包关系,发包方不得强行收回承包土地。只有在全体家庭成员都死亡时,承包关系才消灭。反过来,承包经营户成员因为出生、收养等原因增加的,原承包关系也不受影响。

三、土地承包经营权的流转

通过家庭承包取得的土地承包经营权可以依法采取转包、出租、互换、转让或入股等方式流转,以此达成土地的相对集中,形成规模经营,尤其是作田能手下的规模经营。这样就形成了承包权与经营权的分离。

转包是承包经营户与相对人签订再承包合同,把土地移转给后者进行农业经营。出租是承包经营户把承包地租给相对人进行农业经营。互换是同一集体经济组织的成员为了利用土地的便利或其他考虑,相互交换彼此的承包地。转让是有稳定的非农收入的承包经营户将全部或者部分土地承包经营权转让给其他从事农业生产经营的农户,由该农户同发包方确立新的承包关系。入股是承包经营户将土地承包经营权入股,从事农业合作生产。

根据法律的要求,采取转让方式流转的,应当经发包方同意;采取转包、出租、互换或者其他方式流转的,应当报发包方备案。

本章案例：个体工商户的债务承担

[案情]

李霞与张强是夫妇，2016年，李霞开了一家餐馆，遭到丈夫张强的反对，双方签订了一份协议，约定：李霞开店的一切责任自负，双方的各自收入归个人支配。李霞在经营中效益时好时坏，但张强从不过问。李霞开店后经常以营业收入为家中购置共同的生活用品，但两人的收入的确各自保管。2017年，李霞由于几次操作失误，造成餐馆亏损，欠下5万多元债务。2018年初，债主纷纷前来讨债，李霞售出餐馆并用自己的存款还债，结果仍欠王程1万多元。王程向李霞要不到全部欠款，便向法院起诉，请求以张强的存款偿还。法院经查实，张强在银行有5万元存款。

[问题]

王程是否有权请求张强偿还李霞所欠的债务？

[分析]

《民法总则》第56条规定："个体工商户的债务，个人经营的，以个人财产承担；家庭经营的，以家庭财产承担；无法区分的，以家庭财产承担。"判断是个人经营还是家庭经营，应看张强与李霞的协议。这份协议载明李霞开店的一切责任自负，所以，王程无权要求张强代妻还债。但是，李霞经常以餐馆的营业收入购买家庭日常用品，此等用品为营业收入的转化物，王程可在此等转化物的价值范围内诉追张强。

第五章 法人

第一节 法人概述

一、法人的起源与概念

法人(legal person)是由法律创设的民事主体,它是与自然人(natural person)相对的概念。虽然早在古罗马就有团体或组织,但当时罗马法学家并未提出抽象的法人概念,也未对法人制度作出全面的阐述。教皇英诺森四世(1195—1254年)于1239年用"拟制人"(persona ficta)这个词指称我们说的法人。托马斯·阿奎那(1225—1274年)进一步用观念人(persona morale)指称我们说的法人。1794年的《普鲁士普通邦法》最早把观念人的术语用在立法中,与物理人形成对立。1865年的《萨克逊民法典》进而用法学家人(Juristische personen)指称我们说的法人,意在强调法人制度出自法学家的创造。所以,学者一般认为现代意义上的法人制度肇始于《萨克逊民法典》。1896年的《德国民法典》继续使用法学家人的术语至今。legal person是一个非常晚近的表达,是立法确立的人的意思。

我国《民法总则》对法人作了明确的界定,该法第57条规定,"法人是具有民事权利能力和民事行为能力,依法独立享有民事权利和承担民事义务的组织"。按照这个界定,法人是具有民事主体资格的社会组织。也就是说,《民法总则》第57条在法人的本质这个问题上采取的是法人实在说。

关于法人本质上是什么这个问题,主要有三种学说,即法人拟制说、法人否认说和法人实在说。法人拟制说认为,法人是法律以虚构的方式拟制出来的主体。法人否认说认为,法人并不存在,不仅不是事实上的存在,也不是法律上的主体。在这一认识前提下,又有目的财产说、受益人主体说以及管理者财产说。其中,目的财产说认为,法人本质上是为了达到特定目的而由多数自然人的财产集合而成的财产;受益人主体说认为,法人其实是享有法人财产利益的个人;管理者财产说认为,管理财产的自然人才是法人。法人实在说认为,法人不仅是事实上的存在,也是法律上的主体。此学说又细分为有机体说与组织体说两种。其中,有机体说认为,法人是社会有机体,而自然人是自然有机体,两者都有意思能力,因而都成了民事主体;组织体说认为,法人是社会组织体。法人否认说将法人与法人的财产、法人机关或法人成员相混淆,已经趋于式微,而法人有机体说将法人与自然人视为同属于社会有机体,难免牵强,唯独法人拟制说与法人组织体说仍有分析力。两种学说体现在立法上会有不同的制度构造,由于法人拟制说否认法人的事实存在,采纳此说的立法便赋予法人以民事权利能力而否认法人的民事行为能力,法人便如同无行为能力人那样,所有民事法律行为都通过它的法定代理人来完成,法人机关便是法人的法定代理人。由于法人组织体说承认法人的事实存在,法人机关仅仅是法人的手脚,法人机关与法人之间的关系便属于代表。

二、法人的特征

由法人组织体说出发,法人主要有以下特征:

第一,法人是一种社会组织。法人是一种团体,一种社会组织,而非单个的自然人。这种团体或组织可以由多个自然人组成,也可以由一定目的性财产组成。前者称为社团法人,后者称为财团法人。无论是社团法人还是财团法人,在法人成立之后,其构成主体都具有复合性,从而与作为单个主体的自然人有所不同。正因为如此,法人具有独立的法律人格,即在法律人格上,法人与其设立人、成员相互独立。

第二,法人拥有独立财产。独立财产是独立人格的物质基础,也是法人独立从事民事活动的前提。"独立财产"的表述旨在描述法人与其设立人、成员之间的财产关系。具体而言,"法人拥有独立财产"有三层含义:其一,法人的财产独立于其他法人和自然人的财产；其二，法人的财产独立于法人成员的财产；其三，法人的财产独立于其设立人的其他财产。

第三，法人独立承担责任。法人独立承担责任，是指法人仅以自身的财产对其债务承担民事责任，法人的成员或设立人均不对法人的债务承担责任，反过来说，法人也不对其成员或设立人的债务承担责任。独立责任与独立财产、独立人格紧密关联，法人独立承担责任是法人具有独立财产的必然结果，也是法人具有独立人格的直接诠释。

第四，法人以自己的名义从事活动。法人既然是独立人格体，必然具有自己的名称，因为名称的意义在于区分彼此。法人作为具有独立人格的社会组织，必须以自己的名称从事民事活动，才能将它自身与其成员、设立人或其他法人区别开来。可见，法人的独立人格与法人以自己的名义从事活动同样也具有内在联系。

三、法人的分类

由于各国的社会制度和法律传统的不同，其法人的分类标准和方法也有所不同。不过，从比较法角度看，了解外国法的分类，有助于我们较为全面地认识法人的特征和属性。

（一）大陆法系国家的法人分类

1. 公法人和私法人

以法人设立的目的及法律依据为区分标准，法人被分为公法人与私法人。公法人，是指以公共利益为目的，由国家或公共团体依宪法、行政法等公法或政府命令而设立的，行使或分担国家权力或政府职能的法人。私法人，是指以私人利益为目的，依民事法律而设立的法人。

区分二者的实益在于诉讼管辖的不同以及犯罪问题的构成的不同。

2. 社团法人和财团法人

以法人成立的构成要素为区分标准，私法人被分为社团法人与财团法人。有学者称之为"人的集合"（universitates personarum）或"财产集合"（universitates bonorum），这是大陆法系国家对法人的最基本分类。社团法人以人的集合为基础，比如公司；财团法人以物的集合为基础，是为一定的目的而存在的财产集合体，比如基金会。

二者最大的区别在于,社团法人是追求本身利益的自我性组织,社团法人的成员即社团法人的主人,也是社团法人的利益或宗旨的主体;而财团法人的宗旨是实现设立人所定的某些社会性的利益,因此,财团法人是追求他人利益的非我性组织。以此为核心,两者相应地存有一些区别:其一,成立基础不同:前者以人为基础,因而有组织成员;后者以财产为基础,因而无法人成员;其二,设立人的地位不同:前者的设立人在法人成立时成为法人的成员,享有社员权;后者的设立人在法人成立时与法人脱离,并无社员权;第三,设立行为不同:前者为多方行为、生前行为;后者为单方行为,而且常常为死因行为;最后,目的不同:前者的目的在于实现法人成员的利益;后者的目的在于实现法人设立人的某些构想或愿望,而真正受益的是不特定的第三人。

3. 营利法人、公益法人和中间法人

以法人成立的目的为区分标准,私法人被分为营利法人、公益法人和中间法人。营利法人,是指以营利为活动目的,并将所得利润在成员中加以分配的法人。公益法人,是指以公益为活动目的的法人,如慈善组织。此处所谓的公益,是指社会利益,即不特定的多数人的利益,且一般是非经济的利益。① 中间法人,是指既非以营利为目的又非以公益为目的法人,此类法人既不宜归于营利法人,也不宜归于公益法人,如商会、联谊性团体等。值得注意的是,中间法人是晚近出现的概念,它是因营利法人和公益法人的二分法无法解决既非营利又非公益的社会团体的身份确定问题而创造出来的概念。②

4. 本国法人与外国法人

以法人的国籍为区分标准,法人被分为本国法人与外国法人。至于如何判断法人的国籍,各国标准不一,有的国家以法人的成立地为标准,有的国家以设立法人所依据的法律为标准,有的国家以法人的住所地为标准,还有的国家以作为法人成员的自然人的国籍为标准。我国以法人的成立地和设立法人所依据的法律为标准,即依照我国法律在我国境内设立的法人是中国法人,否则为外国法人。按照国

---

① 梁慧星:《民法总论》,法律出版社 2001 年版,第 146 页。
② 徐国栋:《民法总论》,高等教育出版社 2007 年版,第 269 页。

民待遇原则,外国营利法人和本国营利法人的民事权利能力和民事行为能力基本上是一致的。然而,基于国家经济安全的考虑,我国在有些情形中对外国法人会有一些限制,比如禁止从事某些行业。而在有些情形中,我国对外国法人也会经常有一些优惠措施,比如,为了吸引投资,对外国法人予以税收减免。

(二)英美法系国家的法人分类

在英美法系国家,没有社团法人与财团法人之分,它们不承认财团法人,认为所有的法人都是社团或公司。大陆法系中的财团法人的社会功能在英美法中部分地由公益信托制度来承担。所谓公益信托,就是指将财产交给专门委任的人以为不特定的受益人的利益而进行经营管理的制度。①

英美法主要将法人分为集体法人与独任法人。集体法人是指由多数人组成且可以永久存在的社会组织,如国家机关、公司等;独任法人是指一个人依法律的确认而享有法人资格的情形,如教区的教长。法律认为这种职位永久存在,担任该职位的人的人格与此职务无关,故法律赋予其法人人格。②

(三)我国现行立法的法人分类

我国《民法总则》没有完全采纳大陆法系对法人的传统分类,并未对我国实际存在的主要法人种类做过多的提取公因式。《民法总则》使用的属概念只有三个,即营利法人、非营利法人以及特别法人。营利法人与非营利法人是一对非此即彼的范畴,而特别法人是一个兜底概念,即将前一组概念所不能包含的法人类型放置在这个概念里面。其实,《民法总则》的法人分类仍然以《民法通则》的法人分类为底版,前述概念的使用仅仅是在概念体系上稍微改动。③《民法通则》根据法人所从事的业务活动的不同,将法人分为企业法人、机关法人、事业单位法人和社会团体法人。《民法总则》增设了捐助法人、农村集体经济组织法人、城镇农村的合作经济组织法人、基层群众性自治组织法人。所有这些法人类型被安放在营利法人、非营利法人以及特别法人这三个概念下面。

---

① 徐国栋:《民法总论》,高等教育出版社2007年版,第270页。
② 徐国栋:《民法总论》,高等教育出版社2007年版,第270页。
③ 由于该三个属概念所囊括的法人类型,具有极强的异质性,导致使用该三个概念的意义极其受限。参见张谷:《管制还是自治,的确是个问题——对〈民法总则(草案)〉"法人"章的评论》,载《交大法学》2016年第4期。

1. 营利法人

从区分标准上看,《民法总则》的营利法人概念与大陆法系国家的营利法人概念是一致的,即以取得利润并分配给法人成员作为营利的要件。该法第76条第1款规定:"以取得利润并分配给股东等出资人为目的成立的法人,为营利法人。"从该概念所包含的法人类型来看,营利法人与《民法通则》的企业法人概念是等值的。《民法总则》第76条第2款规定:"营利法人包括有限责任公司、股份有限公司和其他企业法人等。"

企业法人,是指以营利为目的、独立从事商品生产和经营活动的法人。依所有制的不同,企业法人又被分为国有企业法人、集体企业法人和私营企业法人。而根据组织形式的不同,企业法人还可分为公司法人和非公司法人。而公司法人则包括有限责任公司和股份有限公司。另外,如果根据是否有外资参与这一标准来加以判断,企业法人还可以被进一步分为中资企业法人、中外合资经营企业法人、中外合作经营企业法人和外资企业法人。

2. 非营利法人

非营利法人作为营利法人的对反概念,是指为公益目的或者其他非营利目的成立,不向出资人、设立人或者会员分配所取得利润的法人(《民法总则》第87条第1款)。按照《民法总则》第87条第2款以及第92条的规定,非营利法人包括事业单位法人、社会团体法人以及捐助法人,而捐助法人的主要类型有基金会、社会服务机构以及宗教活动场所。

事业单位法人,是指为了社会公益事业,由国家机关或者非法人组织利用国有资产主办的,从事文化、教育、卫生、体育、新闻等公益事业的单位。按照《民法总则》第88条的规定,事业单位是提供公益服务的法人。尽管有些事业单位有从事经营活动,但只要不以营利为目的,即不向法人成员分配利润,仍然不影响其公益性的认定。

社会团体法人,是指由自然人或法人自愿组成,为实现会员共同意愿,按照其章程开展活动的非营利性法人,如中国法学会、中国律师协会等。社会团体法人又可进一步分为学术性社会团体法人、行业性社会团体法人、专业性社会团体法人和联合性社会团体法人等。社会团体法人不得从事营利性的经营活动,虽然它们在有些业务中可以收取一定的费用。按照《民法总则》第90条的规定,社会团体法人是为公益目的或会员共同利益而设立的社会团体。这个概念类似于大陆法系国家的公益法人与中间法人。为公益目的设立的社会团体法人类似于公益法人,而为会员共同利益而设立的社会团体类似于中间法人。前者如九三学社、民盟等民主党派等开放性的社会团体,后者如法学会、律协、商会、校友会等封闭性、身份性的社会团体。

捐助法人是为公益目的以捐助财产设立的法人(《民法总则》第92条第1款),其包括基金会、社会服务机构以及宗教活动场所。前者如宋庆龄儿童基金会、茅盾文学奖基金会、中国残疾人福利基金会;中者如帮助农民工、残疾人等弱势群体的社会服务机构;后者如寺庙、宫观、清真寺、教堂。①

值得指出的是,我国法的非营利法人概念是否能与大陆法系的公益法人、中间法人概念等值?答案是否定的,因为我国法的非营利法人包含了公法人,而大陆法系的公益法人、中间法人都是私法人。有些事业单位法人、社会团体法人便有公法人的性质,例如全国中华总工会、社科联以及公立大学。中国人民大学设立的基础是1949年12月16日原中央人民政府政务院第十一次政务会议作出的"关于成立中国人民大学的决定";中国红十字会、海协会的成立基础则分别是《中国红十字会法》(1993年)和《海峡两岸关系协会组织章程》(1991年)。②

3. 特别法人

作为营利法人与非营利法人概念的兜底概念,特别法人成为一个大杂烩。按照《民法总则》第96条的规定,特别法人囊括的法人类型有机关法人、农村集体经济组织法人、城镇农村的合作经济组织法人、基层群众性自治组织法人。

机关法人,是指依照法律或行政命令组建的、有独立财政预算经费的各级机关和承担行政职能的法定机构(《民法总则》第97条)。前者包括各级权力机关、行政机关、司法机关、军事机关以及中国共产党的党务机关;后者是依特定立法设立,依照国家有关法律、法规、规章规定进行监管,具有独立法人地位的机构。其特点是

---

① 《民法总则》第92条第2款:"依法设立的宗教活动场所,具备法人条件的,可以申请法人登记,取得捐助法人资格。法律、行政法规对宗教活动场所有规定的,依照其规定。"

② 张谷:《管制还是自治,的确是个问题——对〈民法总则(草案)〉"法人"章的评论》,载《交大法学》2016年第4期。

机构法定、动作独立、治理规范、权责相应。① 法定机构是我国事业单位分类改革过程中产生的新生事物。按照中共中央、国务院《关于分类推进事业单位改革的指导意见》(中发〔2011〕5号),"今后5年,在清理规范基础上完成事业单位分类"。即仅保留以公益为目的事业单位,以从事生产经营活动为主的事业单位逐步转为企业,而主要承担行政职能的事业单位逐步转为行政机构。在这个分类转化过程中,原事业单位所承担的公共服务职能需要填补,广东省内的广州、深圳、珠海、顺德等地便先行先试,探索开展法定机构试点。② 机关法人因行使职权的需要而从事民事活动时,如购置办公用品、租用房屋或交通工具等,是民法意义上的法人,而当它代表国家从事各种行政管理工作时,它是行政法上的主体。

《民法总则》第99条赋予农村集体经济组织以法人资格,农村集体经济组织其实是农民集体的代表性机构,因为按照《物权法》第60条第1项的规定,村农民集体所有的土地由村集体经济组织代表集体行使所有权。农村集体经济组织包括村一级的集体经济组织与代表村内不同农民集体的集体经济组织(《物权法》第60条第2项),以及代表乡镇农民集体的乡镇集体经济组织(《物权法》第60条第3项)。如果农民集体未设集体经济组织,其代表性机构便是村委会或村民小组。

根据《民法总则》第100条、101条的规定,城镇农村的合作经济组织、村委会、居委会也具有法人资格。从目前村委会、居委会所承担的职能来看,这类法人是准公法人。

第二节 法人的民事能力

一、法人的民事权利能力

(一)法人民事权利能力的概念和特征

法人的民事权利能力,是指法人能够参与民事法律关系,享有民事权利,承担

---

① 深圳市《关于推行法定机构试点的意见》。
② 张谷:《管制还是自治,的确是个问题——对〈民法总则(草案)〉"法人"章的评论》,载《交大法学》2016年第4期。

民事义务的资格。法人依法成立后,便获得民事权利能力,也就意味着它具有独立的民事主体资格,可以参与民事活动,享有民事权利,承担民事义务。

法人民事权利能力的特征在法人民事权利能力与自然人民事权利能力的比较中得到展现。法人与自然人虽同为民事主体,但法人与自然人的民事权利能力却存有差异。两者的差异主要表现在两个方面:其一,两者开始与终止的时间不同。自然人的民事权利能力始于出生、终于死亡(《民法总则》第13条),而法人的民事权利能力是始于法人成立、终于法人终止(《民法总则》第59条);其二,两者的范围不同。由于自然人与法人性质上的不同,法人作为社会组织体,不享有自然人所享有的诸如生命、健康、配偶等法律关系的民事权利能力,而法人所享有的某些法律关系的民事权利能力,也为自然人所无,比如作为法人的保险公司享有的开展保险业务的民事权利能力,而自然人便无此民事权利能力。

可见,法人民事权利能力的特征有:其一,人为性。即法人民事权利能力的得丧基础是人的行为,如法人设立行为、法人注销登记行为。这与导致自然人民事权利能力得丧的自然事件即出生、死亡有本质上的区别。其二,差异性。不同类型、不同行业的法人的民事权利能力各不一样,例如,造船厂与服装贸易公司的民事权利能力应当不一样,因为造船厂不能卖服装。而且法人民事权利能力与自然人民事权利能力也不一样。从这个意义上看,我们不能说法人的民事权利能力一律平等。

(二)法人民事权利能力的限制

各国民法都承认法人的民事权利能力受到一定的限制。一般认为,法人的权利能力受到以下三个方面的限制,即性质上的限制、法律上的限制以及目的事业上的限制。然而,从我国现行法的规定来看,目的事业上的限制已经不存在。那么,法人民事权利能力的限制仅来自两个方面:

1. 性质上的限制。性质上的限制是指由法人与自然人在性质上的差异而产生的对法人民事权利能力的限制。一般而言,基于自然人的天然属性而专属于自然人的民事权利能力,法人均不能享有,例如法人并无针对身体权、健康权等法律关系的民事权利能力。

2. 法律上的限制。出于某些目的,许多特别法对法人的民事权利能力予以特别限制,例如,根据我国《担保法》第 8 条、第 9 条的规定,机关法人和以公益为目的的事业单位法人、社会团体法人不得为保证人。在国家限制经营、特许经营的行业,具有民事权利能力的仅为取得该经营执照的法人。

另外,这里有必要对目的事业是否对法人民事权利能力有所限制作出说明。所谓目的事业,指的是这两种情形:其一,对于须经核准登记才能成立的法人而言,目的事业是指该法人所承担的职能或设立的目的。按照《民法总则》第 88 条、第 90 条的规定,有些事业单位法人、社会团体法人无须登记即取得法人资格。例如,民主党派就是免登记的法人。① 这类法人的目的事业只能从其设立目的中推演。其二,对于须经核准登记才能成立的法人而言,其目的事业其实是指法人核准登记的经营范围,而此经营范围承载于营业执照或登记证书中。按照《民法通则》第 42 条以及第 49 条第 1 项的规定:企业法人应当在核准登记的经营范围内从事经营,如果企业法人超出登记机关核准登记的经营范围从事非法经营,除法人承担责任外,对法定代表人可以给予行政处分、罚款,构成犯罪的,依法追究刑事责任。而且最高人民法院 1987 年 10 月 10 日发布的《关于适用〈涉外经济合同法〉若干问题的解答》明确规定:超越经营范围订立的合同无效。这的确可以理解为目的事业对企业法人的民事权利能力有所限制。然而,1999 年的《合同法》第 50 条规定,"法人或者其他组织的法定代表人、负责人超越权限订立的合同,除相对人知道或者应当知道其超越权限的以外,该代表行为有效"。② 1999 年的最高人民法院的《合同法解释(一)》第 10 条规定,当事人超越经营范围订立合同,人民法院不因此认定合同无效,但违反国家限制经营、特许经营以及法律、行政法规禁止经营规定的除外。这一规定已经"明白无误地终结《民法通则》第 42、49 条确立的越权无效制度"。③ 这说明在我国现行法中,目的事业已经不再是限制法人民事权利能力的因素了。这样一来,尽管目的事业仍然是成立营利法人的登记事项之一或设立非营利法人的首要考量因素,这些规定也仅仅会成为管理性规范。也就是说,法人于目的事业之

---

① 张谷:《管制还是自治,的确是个问题——对〈民法总则(草案)〉"法人"章的评论》,载《交大法学》2016 年第 4 期。

② 朱广新认为,此条的"超越权限"包含《民法通则》第 42 条、第 49 条规定的"超出经营范围"。参见朱广新:《法定代表人的越权代表行为》,载《中外法学》2012 年第 3 期。

③ 朱广新:《法定代表人的越权代表行为》,载《中外法学》2012 年第 3 期。

外从事民事法律行为,只要不违反国家限制经营、特许经营以及法律、行政法规禁止经营的规定,该民事法律行为有效,但是该法人会因为违反该管理性规范而受到行政处罚。

二、法人的民事行为能力

法人的民事行为能力,是指法律赋予法人通过自己的行为参与民事活动,取得民事权利、承担民事义务的资格。法律在赋予法人民事权利能力的同时,也赋予法人以民事行为能力,以使法人能够作为民事主体,以自己的行为实际地参与民事活动,取得民事权利,承担民事义务。

与自然人的民事行为能力相比,法人的民事行为能力具有以下特点:

1. 法人的民事行为能力与民事权利能力同时产生和消灭,两者的起止时间完全一致。而自然人的民事权利能力和民事行为能力的起止时间并不一致,自然人先有民事权利能力,后有民事行为能力。

2. 法人的民事行为能力以团体意思为前提,由法人机关践行。民事行为能力的前提是民事主体具有一定的意思能力。自然人可以通过自己或代理人表示自身的意思;法人可通过其内部组织机构产生自身的团体意思,并通过法人的机关或授权委托代理人来表示该团体意思。

上述关于法人民事权利能力和民事行为能力的说法,都是通说。但有学者认为,法人的民事能力的制度安排其实是比照自然人的民事能力制度进行的,然而,法人其实并不像自然人一样,有一个先出生、后逐步成熟的过程,因此,对于法人,我们其实只需谈论权利能力即可。[①] 此论可资借鉴与反思。

另外,一般学者会将法人的民事权利能力和民事行为能力的范围完全一致作为法人民事行为能力的特点之一,认为法人的民事权利能力各不一样,法人的民事行为能力也各不一样,法人的民事行为能力的范围应以法人的民事权利能力的范围为标准。然而,值得思考的是,法人的民事权利能力有范围,但法人的民事行为能力有范围吗?从民事行为能力的界定来看,民事行为能力并无范围,这个概念所描述的是能不能独立作出民事法律行为,而不是在哪些事项上可以作出民事法律

---

① 徐国栋:《民法总论》,高等教育出版社 2007 年版,第 276 页。

行为。既然法人有法人机关,法人便有完全民事行为能力,至于法人不能参与某些法律关系,是因为法人对该法律关系无民事权利能力,而不是因为该法人无民事行为能力。

第三节　法人的机关

一、法人机关的概念和特征

法人机关,是指根据法律、法人章程的规定,具有独立权限以负责法人事务的经营管理和代表法人进行民事活动的机构或个人。作为一种社会组织,法人必须具备自己的机关,以形成自己的意思,完成自己的各种对内和对外的活动,因此,可以说,法人的机关是法人赖以存在并维持自己的法律人格所必不可少的条件。

法人的机关有如下法律特征:

1. 法人机关是根据法律、行政法规或法人章程的规定而设立的。在我国,企业法人、机关法人、事业单位法人的机关是依照法律或行政法规的规定而设立的,而社会团体法人的机关主要是依照法人章程的规定而设立的。

2. 法人机关是法人的有机组成部分。作为社会组织体,法人必须有各种法人机关以负责其运营管理。如果将法人比拟为自然人,法人机关就相当于法人的身体的各个重要部分。从这个意义上讲,各个法人机关是整个法人的有机组成,法人与法人机关的关系是整体与部分的关系。

3. 法人机关是形成、表示和实现法人意志的机构。由于法律是行为规范,那么,分析法律问题便应当以行为为关键点,而行为的核心是意志。以意志为着眼点来分析法人机关,法人机关便是形成、表示和实现法人意志的机构。

4. 法人机关由单个的个人或集体组成。由单个的个人形成的法人机关被称为独任机关,如全民所有制企业的厂长或经理;由集体组成的法人机关被称为合议制机关,如股份有限公司的股东大会、董事会、监事会。

需注意的是,法人机关不同于法人的组织机构。法人的组织机构外延很大,法人机关是法人组织机构的重要组成部分,仅指法人组织机构中的权力机关、执行机关、代表机关与监督机关。

二、法人机关的种类

一般而言,根据法人机关在法人活动中所发挥的作用的不同,法人机关可被分为意思机关、执行机关、代表机关和监督机关。

1. 意思机关

法人的意思机关,又称权力机关,是法人自身意思的形成机关,有权决定法人的生产经营或业务管理的重大问题。按照我国《民法总则》的规定,营利法人应当设权力机构。营利法人的意思机构行使修改法人章程、选举或者更换执行机构、监督机构成员,以及法人章程规定的其他职权(《民法总则》第80条)。营利法人的意思机关是股东会(有限责任公司)、股东大会(股份有限公司),而社会团体法人的权力机关是会员大会或会员代表大会(《民法总则》第91条第2款),如工会的会员代表大会。其他法人并无意思机关。机关法人、事业单位法人、农村集体经济组织法人、城镇农村的合作经济组织法人以及基层群众性自治组织法人的运营管理中的重大意思由法律、行政法规来决定。而捐助法人的意思则由已经记载于法人章程中的捐赠人意思来决定。

值得注意的是《民法总则》第89条、第93条、第94条所使用的"决策机构"概念的理解问题。该法第89条规定:事业单位法人设理事会的,除法律另有规定外,理事会为其决策机构。而第93条第2款又规定:捐助法人应当设理事会、民主管理组织等决策机构,并设执行机构。从性质上看,"决策机构"既非权力机关也非执行机关,因为该法统一使用"权力机构""执行机构"以指称权力机关、执行机关,而且第93条第2款中使用"决策机构,并设执行机构"的表述,说明了决策机构与执行机构的异质性。决策机构应当属于意思机关的一种,也就是说,理论上的意思机关在立法上有权力机构与决策机构两种。前者为营利法人所设立,是法人事关重大决策的意思的形成机构,而后者是细化捐赠人的意思或者法律、行政法规所体现的意思的形成机构。两者的区别在于,法人形成意思时是否受到他人意志的约束,前者是,而后者否。后者的合理化基础是它的设立既能保证事业单位法人、捐助法人在法律、行政法规所确立的目的、捐赠人的意思下运营,又能使两类法人能够应对实践中的种种变化。

2. 执行机关

法人的执行机关,是法人意思的执行机构,其功能在于贯彻落实法律、行政法规以及法人章程所规定的事项或者法人意思机关所决定的事项。所有法人都有执行机关。在我国,营利法人的执行机关是董事会或执行董事,"执行机构行使召集权力机构会议,决定法人的经营计划和投资方案,决定法人内部管理机构的设置,以及法人章程规定的其他职权"(《民法总则》第81条第2款)。社会团体法人的执行机关是理事会(《民法总则》第91条第3款)。

3. 代表机关

法人的代表机关,即我国法所规定的法定代表人,是指对外代表法人进行民事活动的特定个人。从民事法律事实体系上看,需要以固定的代表机关予以进行的民事活动仅限于意思表示行为,而意思表示行为包括法律行为与准法律行为。也就是说,对于意思表示行为之外的事实行为与违法行为,并不是必须由法人代表机关作出的才由法人承担应当的法律后果。法定代表人之外的职员的职务行为导致他人损害由法人承担民事责任,一般职员接受法人债务人的给付也能够导致法人与他人的债消灭。在这些场合中,法人与他人的法律关系的联结点并不固定为法人代表机关。就意思表示行为而言,法人与法人代表机关的关系是代表关系,即法定代表人的意思表示行为被视为法人自身的行为;而法定代表人之外的职员与法人的关系是代理关系,即一般职员就其职务范围内以法人名义实施的意思表示行为则适用职务代理而对法人产生效力。[①]

营利法人的法定代表人由法人章程来规定,可能是董事长、执行董事、经理或者其他主要负责人。[②] 社会团体法人的法定代表人也按照法人章程的规定来确定,由理事长或会长等负责人担任。捐助法人的法定代表人由理事长等负责人按照法人章程的规定担任。事业单位法人的法定代表人依照法律、行政法规或者法

---

① 《民法总则》第170条第1款:"执行法人或者非法人组织工作任务的人员,就其职权范围内的事项,以法人或者非法人组织的名义实施民事法律行为,对法人或者非法人组织发生效力。"

② 《民法总则》第81条第3款:"执行机构为董事会或者执行董事的,董事长、执行董事或者经理按照法人章程的规定担任法定代表人;未设董事会或者执行董事的,法人章程规定的主要负责人为其执行机构和法定代表人。"

人章程的规定产生。①

4. 监督机关

法人的监督机关,是指对法人执行机关的行为进行监督检查的机关。其设立宗旨在于维护法人的出资人的利益,具体形式有监事或监事会。可见,它既可由单个自然人担任,也可由数人担任。

三、法人的分支机构

法人的分支机构,是根据法人的意志所设立的从事法人的部分经营业务的机构。《民法总则》第74条第1款规定:"法人可以依法设立分支机构。法律、行政法规规定分支机构应当登记的,依照其规定。"从本质上看,法人的分支机构也属于法人的组成部分。应当指出的是,虽然都是法人的组成部分,但是法人的分支机构与法人机关并不是在同一层面上的概念。分支机构仅仅在业务上对法人做条条或块块的切割,而法人机关是法人的躯干的重要部分。

既然法人的分支机构仅仅是法人的组成部分,那么,法人的分支机构便不具有法人资格。但是,由于法人分支机构的设立仍然应当按照法律、行政法规的要求予以登记,这种登记使得法人分支机构获得了一定的公信力,因而,法人的分支机构可以在核准的营业范围内以自己的名义对外从事民事活动,还可以在法人的授权范围内以自己的名义参与民事诉讼。按照《民法总则》第74条第2款的规定,法人分支机构以自己的名义从事民事活动,产生的民事责任由法人承担;也可以先以该分支机构管理的财产承担,不足以承担的,由法人承担。

---

① 《民法总则》第89条、第91条以及第93条。

第四节　法人的设立、变更以及终止

一、法人的设立

(一)法人的"设立"与"成立"

对法人产生的过程描述,在法律用语上,学者经常使用"设立"和"成立"两个术语,但两者其实并非同一概念。法人的设立,是指创办法人组织,使其具有民事主体资格而进行的各种连续活动,它是法人成立的准备阶段;法人的成立,是指某社会组织体开始具有法律人格,成了法律上的民事主体。可见,法人的设立与法人的成立是两个既有联系又有区别的概念:法人的设立是法人成立的前提和基础,法人的成立是法人设立的目的和结果。法人在设立阶段,仍不具有法人资格,法人成立后,才享有民事主体资格,所发生的债权和债务,才由法人享有和承担。

(二)法人成立的条件

一般而言,法人成立需要符合法律规定的实体要件和程序要件。由于法人的种类不同,成立时所要求的要件也有所区别,因此,法人成立的具体条件应当在单行法中寻找,此处仅就各种类型的法人成立时须具备的一般条件作综合概括。按照《民法总则》第58条第2款的规定:"法人应当有自己的名称、组织机构、住所、财产或者经费。法人成立的具体条件和程序,依照法律、行政法规的规定。"由此可见,在我国法人的成立应当具备下列要件:

1. 有必要的财产或经费。法人的财产或经费是法人以自己的名义占有、使用、处分的财产或经费。"必要的财产或经费"是法人独立享有权利、履行义务、承担责任的物质保障。因法人的种类很多,不同法人承担的社会经济职能、业务活动和经营范围不同,故要求的财产规模也不同。

2. 有自己的名称。法人的名称是法人区别于其他民事主体的标志。任何法人都要有自己的名称。在法律无相反规定的情况下,以法人名义进行的一切民事活动所产生的权利和义务均由法人承担。法人对于其经核准登记的名称享有名称专用权,受法律的保护。

3. 有自己的组织机构。法人的组织机构是对内管理法人事务、对外代表法人进行活动的机构。不同的法人有着不同的组织机构,但一般而言,法人的组织机构主要有意思机构、执行机构、代表机构和监督机构。

4. 有自己的场所。法人的场所就是法人从事业务活动或生产经营活动的处所。法人必须要有自己的场所。法人的场所与住所是既有联系又有区别的概念。一个法人可有多处场所,但只能有一个住所。我国法人以它的主要办事机构所在地为住所。

(三)法人设立的原则

因时代的变迁、法人类型的不同,法律对设立法人所设定的条件也有所不同,这就是法人设立的原则所涉及的问题。

从比较法看,法人设立的原则主要有下列五种:

1. 自由设立主义。这种法人设立的原则也被称为放任主义,即国家对于法人的设立完全听凭当事人自由行为而不加以任何干涉和限制。这种法人设立的原则曾一度盛行,但后来由于这种原则导致了国家监管上的种种流弊,自近代以来,除了瑞士民法仍然对非营利法人采取这种设立原则之外,其他国家民法典极少采用此原则。

2. 特许设立主义。这种法人设立的原则是指法人的设立必须以经过特别立法或者征得国家元首的许可为前提。这种原则对法人的设立,采取遏制的态度,过多地干涉、限制人的结社自由,而且,在当今社会法人组织愈加普遍,通通由国家元首加以许可显得无必要、不可能,因而现代各国不再将这一原则作为一般原则加以采用。

3. 核准主义。这种法人设立的原则也被称为行政许可设立主义,即先由法律规定法人成立的条件,但设立法人是否被批准仍须经行政机关的许可。按照这种设立原则,社会组织要取得法人资格,应当符合客观条件与主观条件,即符合法律规定的条件与取得主管行政机关的许可。相比之下,这种法人设立原则也较为严格。除了德国民法对财团法人采这种设立原则之外,日本民法也对公益法人采取这种原则。

4. 准则设立主义。这种法人设立的原则又被称为登记设立主义,即法律预先规定一些条件,法人仅需遵照该条件予以设立而无须征得主管行政机关的许可。也就是说,设立人仅需遵照这些法定条件加以准备,然后向登记机关办理登记手续,法人即可成立。德国民法对社团法人的设立采用这种原则;日本民法对营利法人的设立也采用这种原则。与核准主义相比较,准则设立主义对社会组织取得法人资格的要求更宽松一些。

5. 强制设立主义。这种法人设立的原则是指法人由国家强行予以设立。这种原则仅适用于特殊产业或特殊团体。如我国台湾地区对商业同业公会的设立即采用这种原则。我国律师协会的设立亦是如此。

我国现行法律对营利法人和非营利法人采取不同的设立原则。

1. 营利法人的设立原则

《民法总则》第77条笼统地规定,营利法人经依法登记成立。其实,营利法人的设立原则因不同类别的营利法人而有所不同。营利法人包括有限责任公司、股份责任公司以及其他企业法人。设立有限责任公司,除法律、行政法规有特别规定须经有关部门审批外,仅需向公司登记机关申请设立登记,这其实是准则设立主义;而法律、行政法规特别规定须经有关部门审批才能登记设立的有限责任公司,采用的其实是行政许可设立主义。设立股份有限公司,须经国务院授权的部门或者省级人民政府批准,这其实属于行政许可设立主义。设立非公司企业法人,如中外合资企业、中外合作企业、外商独资企业,首先须经主管部门或有关审批机关批准,然后才向登记机关申请登记,这也属行政许可设立主义。

2. 非营利法人的设立原则

设立机关法人,由宪法和国家机关组织法规定,故相当于特许设立主义。设立事业单位法人和社会团体法人,分为两类:一类是依法不需办理法人登记的,从成立之日起,具有法人资格,如中华全国总工会,其设立原则应属特许设立主义;另一类是需办理法人登记的,如各种协会,应经业务主管部门审查同意并向登记机关申请登记,属行政许可主义。

(四)法人资格的取得

一般而言,登记是大多数法人成立最普遍的程序要求,在具备其他相关条件后，一经登记即取得法人资格。按照我国《民法总则》的规定，有些法人应当经过登记才能取得法人资格，而有些法人不需要经过登记也能取得法人资格。营利法人必须经过登记才能成立，才能取得法人资格，而登记机关核发的营业执照中记载的签发日期为营利法人的成立日期（《民法总则》第 77 条、第 78 条）。有些事业单位法人，依法不需要办理法人登记，从成立之日起便具有事业单位法人资格（《民法总则》第 88 条）。有些社会团体法人也是如此，依法不需要办理法人登记的，从成立之日起便具有社会团体法人资格（《民法总则》第 90 条）。机关法人不需要登记，从其成立之日起，具有机关法人资格（《民法总则》第 97 条）。另外，从《民法总则》第 99 条、第 100 条以及第 101 条的规定来看，农村集体经济组织、城镇农村的合作经济组织以及居民委员会、村民委员会也是无须登记便具有法人资格的。

二、法人的变更

法人的变更，是指法人在其存续期间所发生的合并、分立、组织形式、法人机关、活动宗旨或业务范围等方面的变化。法人的变更对法人的法律人格产生重要的影响，因其变更事项的不同，法人变更主要有以下四种情形：

（一）法人的合并

法人的合并，是指两个或两个以上的法人根据法律规定或合同约定合并为一个法人。法人合并，它包括新设合并和吸收合并这两种形式。新设合并是两个或两个以上的法人合并为一个新的法人，原有的法人资格消灭，新的法人资格随即确立，例如，甲乙两公司合并后设立丙公司，并且甲乙两公司归于消灭。吸收合并是一个或多个法人归并到一个现存的法人中去，被合并的法人资格消灭，而存续法人的资格仍然保留，例如，甲乙两公司合并后，甲公司继续存在，乙公司消灭，并且没有设立新公司。法人合并后，合并前各法人的权利义务均由合并后的法人享有和承担（《民法总则》第 67 条第 1 款）。

（二）法人的分立

法人的分立，是指一个法人分成两个或两个以上的法人。法人分立包括新设分立和派生分立这两种形式。新设分立，又称创设分立，指一个法人分成两个或两个以上的法人，原有的法人资格消灭，例如，甲公司分立，生成乙丙两公司，并且甲公司消灭。派生分立,又称存续分立,指一个法人分出一个或几个法人之后,新法人资格确立,原法人资格继续存在。派生分立又包括两种:一是原法人的分支机构具备了法人的条件而独立成为法人;二是两个或两个以上的法人分出若干部分而组成新法人。法人分立后,除债权人和债务人另有约定以外,分立后的法人对原法人的权利和义务享受连带债权,承担连带债务(《民法总则》第67条第2款)。

(三)法人组织形式的变更

法人组织形式的变更,是指在不消灭法人人格的前提下,使法人由一种组织形式变更为另一种组织形式。法人组织形式的变更,往往也引起法人的责任形式发生变化,所以,各国法律通常对法人组织形式的变更施加一定的限制,并一般只允许在责任形式相近的法人之间进行变更。比如,有限责任公司符合股份有限公司条件的,经股东大会决议并经法定的程序,可以变更为股份有限公司。

(四)法人其他重大事项的变更

法人其他重大事项的变更,也是在不消灭法人资格的前提下使法人的某些事项发生变化,主要包括法人名称、法定代表人、住所、活动宗旨以及经营方式等方面的变更。上述这些法人事项的变更会直接影响到政府对法人的监管、法人的利益及社会的利益,因此,立法一般要求对法人的变更进行公告,并应向登记机关办理变更登记。

三、法人的终止

法人的终止,又称法人的消灭,是指法人作为民事主体的资格丧失,法人的民事权利能力和民事行为能力不复存在。法人终止后,不能再以法人的名义对外进行民事活动。根据《民法总则》第68条的规定,法人终止的原因主要有下列几种:

1. 法人解散。按照《民法总则》第69条的规定,导致法人解散的原因有:(1)法人章程规定的存续期间届满或者法人章程规定的其他解散事由出现;(2)法人的权力机构决议解散;(3)因法人合并或者分立需要解散;(4)法人依法被吊销营业执照、登记证书,被责令关闭或者被撤销;(5)法律规定的其他情形。这是一个引致条款,要知道"其他情形"有哪些必须检索其他法律的规定。

2. 依法被宣告破产。企业法人因严重亏损,无力清偿到期债务时,人民法院可以根据债权人或者债务人的申请,依法宣告其破产。

3. 法律规定的其他原因。如国家经济政策的调整和发生战争等,也可以导致法人终止。

四、法人的清算

(一)法人清算的概念

法人的清算,是指清理即将终止的法人的财产,了结其作为当事人的民事法律关系,从而使该法人归于消灭的程序。根据《民法总则》第68条、第69条以及第70条的规定,除合并、分立的情形外,法人终止都应当依法成立清算组织进行清算。

(二)法人清算的分类

1. 破产清算,即企业法人因破产而终止时所进行的清算。这种清算,应由人民法院组织有关机关和有关人员成立清算组织依破产法的清算程序进行,此时法人多资不抵债,因此,法人成员几乎不可能得到法人剩余财产的分配,债权人的债权往往也不能得到全额清偿。

2. 非破产清算,即法人因破产以外的原因终止时所进行的清算。这种清算,一般由其主管机关组织清算小组进行,法人的成员对法人的剩余资产进行分配,法人的债权人往往会全额受偿。但在清算中发现法人有破产原因的,应立即转入破产清算。

(三)清算组织

清算组织,又称清算人,是负责进行清算的组织或个人。法人解散后,法人不能自己实施清算,各国法律均要求设立清算组织来依法进行清算事务,其主要有下列职责:1. 保管、清理、估价、处理被清算法人的财产;2. 了结现存事务,即法人在解散前已着手但未完成的事务;3. 收取债权,即属于法人的债权,清算人应予以收取;债权尚未到期或所附条件尚未成就的,应以转让或折价方法收取;4. 清偿债务,即法人对他人所负债务应由清算人清偿;债务未到期的,应提前清偿;5. 移交剩余财产,清偿债务的剩余财产,应由清算人负责移交给对财产享有权利的人。

(四)法人在清算期间的性质

关于法人在清算期间的性质,学术界多有争议,总的来说,主要有三种观点:

1. 清算法人说。此说认为，法人一经解散，即为法人的终止，法人的民事主体资格消灭。但是为了便于清算，又设立了一个以清算为目的的清算法人，清算法人不享有原法人的民事权利能力和民事行为能力。

2. 同一法人说。此说认为，法人的解散并不等同于法人的消灭，只有清算终结时，法人资格才归于消灭。在清算期间，原法人依旧存在，但其民事权利能力受到了限制，已经不能进行各种积极的民事活动，而只能在清算的范围内活动。

3. 拟制法人说。此说认为，法人解散即为法人消灭，只是为了清算的目的，法律上拟制法人在清算目的范围内享有民事权利能力，从法人解散至清算完结视为法人仍然存续。

此三种学说都是基于进入清算程序后法人的民事权利能力发生变化这一事实而进行的理论解说，其区别在于进入清算程序后那个法人是否与进入清算程序前那个法人同一，同一法人说认为是同一个法人，只不过其民事权利能力受限制而已；清算法人说、拟制法人说认为不是同一个法人；而后两种学说在清算期间的法人的本质上发生分歧。清算法人说认为，该法人是另行设立的法人；拟制法人说认为，此时并不存在一个真实的法人组织体，仅仅是法律拟制出一个法律人格而已。清算法人说较为牵强，因为原法人的组织机构仍然存在，而且法人并未做注销登记，其法律人格便存在，硬说原法人已经消灭，该期间的法人是为另行设立，难以服众；拟制法人说演绎出来的便是该法人有民事权利能力而无民事行为能力，法人与法人机关的关系是代理关系，如果采此学说，关于法人本质的理论也应采此学说，否则将出现前后矛盾的局面。我国法采同一法人说，《民法总则》第72条规定，清算期间法人存续，但是不得从事与清算无关的活动。这值得赞同。

五、法人的登记

法人的登记是法人取得民事权利能力和民事行为能力，乃至变更民事权利能力和民事行为能力及消灭民事权利能力和民事行为能力的要件。法人登记通常包括法人设立登记、法人变更登记和法人注销登记。

(一)法人设立登记

法人设立登记是法人依法成立，取得民事权利能力和民事行为能力的要件。

企业法人设立登记的主管机关是国家工商行政管理局和地方各级工商行政管理局：(1)经国务院或者国务院授权部门批准的全国性企业、企业集团、经营进出口业务的企业，由国家工商行政管理局核准登记注册；(2)中外合资企业、中外合作企业和外商独资企业由国家工商行政管理局或者国家工商行政管理局授权的地方工商行政管理局核准登记注册；(3)其他企业由所在市、(县)区工商行政管理局核准登记注册。

事业单位法人依法应当办理设立登记的，其登记管理机关是国家机构编制管理机关和县级以上地方各级人民政府机构编制管理机关。

社会团体法人依法应当办理设立登记的，依《社会团体登记管理条例》第6条规定，其登记管理机关是国务院民政部门和县级以上地方人民政府各级民政部门。全国性的社会团体，由国务院民政部门负责登记；地方性的社会团体，由所在地人民政府的民政部门负责登记；跨行政区域的社会团体，由跨行政区域的共同上一级人民政府的民政部门登记。

（二）法人变更登记与注销登记

法人变更登记是指法人将有关法人的变化情况向登记机关办理变更手续。企业法人变更登记的事项通常包括：合并与分立、变更组织形式、增设或撤销分支机构及法人经营范围、注册资本、住所、法定代表人、经营方式的变动等。社会团体法人和事业单位法人变更登记的事项为应登记事项，关于非登记事项的变动一般不需办理变更登记。

法人注销登记是法人依法终止，消灭其民事权利能力和民事行为能力的要件。

法人的成立必须采用公示方法，登记即为公示方法。法人登记的效力，根据法人的不同类型，或为生效效力，或为对抗效力。

本章案例：法人的清算

[案情]

2014年8月28日、9月17日、11月11日，飞艳公司分三批向大托溥公司供应氧化铁红和氧化铁黄。并于2014年11月11日，飞艳公司向大托溥公司发送一张对账单，载明前述三批货物金额共计36,550元，发票已开，款未付。大托溥公司在该对账单上盖章确认。大托溥公司系王文清、万里达投资设立的有限责任公司,该公司于 2015 年 1 月 10 日召开临时股东会,并形成股东会决议。该股东会决议载明:"一,同意公司解散;二,决议作出后 15 日内成立清算组,清算组成员由王文清、万里达组成,王文清为清算组负责人;三,清算组成立之日起 10 日内通知债权人,并于 60 日内在报纸上刊登公告。在清理公司财产、编制资产负债表和财产清单后,及时制定清算方案,报股东会确认;四,清算结束后,清算组应制作清算报告,报股东会确认。"清算组成立后,依法在工商机关进行了备案,并于同年 1 月 21 日在《上海法治报》上刊登公告。同年 3 月 12 日,大托溥公司经工商机关核准注销。飞艳公司称其从未收到过大托溥公司清算组债权申报的通知,也未曾得知该公司清算解散之事,导致其未能在大托溥公司解散时主张债权,因而大托溥公司清算组应当承担赔偿责任,偿还货款及利息。因清算组的成员王文清、万里达拒绝偿还货款,故飞艳公司诉请判令:1. 王文清、万里达支付飞艳公司货款 36,550 元;2. 王文清、万里达赔偿飞艳公司利息损失(以 36,550 元为基数,从 2015 年 7 月 27 日起计算至生效文书确定的履行之日止,按中国人民银行同期贷款利率计算)。

[问题]

本案中,王文清、万里达是否对飞艳公司负有赔偿义务?

[解析]

根据《公司法》相关规定,公司清算时,清算组应当按照我国公司法相关规定,将公司解散清算事宜书面通知全体已知债权人。清算组未按规定履行通知义务,导致债权人未及时申报债权而未获清偿,债权人主张清算组成员对因此造成的损失承担赔偿责任的,人民法院应依法予以支持。那么,本案的争议焦点在于大托溥公司的清算组是否按规定向飞艳公司履行了通知义务。从本案的相关证据来看,答案是否定的。飞艳公司主张的债权有相应的送货单,对账单经过大托溥公司盖章确认,王文清对此并无异议,且王文清也表示曾电话通知过飞艳公司到大托溥公司处取回货物,故大托溥公司的清算组应知晓该笔债权的存在。虽然清算组成立后依法进行了工商备案,并登报公告,但是仍不能免除其对飞艳公司的通知义务。而王文清、万里达未能提供证据证明其依法履行了通知义务;飞艳公司作为债权人,其债权至今未获清偿,故在大托溥公司注销后,作为大托溥公司清算组成员的王文清、万里达理应向飞艳公司承担相应的民事责任。

第六章 非法人组织

第一节 非法人组织概述

一、非法人组织的概念

《民法总则》第 102 条规定,非法人组织是不具有法人资格,但是能够依法以自己的名义从事民事活动的组织。非法人组织包括个人独资企业、合伙企业、不具有法人资格的专业服务机构等。

非法人组织又被称为非法人团体或其他组织。在民事活动过程中,民事主体除了自然人、法人外,还有非法人组织,非法人组织没有法人资格,但它们同样是民事主体,可以进行民事活动。非法人组织是现今各国社会经济活动中的一种十分活跃的组织体。民法关于民事主体的理论和立法有一个从承认单一主体到多元主体的发展过程。1794 年的《普鲁士普通邦法》规定了法人(采用了"观念人"的表达),确立了法人有别于自然人的民事主体地位。二战以后,民法学界关于非法人组织的认识有了重大发展,开始承认非法人组织具有一定的民事权利能力、民事行为能力和诉讼能力,承认了非法人组织具有民事主体资格。《民法总则》明确非法人组织的民事主体地位,适应现今社会发展的现实需要,有利于非法人组织开展民事活动,也实现了与其他法律的衔接。

非法人组织在各国民事立法中分别有不同的称谓及存在形式,在其称谓及形式不同的同时,各自的内涵与外延亦略显不同。在相关的比较立法例上,大多数学者都将非法人组织直接对应于德国民法上的无权利能力社团、日本法上的无权利能力社团和无权利能力财团、中国台湾法上的非法人组织,但这种简单的比较会导致某种误读。如有学者认为传统的民法理论中的非法人社团不包括合伙,而根据新的发展,合伙应被纳入到非法人组织的范畴中,而在德国,无权利能力的社团只是非法人组织的一种重要类型,并未排斥合伙、设立中的公司等,将非法人组织简单等同于无权利能力社团实际上是对德国法的误读。[①]

《德国民法典》中有"无权利能力的社团",[②]"无权利能力的社团"与"法人"的差别仅缺"登记"一个要件,而其余均符合法人条件。在德国,设立无权利能力的社团仅需一个不拘形式的设立行为(即,人的"联合"的合意)和制定共同章程,并不需要当局的参与,也无须登记。在成员数目上和章程内容上,也无最低或禁止性要求。设立人就设立社团及其组织方面,在私人意思自治的一般范围内是自由的。[③]设立"无权利能力的社团"完全是个人的私事,与公权力无关,不存在公权力的批准、核准或登记。只不过是当"无权利能力的社团"存在以后,在法律上给它以适用合伙法的地位而已。[④]《瑞士民法典》称之为"无法人人格的社团",[⑤]它与德国之"无权利能力社团"几乎是同义语。《意大利民法典》中规定有"未被认可的社团及委员会",[⑥]较德、瑞之"无权利能力社团"有所扩展,增设了"非法人委员会"。其委员会包括:救援会、救济会、纪念委员会、展览会、展示会、节日庆典筹备委员会等,

---

① 李昊:《我国民法总则非法人团体的制度设计》,载《暨南学报》(哲学社会科学版)2015年第12期。
② 《德国民法典》第54条规定:"无权利能力的社团,适用关于合伙的规定。因以此种社团的名义对第三人实施的法律行为,行为人亲自负责任;二人以上实施行为的,他们作为连带债务人负责任。"《德国民法典》,陈卫佐译注,法律出版社2015年版,第19页。
③ [德]卡尔·拉伦茨:《德国民法通论》,王晓晔等译,法律出版社2003年版,第180~181页。
④ 石碧波:《非法人团体研究》,法律出版社2009年版,第3页。
⑤ 《瑞士民法典》第62条规定:"无法人人格或尚未取得法人人格的社团,视为合伙。"《瑞士民法典》,殷生根、王燕译,中国政法大学出版社1999年版,第20页。
⑥ 《意大利民法典》第二章"法人"之第三节规定为"未被认可的社团及委员会",法条自第36条至42条,共7个条款。《意大利民法典》,陈国柱译,中国政法大学出版社2010年版,第12页。

这些正式或临时性的公益社会团体并非德、瑞、法意义上的"无权利能力社团"概念所能包含的。但是,意大利此一规定也未能穷尽了"非法人组织"的范畴。在日本及我国台湾地区,非法人组织规定于民事诉讼法中,日本《民事诉讼法》规定中有"非法人的社团或财团",其民法中却未予规范,但其《民事诉讼法》第29条却有适用性规定,称为"非法人社团或财团"①。从这一称谓规定上,我们可知日本的"非法人组织",除了如德、瑞之"无权利能力社团"外,还包含了"无权利能力财团"。

在我国,早在《大清民律草案》第140条中就有"无权利能力之社团"的规定,1929年制定的《中华民国民法》未再沿用此规定。但1936年制定的《民事诉讼法》提出了"非法人组织"的概念,就"非法人组织"的当事人能力问题作了规定。这是我国立法上首次提出的"非法人组织"概念,为台湾地区沿用至今。

台湾地区学者就"非法人组织"之内涵和外延的见解,有"同一说"和"属种说"或"狭义说"与"广义说"之两种观点。"同一说"把"非法人组织"等同于德、瑞、法之"无权利能力社团"。如梅仲协先生在论"无权利能力社团"时说:"无权利能力社团,即现行民事诉讼法第40条第3项所称之非法人组织,系属未经许可,或未为设立登记之团体也。"②"属种说"认为"非法人组织"包含了"无权利能力社团",即"非法人组织"是属概念,"无权利能力社团"是种概念,二者为属种关系。在此,为了理解上的方便,我们姑且把这种属种关系之"非法人组织"说称为"广义说"。持此观点者是王泽鉴先生。他认为:"无权利能力社团亦属非法人组织的一种","非法人组织的范围,除无权利能力社团外,尚包括合伙、台湾地区的神明会等,其范围较广"。③

1986年的《民法通则》仅承认了公民(自然人)和法人两类民事主体,采用"二元结构"民事主体的制度。个体工商户、农村承包经营户、个人合伙和联营则分别放置于公民(自然人)和法人的标题下。制定《民法通则》时,关于是否应当规定非法人组织,即民法典是否承认在自然人、法人之外的第三主体,大家发生过激烈的争论,否定的意见被称为"两主体说",肯定的意见被称为"三主体说"。鉴于当时改

---

① [日]《小六法全书》,有斐阁2000年版,第1178页。
② 梅仲协:《民法要义》,中国政法大学出版社1998年版,第74页。
③ 王泽鉴:《民法总则》,中国政法大学出版社2001年版,第194~196页。

革开放刚刚开始,经济生活中的各种组织体尚未发育成熟,因此,《民法通则》最终仍维持两主体说,设第二章规定自然人,第三章规定法人。但考虑到经济生活中存在营利性合伙组织体,在法律上应当有其地位,在规定公民(自然人)的第二章增设第五节"个人合伙",在规定法人的第三章增设第五节"联营"。《民法通则》将"个人合伙"规定在自然人一章,将"联营"规定在法人一章,其立法意旨在不承认合伙组织体是所谓的第三主体。但"个人合伙"为两个以上的自然人集合形成的人合组织体,因此与"自然人"指称单个的个人有本质的不同;"联营"为两个以上的法人出资形成的人合组织体,因未取得法人资格,其成员对联营的债务承担无限责任,也与法人有本质的不同。实则"个人合伙"与"联营",同属于人合组织体,因其为组织体,故区别于自然人,因其未取得法人资格,故区别于法人,绝难为自然人概念或法人概念所涵括。因此,有学者认为,《民法通则》已经在实际上承认了自然人、法人之外的第三主体,并非毫无理由。①

《民法通则》关于民事主体的规定,在实务中很快遇到问题。实践中出现的大量团体无法被纳入这些民事主体的类型中,在涉诉时如何确定其当事人资格出现困难。例如,1988年的《全民所有制工业企业法》规定有联营企业、大型联合企业,如何确定其主体地位,即需进一步明确。因此,1991年版的《民事诉讼法》第3条、第49条出现了"其他组织"的概念,并为之后修订的《民事诉讼法》所承继(第49条在2012年修订后成为第48条)。1992年最高人民法院《关于适用〈中华人民共和国民事诉讼法〉若干问题的意见》第40条将"其他组织"界定为合法成立、有一定的组织机构和财产,但又不具备法人资格的组织,大体可分为营业性的团体(主要为依法登记领取营业执照的合伙、独资企业、中外合作经营企业、外资企业、乡镇、街道、村办企业、法人的分支机构)和非营业性的团体(经民政部门核准登记领取社会团体登记证的社会团体)。2015年最高人民法院《关于适用〈中华人民共和国民事诉讼法〉的解释》第52条承继了1992年解释的界定,仅依据我国企业形态的改革,更新了企业类型的名称(如个人独资企业、合伙企业、依法设立并领取营业执照的商业银行、政策性银行和非银行金融机构的分支机构)。20世纪90年代之后制定或修改的《担保法》(第7条)、《合伙企业法》(第2条第1款)、《合同法》(第2条第1

---

① 梁慧星主编:《中国民法典草案建议稿附理由:总则编》,法律出版社2013年版,第183页。

款)、《著作权法》(第2条第1款)等也相继采用了"其他组织"这一表述。

在我国学理上,关于非法人组织的名称使用存在多种表述,有非法人团体[①]、非法人组织[②]、与民事主体有关的组织等。在立法过程中,梁慧星教授主持的《中国民法典草案建议稿·总则编》(第三版)采用了非法人组织的表述[③],杨立新教授主持的《中华人民共和国民法·总则编》1.0版本和2.0版本亦同[④],中国法学会的《中华人民共和国民法典·民法总则专家建议稿》(提交稿)[⑤]采用的则是传统的"其他组织"这一称谓,全国人大法工委民法室提出的《中华人民共和国民法总则(草案)》(征求意见稿)亦是将"其他组织"独立为第四章。有学者认为之所以应采非法人组织的称谓,是认为团体仅指人的结合,并不包括物或财产的集合,也不能包括由单个人建立的组织体,如个人独资企业,因此不能包括社会生活中广泛存在的各种非法人组织体[⑥]。全国人大正式公布的《民法总则征求意见稿》采用"非法人组织"的表达,至《民法总则》最终通过,没再更改。

在章节编排上,梁慧星教授主持的草案和中国法学会的草案都将非法人组织或其他组织与自然人、法人并列规定,而杨立新教授主持的草案在1.0版本中采并列模式,在2.0版本中则将非法人组织和法人合并入一章规定。《民法总则》最终将"非法人组织"独立成章,确立了三元结构的民事主体制度。至于用"非法人组织""非法人组织"还是"其他组织"的名称,综合各方面意见,由于其他法律中所使用的"其他组织",内涵和外延并非完全一致,不宜继续沿用以作为第三类民事主体的法定名称,第三类民事主体和法人一样属于自然人之外的组织体,且不具有法人

---

① 梁慧星:《民法总论》,法律出版社2001年版;孙宪忠主编:《民法总论》,社会科学文献出版社2004年版;陈华彬:《民法总论》,中国法制出版社2011年版;朱庆育:《民法总论》,北京大学出版社2013年版。

② 魏振瀛主编:《民法》,北京大学出版社2000年版;苏号朋:《民法总论》,法律出版社2006年版;刘凯湘:《民法总论》,北京大学出版社2006年版。

③ 梁慧星:《中国民法典草案建议稿附理由:总则编》,法律出版社2013年版,第183页。

④ 2.0版本载于法学创新网,http://lawinnovation.com/html/xjdt/13857.shtml,最后访问时间:2015年10月30日。

⑤ 中国法学会的《中华人民共和国民法典·民法总则专家建议稿》(提交稿)载于中国民商法律网:http://www.civillaw.com.cn/zt/t/?30198,最后访问时间:2016年3月26日。

⑥ 柳经纬主编:《民法总论》,厦门大学出版社2005年版,第146页。

资格,用非法人组织最能够准确体现其特征。①

二、非法人组织是民法主体制度不可或缺的组成部分

非法人组织成为民事主体是经济社会发展的必然要求。经济的发展,离不开法律为其开辟道路,反过来,法律也只能是对经济条件、状况、性质的客观反映。所以,立什么样的法,什么东西需要法定,不是哪个人说了算,起决定作用的还是经济生活条件。

非法人组织取得民事主体资格,正是这种社会经济关系的需要。以合伙为例,它就是与商品经济同步发展起来的。早在法人制度形成之前,合伙便作为自然人的联合形式活跃于商品经济关系中,法律虽然将其纳入了调整范围,可并未将其立为民事主体。然而,这一古老的团体组织,到了确立法人制度的时代,也仍然未走向衰落。而且在今天,合伙作为中小型企业,成为与托拉斯、康采恩、辛迪加等形式的集团公司并驾齐驱的团体,在经济、文化、法律(如律师行业)以及小的民商事经营层中活跃着。于是,学说和立法也逐渐改变了传统看法,不再认为合伙是一种单纯的契约关系,而是民法上的权利主体。然而,无权利能力社团早已随着经济生活的纵深发展而蓬勃出现,即使是被称为现代民法典的《德国民法典》,也仅是在适用上变相地规定其有合伙的法律地位,没有权利能力,因为德国的合伙至今未取得权利能力。而后的《瑞士民法典》《意大利民法典》《日本民法典》乃至台湾地区现行的"民法典"都未突破德国法的这一规定。但是,现实的经济、政治、社会、生活再不能容忍如此的立法状况继续下去了。无权利能力社团不仅在各国普遍地存在着,而且还要求确认其主体资格。经济团体的交易行为,要求法律允许并保障其以自己的名义独立开展,否则,首先是给他人造成了交易风险,其次是自身难以发展壮大。而这些社团在法律上的尴尬,不过只差登记一步而已。

现今中国已经实现了从计划经济向市场经济的转轨,市场经济已经有相当的发展,各类组织体,包括营利性的组织体和非营利性的组织体已经有了充分的发育。现实生活中存在各种不具备法人资格的组织体,诸如:业主委员会;无法人资

---

① 石宏主编:《中华人民共和国民法总则条文说明、立法理由及相关规定》,北京大学出版社2017年版,第244页。

格的分公司;各种企业的分支机构;独资企业;合作企业;合伙企业;非企业合伙组织,如律师事务所、会计师事务所;各种协会、学会的分会;学校的学生会、校友会、同乡会;各种俱乐部,如高尔夫俱乐部、足球俱乐部;大学内部的学院、系、所、教研室;科学院内部的研究所、研究中心、研究室、课题组,等等。特别值得注意的是,不仅民事诉讼法已经承认了非法人组织的诉讼主体资格,《合同法》也已经承认了非法人组织的主体资格,称其为自然人、法人之外的"其他组织"。2002年我国最高立法机关召开的民法典立法研讨会,对非法人组织的争议持续整整一天,最后也没有结果。[①] 在制定民法典的讨论中,有一种意见认为,可以通过改变《民法通则》关于"法人限于成员负有限责任的团体"的规定,扩张法人概念,承认"成员负无限责任的法人",将合伙组织体纳入法人的概念,因此,主张民法典不规定非法人组织。起草人认为,在我国经济生活中,大量不具有法人资格的组织体的存在,是不可否认的事实,而其中的许多组织体,按照现行法可以自己的名义订立合同、履行合同并起诉、应诉,它们与法人的差别仅在于法人资格的有无和责任承担的不同,我国有必要突破传统主体理论的局限,在民法典上明文规定非法人组织的法律地位。《民法总则》在起草制定的过程中,对于在自然人、法人之外是否要规定第三类民事主体,有不同意见。有的意见提出,合伙企业等非法人组织从事民事活动的情况非常普遍,对经济发展作出了贡献,《合同法》规定其他组织可以订立合同,《民事诉讼法》规定其他组织可以参与诉讼,《民法总则》有必要承认其民事主体地位,这既符合民事主体多元化的历史发展趋势,能够满足现实需要,又有助于完善我国法律制度,实现法律之间的统一。有的意见提出,非法人组织虽能订立合同、参与诉讼,但这类组织没有独立的财产,无法独立承担民事责任,不宜承认其为独立的民事主体。有的意见提出,承认非法人组织的民事主体地位,与传统的民事主体理论要求民事主体独立承担责任的要求不符。最后,在各方共识基础上,我国作了《民法总则》第四章的规定。

关于第三类民事主体的名称,也有不同的意见。有的意见提出,我国大量的法律、行政法规和司法解释使用的都是"其他组织",其他组织已被广泛使用,建议沿用这一术语,保持统一。《民法总则》最终采用的是"非法人组织"的概念。

---

① 石碧波:《非法人团体研究》,法律出版社2009年版,第1页。

三、非法人组织的特点

(一)是人合组织体

非法人组织与社团法人一样,是人合之社会组织体。此种组织体由多数人组成,非临时的、松散的,通常设有代表人或管理人,有自己的名称、组织机构、组织规则,有进行业务活动的场所,亦即具有稳定性的组织体。此项要件,即所谓"团体性""稳定性"要件。

(二)有自己的目的、宗旨

非法人组织与法人一样,须具有设立的目的与宗旨,其设立可以是非经济目的,例如发展科学、学术、文化、教育、艺术、体育、宗教、慈善事业等,也可以是经济性目的,如以获取经济利益为目的亦即以营利为目的,营利目的在中国现行法上体现为经营范围。因此,营利性非法人组织具有自己的目的,亦即有特定的经营范围。

(三)有自己的名称,须以团体的名义为法律行为

有名称是非法人组织与法人组织的相似之处,同时也是其与自然人的区别。如果非法人组织没有自己的名称,不以自己的名义从事民事活动,也就与一般的自然人没有什么分别,法律上也就没有承认其主体性的必要。非法人组织与法人一样,须对外以团体的名义为法律行为,从而有别于自然人或契约关系或一般松散集合。如果不以团体的名义对外为法律行为,例如属于不需对外为法律行为,或需对外为法律行为,但对外为法律行为时系以其成员个人的名义或以其他团体的名义,亦即不具有对外的独立性,也就没有作为非法人组织而承认其主体性的必要。

(四)可以设立代表人或管理人

非法人组织须设有代表人或管理人。非法人组织既然属于人合组织体,有一定目的,为实现其目的,当然应设立代表人或管理人,对外代表非法人组织,实施法律行为。此代表人或管理人为非法人组织之机关。与法人的不同点在于,对于非法人组织,法律仅要求设有代表人或管理人,而不要求必须按照法律规定的组织形式,而对于法人,则法律要求设立董事会或理事会等机关,且关于董事会或理事会有严格的形式要求。

(五)具有财产

非法人组织须有属于自己的财产或经费。虽是人合组织体,要实现其团体目的,从事经济的或非经济的活动,非有一定的财产或经费不可。但与法人的不同点在于,此财产或经费仅需非法人团体可以独立支配即可,不要求必须与其成员的财产截然分开而由非法人组织享有所有权。例如,公司的分支机构对自己控制的财产就不独立享有财产权。非法人组织的财产也不要求必须与自然人成员的财产截然分开。

(六)必须登记

《民法总则》第103条第1款:非法人组织应当依照法律的规定登记。这一要求为我国法独有,从事理之性质来看,既然经过登记,产生的应是法人。

第二节 非法人组织的种类

一、概述

《民法总则》制定之前及起草过程中,我国学界及立法部门对非法人组织的分类尚存争议。例如,合伙是否为非法人组织?有学者认为非法人组织与合伙不具有同质性,合伙应属于契约的范畴,从而将合伙排除在非法人组织的范畴以外,非法人组织的分类为非法人企业、非法人经营体、非法人非营利性团体等不同类型。[1] 有学者认为非法人组织范围,包括协会、学术团体、政治性团体、正在筹建中的厂矿企业、合伙、互助会、学会、工会、学生会、俱乐部、校友会、同乡会等多种类型。[2] 有学者认为,我国非法人组织大致可以分为不从事经营性活动的非法人组织和从事经营性活动的非法人企业等两类。[3] 有学者依据所从事业务活动的法律性质将非法人组织分为营利非法人组织和公益非法人组织,其中营利非法人组织

---

[1] 梁慧星:《民法总论》,法律出版社2011年版,第143~148页。
[2] 梅仲协:《民法要义》,中国政法大学出版社1998年版,第74页。
[3] 张胜先:《第三民事主体——非法人组织的立法思考》,载《求索》2002年第4期。

的主要形态有普通合伙、有限合伙、有限责任合伙、独资企业、合伙联营、企业法人的分支机构等；公益非法人组织的主要形态有各种公益法人的分支机构和部门，即国家机关法人、事业单位法人、社会团体法人和捐助法人的分支机构、部门等。①

就民法总则的立法进程来看，《民法总则》（一审稿）第91条规定："非法人组织包括个人独资企业、合伙企业、营利性法人或者非营利性法人依法设立的分支机构等。"《民法总则》（二审稿）第100条规定："非法人组织包括个人独资企业、合伙企业等。"《民法总则》（三审稿）第101条规定："非法人组织包括个人独资企业、合伙企业、不具有法人资格的专业服务机构和其他组织。"最终通过的《民法总则》第102条规定，非法人组织包括个人独资企业、合伙企业、不具有法人资格的专业服务机构等。该规定没有穷尽非法人组织的类型，但突出了个人独资企业及合伙企业。在立法过程中，其他几部有代表性的民法典专家建议稿对非法人组织的分类也很不一致。例如，梁慧星教授主持完成的《中华人民共和国民法典草案建议稿》第94条就把"非法人组织"分为营利性与非营利性两类②。王利明教授主持完成的《中国民法典学者建议稿》总则编第四章"合伙"中只规定合伙，而无合伙之外的其他非法人组织的分类③。徐国栋教授主持编写的《绿色民法典草案》第14条则把"非法人组织"划分为私营独资企业、中外合作经营企业与外资企业、社会团体、企业法人分支机构和其他非法人组织5类。④杨立新教授主持完成的《中华人民共和国民法·总则编（建议稿）》第115条把"其他组织"列举为：(1)私营独资企业、合伙组织；(2)中外合作经营企业、外资企业；(3)社会团体；(4)法人分支机构；(5)银行分支机构；(6)保险公司分支机构；(7)乡镇、街道、村办企业；(8)业主委员会、村民委员会、居民委员会；(9)符合本条规定条件的其他组织等9类。⑤

关于非法人组织的具体类别，由于《民法总则》第102条没有穷尽所有类型，参照最高人民法院《关于适用〈中华人民共和国民事诉讼法〉的解释》（2015年2月4

---

① 周贤日：《法人和非法人组织分类简论》，载《国家检察官学院学报》2004年第5期。
② 梁慧星主编：《中国民法典草案建议稿附理由：总则编》，法律出版社2013年版，第183页。
③ 王利明主编：《中国民法典学者建议稿及立法理由·总则编》，法律出版社2005年版，第201～240页。
④ 徐国栋主编：《绿色民法典草案》，社会科学文献出版社2004年版，第114页。
⑤ 杨立新等：《〈中华人民共和国民法·总则编〉建议稿》，载《河南财经政法大学学报》2015年第2期。

日)第 52 条中关于"其他组织"的规定,根据该规定:"民事诉讼法第 48 条规定的其他组织是指合法成立、有一定的组织机构和财产,但又不具备法人资格的组织,包括:(一)依法登记领取营业执照的个人独资企业;(二)依法登记领取营业执照的合伙企业;(三)依法登记领取我国营业执照的中外合作经营企业、外资企业;(四)依法成立的社会团体的分支机构、代表机构;(五)依法设立并领取营业执照的法人的分支机构;(六)依法设立并领取营业执照的商业银行、政策性银行和非银行金融机构的分支机构;(七)经依法登记领取营业执照的乡镇企业、街道企业;(八)其他符合本条规定条件的组织。"在此,我们进一步阐释其中较具典型意义的几种非法人组织。

二、合伙企业

论及合伙企业,我们首先应先厘清合伙的相关概念。

(一)合伙的概念与特征

1. 合伙的概念

合伙是商品经济同步发展起来的法律制度。在法人制度形成之前,合伙是自然人在商品经济关系中唯一的联合形式,古罗马时期的法律已经确认了合伙这种成熟的个人联合体。合伙制度具有强大生命力的根本原因,是它顺应了商品生产者由独资经营走向联合经营的必然趋势。现代法人制度虽然得到了充分的发展,但是合伙也没有走向衰落,仍然是一种相当普遍的经营方式,现代世界各国法律大多有关于合伙的规定,如《德国民法典》第 1832 条和《法国民法典》第 705 条的规定。我国《民法通则》有合伙的专门规定,将合伙放在权利主体法律制度中加以规定,并根据公民和组织在社会经济生活中的差别,分别规定了个人合伙和法人合伙(称为联营)。为进一步规范合伙企业的行为,保护合伙企业及其合伙人的合法权益,维护社会经济秩序,我国 1997 年颁布了《合伙企业法》(2006 年修订)。《合伙企业法》规定的合伙企业尽管基于合同关系成立,更为重要的是采取了企业的组织形式。因此,《合伙企业法》对合伙企业关系的调整不能简单地归于债法关系,而是主体法关系。

2. 合伙的特征

(1)合伙是按照协议成立的。合伙是合伙人在自愿订立合伙协议基础上成立的。合伙协议一般应当包括合伙的目的、合伙人的出资、合伙的盈余分配、合伙的亏损分担、合伙事务的执行、入伙与退伙、合伙的终止等事项。

合伙合同是合伙成立的必要条件。根据我国《民法通则》第31条和《合伙企业法》第4条的规定,合伙合同是要式合同,即合伙合同应当采用书面形式,但是,我国在司法审判中又承认非要式合同。根据《关于贯彻执行〈中华人民共和国民法通则〉若干问题的意见(试行)》第50条的规定,当事人之间没有书面合伙协议,又未经工商行政管理部门核准登记,但具备合伙的其他条件,且有两个以上无利害关系人证明有口头合伙协议的,法院可以认定为合伙关系。

(2)合伙人共同出资、共同经营。合伙既是人的联合,也是财产的联合。合伙必须有两个以上的合伙人,只有一个合伙人的不能构成合伙。合伙必须有一定的财产,这些财产是合伙人的共同出资。合伙人的出资数额、出资方式由合伙人共同约定。合伙人的出资可以是货币、实物、知识产权以及其他权利,也可以是劳务和技能。

(3)合伙是独立从事经营活动的联合体。合伙是合伙人为共同的经济目的而成立的联合体,不同于个人营业。合伙人之间虽然是一种合同关系,但在这种关系中当事人有共同的经济目的。合伙经营所得的收益由合伙人共同享有;合伙经营所产生的风险也由合伙人共同承担。合伙可有自己的名称,依法核准登记后,领取营业执照,可在核准登记的范围内独立从事经营活动。

(4)合伙人对合伙债务承担无限连带责任。对于合伙债务,合伙人内部承担按份责任,但对外承担连带责任。债权人有权要求任何一个合伙人偿还全部债务,该合伙人不得拒绝。该合伙人在清偿合伙债务之后,有权要求其他合伙人承担其相应的份额。

3. 合伙的分类

(1)个人合伙与法人合伙

这是以合伙人的身份为标准而划分的类型。《民法通则》规定,个人合伙是指在两个以上的自然人之间以合伙协议为基础,共同出资、共同经营、共享收益、共担风险并对合伙债务承担无限连带责任的合伙方式,并将之规定在"自然人"一章中。法人之间的合伙在我国被称为"联营",被规定在"法人"一章中。

《民法通则》的这种分类受到了学者的普遍批评,认为以个人、法人的身份来划分所谓"个人合伙"与"法人合伙"是不适当的,除了人为地制造限制与不公平外,并没有什么实际作用,并且在法律上留下了空白:自然人与法人之间的合伙,既不属于法人合伙,也不属于个人合伙,因而在民法上处于一种不确定的状态。既然自然人与法人都有资格成为合伙人,两者作为合伙成员的权利、义务又没有什么差别,制定适合所有民事主体的合伙也许更合理一些。2006年的《合伙企业法》规定,不仅自然人可以是合伙人,法人及其他经济组织都可以作为合伙人,但国有独资公司、国有企业、上市公司以及公益性的事业单位、社会团体不得成为普通合伙人。

《民法总则》删除了《民法通则》中关于"个人合伙"的规定。《民法总则》在起草过程中,对于是否删除这一节,有两种意见:一种意见认为,个人合伙纠纷在实践中大量存在,民法总则应当保留民法通则有关个人合伙的规定,以规范其入伙、退伙、债务承担等问题;另一种意见认为,普通的民事合伙是合同关系,应当由合同法调整,商事合伙如合伙企业可以归为"非法人组织",《民法总则》不应当再规定个人合伙。①《民法总则》最终删除了关于个人合伙的规定。《民法通则》对个人合伙作出规定是为了适应当时经济发展的需要,对实践中存在的合伙行为予以规范。《民法通则》将个人合伙分为起字号的与不起字号的个人合伙,二者区别在于起字号的个人合伙从事经营活动须经登记。随着我国民事法律制度的逐步完善,1997年颁布的《合伙企业法》对起字号的个人合伙已作了较为全面的规定,基本取代了《民法通则》关于这类合伙的规定,合同法也可以对民事合伙合同作出规范。从其他国家和地区的立法例看,它们多将民事合伙作为合同关系放在债编中加以规定。基于此,《民法总则》不再专门规定个人合伙。我们对现有的合伙,可以分两种情况进行处理:一是对于民事合伙,可以考虑在民法典合同编专门规定"合伙合同",对相关问题作出规范;二是对于商事合伙企业,《民法总则》已将其纳入"非法人组织"一章予以规范,具体规则仍由《合伙企业法》等相关单行法规定。

对于个人合伙在《民法总则》中的去留,有学者通过大数据分析《民法通则》第

---

① 石宏主编:《中华人民共和国民法总则条文说明、立法理由及相关规定》,北京大学出版社2017年版,第28页。

34、35 条的适用情形①,指出个人合伙法条的适用在目前案件中所占的比例算是较高频次的,直接将"个人合伙"删除,欠妥当。个人合伙制度,在本质上不属于民事主体制度,而是一种民事合同制度,理应在《合同法》分则而非《民法总则》中予以规定,但《民法总则》删除"个人合伙"制度之后,在"民法典"编纂过程中,未必能完全做到统筹安排,重新在《合同法》分则部分规定"个人合伙"。因此,学者曾建议在《民法总则》中暂时保留这部分,待"法典化"过程中,如果还有统筹机会,可以"移植"到《合同法》分则部分,这样即使因为各种原因"民法典"未能统筹处理,也不会出现无法可依的情形。② 诚如斯,如今《民法总则》删除了"个人合伙"的相关规定,我们建议立法者尽快作出相关制度安排,以弥补不足。

(2)民事合伙与商事合伙

这种分类的目的在于从民事合伙与商事合伙的区别的角度,来说明商事合伙的特征。分类的标准:合伙设立与存在的规范基础是民法还是商法。民事合伙以民法为基础而设立的,合伙人之间的权利义务关系适用民事法律规范。而商事合伙是以商事法律为规范基础而设立,合伙本身的法律地位及合伙人之间的权利义务关系适用商法。这种区别在具有民商分立传统的大陆法系国家中仍然具有重要意义。

民事合伙与商事合伙之间的差别主要是:①民事合伙是一个契约性共同体,而商事合伙则是一个具有主体性的组织体。所谓契约性共同体,是指合伙人之间的权利义务关系靠契约维系,而各个合伙人是合伙共同体权利义务的归属者。例如,合伙取得的财产为合伙人的共同财产,合伙的义务是合伙人的共同连带义务。而主体性组织体是指合伙具有某些法人的特征。例如,商事合伙可以以自己的名义从事经营活动,取得的权利归合伙组织所有,义务首先由合伙组织承担,可以作为

---

① 《民法通则》第 34 条:"个人合伙的经营活动,由合伙人共同决定,合伙人有执行和监督的权利。合伙人可以推举负责人。合伙负责人和其他人员的经营活动,由全体合伙人承担民事责任。"第 35 条:"合伙的债务,由合伙人按照出资比例或者协议的约定,以各自的财产承担清偿责任。合伙人对合伙的债务承担连带责任,法律另有规定的除外。偿还合伙债务超过自己应当承担数额的合伙人,有权向其他合伙人追偿。"

② 王竹:《〈民法总则(草案)〉若干法律规范去留问题大数据分析——以〈民法通则〉相应条文的司法适用大数据报告为基础》,载《四川大学学报(哲学社会科学版)》2017 年第 1 期。

诉讼中的原告与被告,在与第三人的关系上,债权人可以直接诉追合伙组织。②民事合伙一般不使用商号,而商事合伙必须有商号。由于商事合伙是一个组织体,所以,合伙应当在商号的名义下进行活动,这样才能使行为的后果归属于合伙组织。而民事合伙的后果直接归属于合伙人,故不需要商号。③商事合伙需要商事登记,而民事合伙不需要商事登记。按照许多国家的法律规定,商事合伙必须进行商业登记、建立商业账簿,可以建立分支机构。而民事合伙则不需要进行商业登记,也不需要建立商业账簿,更不能设立分支机构。④在对外关系上,民事合伙的合伙人必须以全体合伙人的名义执行业务,否则,效果不归全体合伙人。而商事合伙则实行代理制(或者代表制),只要以合伙组织的名义从事行为,行为结果就归合伙组织。

(3)显名合伙与隐名合伙

显名合伙与隐名合伙划分的标准是:是否在合伙中公开其姓名、是否参加合伙的经营管理以及对合伙债务是否承担无限连带责任。显名合伙是指合伙中的所有合伙人均公开其姓名,不仅出资、分配利益,而且参加经营管理活动,并对合伙组织的债务对第三人承担无限连带责任。显名合伙是合伙的典型形式。隐名合伙是指在合伙中存在这样的合伙人:合伙人不公开其姓名而仅仅出资并分配利益;不参加合伙的经营管理活动,并且仅仅以出资为限对合伙债务承担有限责任。这种人被称为"隐名合伙人"。也就是说,含有至少一名隐名合伙人的合伙为隐名合伙。隐名合伙人无须登记,隐名合伙人的内部关系主要靠契约来维持。所以,德国学者说:"从经济学的观点看,隐名合伙很像一种以参加利润分配为条件的借贷。两者之间的区别在于隐名合伙人也要分担损失。"[①]当然,这种损失的分担以出资额为限。

隐名合伙作为一种契约型合伙形式,在许多国家普遍存在。例如,大陆法系的德国、法国、日本以及英美等国的商事法上均承认这种形式。我国《合伙企业法》则否定这种形式。有一些学者认为,我国有必要建立隐名合伙制度,理由是:①确立隐名合伙制度有利于将一部分闲散资金吸引到一个新的投资领域;②确立隐名合

[①] [德]罗伯特·霍恩、海因·科茨、汉斯·G. 莱塞:《德国民商法导论》,楚建译,中国大百科全书出版社1996年版,第277页。

伙制度有利于规范投资行为,保护投资者和经营者的合法利益,同时也保护第三人的利益;③确立隐名合伙制度有利于解决实践中的纠纷。

在实践中,许多人想利用这种方式投资,一方面承担有限责任,另一方面,又不参与合伙事务的经营与管理而分配利益,因而隐名合伙在实践中存在需求,亦确实存在。但是,一旦发生纠纷,隐名合伙人与债务人的关系就变成了一个较大的问题。对此,《民法通则意见》第46条规定:"公民按照协议提供资金或者实物,并约定参与合伙盈余分配,但不参与合伙经营、劳动的,或者提供技术性劳动而不提供资金、实物,但约定参与盈余分配的,视为合伙人。"而根据《民法通则》第35条的规定,合伙人对合伙债务承担连带责任。那也就是说,一旦发生纠纷,隐名合伙人可能就得显名,要对合伙债务承担连带责任。

要指出的是,隐名合伙是大陆法系中的说法,英美法中的说法是有限合伙。有限合伙是指为了在某一商号的名义下从事商业经营而建立的一种商事合伙。该合伙包括两种合伙人,即对合伙债务负有限责任的合伙人与负无限责任的合伙人。有限合伙人以其出资额为限对合伙债务承担责任,如果有限合伙人已经缴付了出资,那么,他对有限合伙的债权人不再承担任何财产责任。在这一点上,有限合伙人相当于有限责任公司与股份有限公司的股东。

(4)一般普通合伙与特殊普通合伙

一般普通合伙与特殊普通合伙是以合伙所从事的行业及普通合伙人之间的关系为标准所进行的分类。特殊普通合伙的特殊性就体现在与分类标准有关的这两个方面:①以专业知识和专门技能为客户提供有偿服务;②一个合伙人或者数个合伙人在执业活动中因故意或者重大过失造成合伙企业产生债务的,应当承担无限责任或者无限连带责任,其他合伙人以其在合伙企业中的财产份额为限承担责任。

合伙人执业活动中因故意或者重大过失造成的合伙企业债务,以合伙企业财产对外承担责任后,该合伙人应当按照合伙协议的约定对给合伙企业造成的损失承担赔偿责任。但是,合伙人在执业活动中非因故意或者重大过失造成的合伙企业债务以及合伙企业的其他债务,由全体合伙人承担无限连带责任。正是因为上述特点,所以,法律要求特殊的普通合伙企业在名称中应当标明"特殊普通合伙"字样。除了上述两点有特殊规定外,特殊普通合伙适用一般普通合伙的规定。

(二)合伙企业的设立

合伙企业之设立,需具备实质与程序两方面的要件。

1. 实质要件

《合伙企业法》第14条一般性地规定了合伙企业的成立要件：

(1)两名以上的合伙人

投资人若为一人,应申请为个人独资企业。在人数上限及人员构成上,有限合伙有其特别要求:人数上不超过50人,构成上至少有1名普通合伙人(《合伙企业法》第61条)。普通合伙企业则无人数上限。

合伙人可为自然人或法人。若为自然人,须具有完全行为能力,但无行为能力或限制行为能力人可成为有限合伙人(《合伙企业法》第48条第2款前句、第79条)。做此区别的原因大概在于:普通合伙人所承担的无限连带责任无法预测并控制风险,行为能力欠缺者不宜进入;有限责任则不存在这一疑虑。若以法人为合伙人,国有独资公司、国有企业、上市公司以及公益性的事业单位、社会团体不得成为承担无限责任的普通合伙人(《合伙企业法》第3条)。

(2)书面合伙契约

合伙关系建立在当事人意思表示的基础之上。合伙系长期合作关系,彼此之间的约定亦是合伙登记的依据,为慎重计,合伙契约须采书面要式,经全体合伙人签名、盖章后生效(《合伙企业法》第19条第1款)。但最高人民法院的《关于贯彻执行〈中华人民共和国民法通则〉若干问题的意见(试行)》第50条也承认事实合伙。其辞曰:"当事人之间没有书面合伙协议,又未经工商行政管理部门核准登记,但具备合伙的其他条件,又有两个以上无利害关系人证明有口头合伙协议的,人民法院可以认定合伙关系。"

(3)出资

合伙企业不具有法人资格,不能享受责任限制之优待,自也不必受制于所谓的法定最低注册资本额,仅需"有合伙人认缴或者实际缴付的出资"即为已足。至于金额多少,由合伙人根据经营需要自行权衡。法律所要求者,惟各合伙人依其承诺履行出资义务而已(《合伙企业法》第17条第1款)。而此等义务不过是合伙人彼此之间的意定义务。纵有违反,亦未必影响合伙企业之成立。

出资方式,可以是货币、实物、知识产权、土地使用权或其他财产性权利,亦可以是劳务(《合伙企业法》第16条第1款)。不过,后一种出资方式,因其无法被强制执行,不适用于就合伙债务负有限责任的有限合伙人(《合伙企业法》第64条第2款)。

(4)企业名称与经营场所

为交易安全计,企业名称须标示合伙的性质,分别注明"普通合伙""特殊普通合伙"或"有限合伙"(《合伙企业法》第15、56、62条)。

关于经营场所,《合伙企业登记管理办法》第8条规定:"经企业登记机关登记的合伙企业主要经营场所只能有一个,并且应当在其企业登记机关登记管辖区域内。"

(5)法律、行政法规规定的其他条件

此属开放条款,为特别规定留有余地。例如,经营旅馆、刻字、印刷等特种行业的合伙必须经公安局批准。

2. 程序要件

设立合伙企业,须经申请与登记。

《合伙企业法》第9条第1款规定:"申请设立合伙企业,应当向企业登记机关提交登记申请书、合伙协议书、合伙人身份证明等文件。"合伙企业以登记为成立标志,成立日期为营业执照签发日期,在此之前,合伙人得以企业名义从事合伙业务(《合伙企业法》第11条)。另依《合伙企业法》第10条之规定,登记与否采准则主义。

(三)合伙企业的权利能力

合伙企业并未如法人般独立于投资人而存在。例如,合伙企业并无自己的议决与执行机构,所有事务以合伙人一人一票的方式多数决(《合伙企业法》第30条)或一致决(《合伙企业法》第31条)并由合伙人执行(《合伙企业法》第26条);新合伙人加入或原合伙人退出,原则上需要所有合伙人一致同意(《合伙企业法》第43、45条);合伙财产为全体合伙人共同共有(《合伙企业法》第21条第1款);普通合伙企业的合伙人与有限合伙的普通合伙人须为合伙企业的债务承担无限责任(《合伙企业法》第244、53、91条),等等。可见,合伙企业既无自己独立的意思,亦无独立承担责任之能力,人格未与合伙人完全分离,独立性远不如法人。以合伙企业名义参与的法律交往,权利义务的最终承受者实为普通合伙人。

(四)合伙企业的终止

合伙企业终于解散。依《合伙企业法》第85条之规定,构成解散原因的事由包括:(1)合伙期限届满,合伙人决定不再经营;(2)合伙协议约定的解散事由出现;(3)全体合伙人决定解散;(4)合伙人已不具备法定人数满30天;(5)合伙协议约定的合伙目的已经实现或者无法实现;(6)依法被吊销营业执照、责令关闭或者被撤销;(7)法律、行政法规规定的其他原因。

另外,合伙企业具有破产能力,可因宣告破产而终止(《合伙企业法》第92条)。企业终止之前需经清算。清算因解散或破产之不同而分别适用普通清算程序或破产清算程序。清算程序终结,清算人有义务申请注销登记。《合伙企业登记管理办法》第24条规定:"经企业登记机关注销登记,合伙企业终止。"如同个人独资企业,此处的注销登记亦生宣示效力。

三、个人独资企业

(一)个人独资企业的概念

《独资企业法》第2条规定:"本法所称个人独资企业,是指依照本法在中国境内设立,由一个自然人投资,财产为投资人个人所有,投资人以其个人财产对企业债务承担无限责任的经营实体。"据此,个人独资企业属于商事主体中的商自然人。

(二)个人独资企业的设立

根据《个人独资企业法》第8条规定,设立个人独资企业应当具备下列条件:1.投资人为一个自然人;2.有合法的企业名称;3.有投资人申报的出资;4.有固定的生产经营场所和必要的生产经营条件;5.有必要的从业人员。

申请设立个人独资企业,应当由投资人或者其委托的代理人向个人独资企业所在地的登记机关提交设立申请书、投资人身份证明、生产经营场所使用证明等文件。委托代理人申请设立登记时,应当出具投资人的委托书和代理人的合法证明。个人独资企业不得从事法律、行政法规禁止经营的业务;从事法律、行政法规规定须报经有关部门审批的业务,应当在申请设立登记时提交有关部门的批准文件。

个人独资企业设立申请书应当载明下列事项:1.企业的名称和住所;2.投资人的姓名和居所;3.投资人的出资额和出资方式;4.经营范围。个人独资企业的名称应当与其责任形式及从事的营业相符合。

登记机关应当在收到设立申请文件之日起15日内,对符合本法规定条件的申请人予以登记,发给营业执照;对不符合本法规定条件的,不予登记,并应当给予书面答复,说明理由。个人独资企业的营业执照的签发日期,为个人独资企业成立日期。

个人独资企业领营业执照后,投资人方能以个人独资企业名义从事经营活动。

个人独资企业亦可以设立分支机构。设立分支机构时,应当由投资人或者其委托的代理人向分支机构所在地的登记机关申请登记,领取营业执照。分支机构经核准登记后,应将登记情况报该分支机构隶属的个人独资企业的登记机关备案。分支机构的民事责任由设立该分支机构的个人独资企业承担。

(三)个人独资企业与其他个体经济形式之比较

1. 个人独资企业与个体工商户之比较

个人独资企业和个体工商户一样都具有出资主体单一性、组织的非法人性特征,均属商自然人之范畴,但由于二者发展的时代背景、立法思想的重大差异,在商主体制度的基本方面都有所差异。

在商主体的框架体系下,个体工商户与个人独资企业虽同属商个人范畴,但前者属自然人商人,后者属组织商人。个体工商户是从民事主体的角度,对自然人主体之特殊权利能力的一种规定,其主体资格是自然人的一种特殊形态。而个人独资企业则是从营业主体即企业的投资形式、法律责任对企业类型的一种划分,它是从市场主体这一角度考虑的。[①] 作为企业组织,个人独资企业的经营管理模式较具规范性,在商个人体系中是最具组织性、规范性的商主体,属于商个人体系中的高层次形态。关于这一点,我们可以从二者的设立条件初见端倪。设立个人独资企业除了须具备主体条件外,还要具备:有投资人申报的出资、有固定的生产经营场所和必要的生产经营条件、有必要的从业人员等,较高的实体条件要求表明立法在强调其企业组织的性质,但个体工商户的设立无此要求。

---

① 肖海军:《企业法原论》,湖南大学出版社2006年版,第226页。

2. 个人独资企业与一人公司之比较

我国 2005 年修正《公司法》承认一人公司后,个人独资企业年均增长率由 2006 年的 13.318% 骤降至 2007 年的 3.342%[①],这也说明两个企业形式之间存在着制度竞争。但和个人独资企业与个体工商户的制度竞争相比,个人独资企业与一人公司的制度竞争,可谓是向上的竞争(race to top),制度的优势体现在投资人的有限责任、企业主体的独立性、组织机构的规范性等方面。在此意义上,前者可谓是向下的竞争(race to bottom),因为制度的优势体现在设立门槛低、程序简便、运营成本低、管制宽松、经营灵活等方面。因此,我们还需要向上考察个人独资企业与一人公司的优劣,审视个人独资企业及其立法的价值定位。

个人独资企业与一人公司的相似之处在于:个人独资企业与一人公司都采企业组织形式,都具有单一投资主体、单一资本来源、简易组织机构设置、投资人集所有与经营于一身等特征。但是,即便二者在企业制度架构上具有相似之处,其不同之处还是较明显的。首先,从设立门槛的高低来观察,一人公司的设立门槛高于个人独资企业。比如,一人公司的最低注册资本额为人民币 10 万元且一次性足额缴纳,个人独资企业的登记事项仅有"出资"而没有"资本"的概念,也没有出资最低额的要求。其次,从出资方式考察,一人公司股东的出资形式与货币出资比例都有严格限制,但个人独资企业无此类限制。第三,从二者的法律地位考察,一人公司是法人企业,个人独资企业作为业主制企业,不享有法人资格,没有独立财产。二者的法律地位差异决定了投资人的责任承担不同,投资风险也就不同。在投资人的投资风险设计上,一人公司的制度优势明显。第四,从企业治理的规范程度来看,一人公司原则上适用现代公司规范的治理结构,由股东行使股东会职权,设立董事会(执行董事)、监事。个人独资企业实行业主制管理模式,不存在治理结构,由此,一人公司的外部公众形象优于个人独资企业。第五,从财务管理制度考察,一人公司实行较严格的会计审计制度,在每一会计年度终了时编制财务会计报告并经会计师事务所审计,公司财产独立原则得到最低限度的维护,否则适用法人格否认制度予以匡正;个人独资企业无此类约束,虽然独资企业一般都设置有单独的财产目

---

① 李建伟:《个人独资企业法律制度的完善与商个人体系的重构》,载《政法论坛》2012 年第 5 期。

录和业务账簿,用于记载投入企业经营的财产情况和企业业务状况,但其目的只是为了填写纳税账表和使企业主了解、掌握企业的经营状况。① 与此同时,一人公司治理规范的另一面,则意味着运行成本相对较大。第七,关于税负的差异,一人公司作为法人企业,需就公司生产经营所得计缴企业所得税,然后,自然人股东就其所分配利润缴纳个人所得税;而个人独资企业只需就投资者的生产经营所得比照个体工商户的生产、经营所得征收应纳税额的个人所得税。但是,我们不能由此下结论说,个人独资企业的税负必然轻于一人公司,对此尚需具体分析,因为涉及企业所得税优惠政策。考察企业所得税法可以发现,除了小型微利企业之外,政府还有其他一系列的税收优惠,但其中并没有针对个人独资企业的税收优惠。此外,一人公司还可以享受区域性、产业性等优惠政策,如部分高新技术企业、西部大开发产业、乡镇企业、农业产业化国家重点龙头企业、发展福利事业等。由此,一人公司在税收方面可能反而优于个人独资企业。为发挥税收利益的引导作用,促进个人独资企业发展,怎样使个人独资企业能够享受到《企业所得税法》规定的企业税收优惠政策,将是下一个改革点。另外,法人企业通常享受更多的便利条件,比如更容易从银行获得贷款,可以从事更多的行业、产业等,这些也与个人独资企业无关。②

(四)个人独资企业的终止

个人独资企业经解散、清算程序后终止。

1. 个人独资企业的解散

根据《个人独资企业法》第 26 条规定,个人独资企业有下列情形之一时,应当解散:(1)投资人决定解散;(2)投资人死亡或者被宣告死亡,无继承人或者继承人决定放弃继承;(3)被依法吊销营业执照;(4)法律、行政法规规定的其他情形。

个人独资企业解散的,财产应当按照下列顺序清偿:(1)所欠职工工资和社会保险费用;(2)所欠税款;(3)其他债务。

个人独资企业解散后,原投资人对个人独资企业存续期间的债务仍应承担偿还责任,但债权人在 5 年内未向债务人提出偿债请求的,该责任消灭。

---

① 赵旭东:《独资企业立法研究》,载《政法论坛》1995 年第 1 期。
② 胡俊坤:《个人独资企业与法人企业的选择》,载《纳税征收》2011 年第 2 期。

2. 个人独资企业的清算

根据《个人独资企业法》第 27 条规定，个人独资企业解散，由投资人自行清算或者由债权人申请人民法院指定清算人进行清算。

投资人自行清算的，应当在清算前 15 日内书面通知债权人，无法通知的，应当予以公告。债权人应当在接到通知之日起 30 日内，未接到通知的应当在公告之日起 60 日内，向投资人申报其债权。

清算期间，个人独资企业不得开展与清算目的无关的经营活动。在按前条规定清偿债务前，投资人不得转移、隐匿财产。个人独资企业清算结束后，投资人或者人民法院指定的清算人应当编制清算报告，并于 15 日内到登记机关办理注销登记。

个人独资企业财产不足以清偿债务的，投资人应当以其个人的其他财产予以清偿。

四、不具有法人资格的专业服务机构

不具有法人资格的专业服务机构主要指未取得法人资格的律师事务所、会计师事务所等"专业服务机构"。

（一）不具有法人资格的律师事务所

1. 不具有法人资格的律师事务所的设立

根据《律师法》(2012)第 14 条及《律师事务所管理办法》(2016)第 7 条规定，律师事务所是律师的执业机构。律师事务所可以由律师合伙设立、律师个人设立或者由国家出资设立。

设立律师事务所应当具备下列基本条件：(1)有自己的名称、住所和章程；(2)有符合本法规定的律师；(3)设立人应当是具有一定的执业经历，且 3 年内未受过停止执业处罚的律师；(4)有符合国务院司法行政部门规定数额的资产。《律师法》第 15 条规定：设立合伙律师事务所，除应当符合本法第 14 条规定的条件外，还应当有 3 名以上合伙人，设立人应当是具有 3 年以上执业经历的律师。合伙律师事务所可以采用普通合伙或者特殊的普通合伙形式设立。设立普通合伙律师事务所，除应当符合《律师事务所管理办法》第 8 条规定的条件外，还应当具备下列条件：(1)有书面合伙协议；(2)有 3 名以上合伙人作为设立人；(3)设立人应当是具有

3年以上执业经历并能够专职执业的律师;(4)有人民币30万元以上的资产。(《律师事务所管理办法》第9条)设立特殊的普通合伙律师事务所,除应当符合《律师事务所管理办法》第8条规定的条件外,还应当具备下列条件:(1)有书面合伙协议;(2)有20名以上合伙人作为设立人;(3)设立人应当是具有3年以上执业经历并能够专职执业的律师;(4)有人民币1000万元以上的资产。(《律师事务所管理办法》第10条)

2. 合伙制律师事务所的责任承担

《律师法》第15条规定,合伙律师事务所的合伙人按照合伙形式对该律师事务所的债务依法承担责任。律师违法执业或者因过错给当事人造成损失的,由其所在的律师事务所承担赔偿责任。律师事务所赔偿后,可以向有故意或者重大过失行为的律师追偿。

普通合伙律师事务所的合伙人对律师事务所的债务承担无限连带责任。特殊的普通合伙律师事务所中一个合伙人或者数个合伙人在执业活动中因故意或者重大过失造成律师事务所债务的,应当承担无限责任或者无限连带责任,其他合伙人以其在律师事务所中的财产份额为限承担责任;合伙人在执业活动中非因故意或者重大过失造成的律师事务所债务,由全体合伙人承担无限连带责任。(《律师事务所管理办法》第53条)

(二)不具有法人资格的会计师事务所

1. 不具有法人资格的会计师事务所的设立

根据《注册会计师法》第23条及《会计师事务所审批和监督暂行办法》第6条的规定,注册会计师可以申请设立合伙会计师事务所或者有限责任会计师事务所。

设立合伙会计师事务所,应当具备下列条件:(1)有2名以上的合伙人;(2)有书面合伙协议;(3)有会计师事务所的名称;(4)有固定的办公场所。(《会计师事务所审批和监督暂行办法》第7条)会计师事务所的合伙人或者股东,应当具备下列条件:(1)持有中华人民共和国注册会计师证书(以下简称"注册会计师证书");(2)在会计师事务所专职执业;(3)成为合伙人或者股东前3年内没有因为执业行为受到行政处罚;(4)有取得注册会计师证书后最近连续5年在会计师事务所从事下列审计业务的经历,其中在境内会计师事务所的经历不少于3年:①审查企业会计报表,出具审计报告;②验证企业资本,出具验资报告;③办理企业合并、分立、清算事宜中的审计业务,出具有关的报告;④法律、行政法规规定的其他审计业务。⑤成为合伙人或者股东前1年内没有因采取隐瞒或提供虚假材料、欺骗、贿赂等不正当手段申请设立会计师事务所而被省级财政部门作出不予受理、不予批准或者撤销会计师事务所的决定。(《会计师事务所审批和监督暂行办法》第9条)

2. 合伙制会计师事务所的责任承担

《注册会计师法》第23条规定:"合伙设立的会计师事务所的债务,由合伙人按照出资比例或者协议的约定,以各自的财产承担责任。合伙人对会计师事务所的债务承担连带责任。"

五、其他非法人组织

(一)法人的分支机构

法人的分支机构是指法人为了扩展自己的业务活动而特别出资设立的以完成法人部分职能的业务机构。法人的分支机构的法律地位,我国司法实务部门也一直肯定其具有独立的诉讼主体地位,多数学者也认为其属于介于自然人和法人之间的第三类独立的民事主体,即非法人组织。[①] 法人作为一类独立的民事主体,有拓展活动空间的必要,往往要在某一区域设立业务机构以完成其部分职能,法律出于对市场交易的保护和促进而认许这种机构的存在。因此,法人除在主事务所活动外,也可有分支机构的形式存在,具有对外活动职能。分支机构多称代表处、分理处、分公司。企业的分支机构、商业使用机构或分公司、分店,其负责人称商业使用人或经理人。[②]

1. 法人分支机构成立的要件

依照我国现行法律的规定,要成立法人分支机构,应当具备下列条件:(1)依法成立。首先,法人分支机构应当是我国所允许设立的组织,如果该分支机构不为我国法律所许可,则不能成立。其次,法人分支机构应当符合法定的核准登记程序。例如,我国公司法人要成立分支机构(分公司),就应当向分公司所在地的市、县登

[①] 王利明主编:《中华人民共和国民法总则详解》,中国法制出版社2017年版,第417页。
[②] 龙卫球:《民法总论》,中国法制出版社2002年版,第396页。

记机关申请登记,经核准发给营业执照,方可成立。又如,根据《商业银行法》,我国商业银行因业务发展的需要,要在我国境外设立分支机构,必须经中国人民银行审批,经核准发给经营许可证,并向工商管理部门进行登记,领取营业执照。(2)有自己的名称、组织机构和场所。法人分支机构应当具有不同于其所属法人的名称,并可以此名义在核准的目的范围内对外进行民事活动。在一定范围内,该分支机构对名称拥有专有权,这是法人分支机构区别于其所属法人的相对独立性的外在表现。为完成法人的部分职能,法人分支机构还要有管理其内部事务和对外交往的相应机关,拥有进行业务活动的活动场所。(3)有必要的财产或经费。法人分支机构在其所属法人目的事业范围内从事业务活动,必要的财产和经费是完成其所欲完成职能的物质基础。如《公司法》第194条规定,外国公司在我国境内设立分支机构,应当向该分支机构拨付与其所从事的经营活动相适应的资金。鉴于对第三人信赖利益保护的需要,法人分支机构成立不仅需董事(法人之代表人)授权,而且要通过登记,完成公示。[1]

2. 法人分支机构的民事法律地位

我国对分支机构、分公司称谓的使用、分支机构的性质的认识,曾一度十分混乱。[2] 我国民法学界对法人分支机构的法律地位有两种观点,即否定说和肯定说。[3] 否定说认为企业法人的分支机构是企业法人的组成部分,分支机构的财产就是法人的财产,分支机构的责任由法人承担,故无独立的民事主体资格。肯定说认为,企业法人的分支机构属于非法人组织,它有自己的名称和相对独立的财产或经费,有自己的组织机构,具备团体性要件,具有民事主体资格。"法人分支机构虽非法律明定的民事主体,但可以成为具体民事活动的主体"。[4] 最高人民法院曾在(研)复(1987)第33号批复称:"企业单位开业的分支机构倒闭后,如果该分支企业实际具备相应法人资格,所负债务应由分支企业自己负债清偿;不具备独立法人资格的,应由开办该分支企业的单位负连带责任。"根据该解释的观点,一些分支机构甚至应被视为法人处理。

---

[1] 郑玉波:《公司法》,三民书局1980年版,第270页。
[2] 龙卫球:《民法总论》,中国法制出版社2002年版,第397页。
[3] 张民安、王荣珍主编:《民法总论》,中山大学出版社2013年版,第209页。
[4] 江平主编:《法人制度论》,中国政法大学出版社1994年版,第108页以下。

对于法人分支机构是否能够以自己的名义对外参与民事活动,各国立法有所不同,理论认识也不一致。德国民法认为,法人分支机构属于"无权利能力社团",无独立民事主体资格,但是具有当事人能力,可参与民事诉讼行为。英美法系认为,非企业法人组织具有民事主体资格。我国现行民法否认法人分支机构具有独立法人资格,但承认企业法人的分支机构可以成为民事诉讼或行政诉讼的主体,有自己的名称权,能在核准的营业执照的范围内进行民事活动。根据我国《公司法》第14条的规定,公司的分支机构被称为分公司。《公司法》第14条规定:"公司可以设立分公司。设立分公司,应当向公司登记机关申请登记,领取营业执照。分公司不具有法人资格,其民事责任由公司承担。"

在我国,银行、保险、运输等公营部门,按地区或行政区划设银行、保险、铁路的分支机构,这些分支机构组织庞大,包揽本区域的业务,因此具有特殊的社会功能。法人分支机构是法人的组成部分,基于法人分支机构的这种从属性,它不能取得独立的法人资格和地位。法人分支机构的地位,其性质应视为法人机关的委任代理机构和受雇佣机构。法人机关具备法定代表之权,分支机构负责人实为代理人。分支机构的负责人是事务代理人,分支机构在法律地位上只是事务代理人的外壳而已,它与事务代理人是形式与实质的关系。但分支机构作为一种形式,在法律上又有复杂性,它可以以自己名义享有所谓形式上的权利能力(包括诉讼当事人的能力),在核准登记范围内可以暂时以自己的名义缔结法律关系,但不具有实质上的权利能力,在其不足以清偿债务时,将由其依附的法人承受。

3. 法人分支机构的主要类别

(1)企业法人分支机构

企业法人分支机构是依照企业法人的意志,在法人总部之外设立的法人分部,属法人的组成部分,其活动范围局限于法人的活动范围内,其行为后果最终由所属法人承担。企业法人分支机构的设立需要在设立地的工商行政管理部门登记并领取营业执照,在核准登记的范围内以自己的名义独立从事经营活动。

企业法人分支机构从属于企业法人,这表现在:其名称必须标明与企业法人的隶属关系,如某公司某某营业部、某公司某某分公司等;它们只能在所属法人的业务范围内活动,不得违反法人的宗旨;其管理人员由企业法人所指派,不能由内部产生;其所占有、使用的财产属于法人所有,它们自身并不拥有所有权。

企业法人分支机构的外部形式与企业法人相类似,需要核准登记后才能以自身的名义从事民事活动,须有自己的名称、组织机构、经营场所和可支配的经营财产,并以其经营财产承担民事责任,只有在分支机构不能清偿债务时,才由法人的其他财产清偿。

企业法人的分支机构不同于企业法人的直属机构和下设生产单位。企业法人的直属机构,如研发部、人力资源部、财务部等,和企业法人的下设生产单位,如车间、班组等,都不属于企业法人的分支机构。只有能够独立地执行法人的职能的组织体,才能作为法人的分支机构。企业法人的分支机构也不同于企业法人所设立的具有独立法律人格的新的法人组织。如母公司持股设立的子公司虽受母公司控制,但子公司是独立的法人,独立承担民事责任。

在我国,企业的主要形式是公司,因此,各种"分公司"是企业法人分支机构的主要形式,在我国常见的主要有股份公司的分公司、有限责任公司的分公司、企业总公司的分公司和支公司、企业总厂的分厂、垄断性行业之局的分局、银行之总行的分行和支行等。此外,改革开放以来,不断崛起的民营企业,在发展壮大后,应业务的需要在有关地区(并不固定)建有分支机构。

(2)外国公司的分支机构

外国公司是指公司国籍隶属于本国以外的国家的公司。狭义的外国公司,仅指依外国法律组织登记,并经内国政府认许的公司。我国法律所称的外国公司为前者。我国《公司法》第191条规定:"本法所称的外国公司是指依照外国法律在中国境外设立的公司。"

外国公司分支机构是指外国公司依照我国公司法的规定,在我国境内设立的经营性组织。《公司法》第11章设专章规定了外国公司的分支机构。外国公司的分支机构,其具体形式多种多样,如外国公司在我国设立的分公司、分行、代办处、办事处以及工程项目的承包地、经营厂所和作业场所等。外国公司分支机构并未独立于其外国分司,因而无权利能力;分支机构的财产归属,以及法律行为效果均归属于其在外国的法人(公司)。但是,从实际来看,分支机构并非绝对无权利能力、行为能力以及责任能力。分支机构的相对独立性,不仅通过其从事生产与交易的"主体性"表现出来,而且,通过其财产处置和债务承担的并非"代表性"的身份表现出来。

根据我国《公司法》第192条规定:"外国公司在中国境内设立分支机构,必须向中国主管机关提出申请,并提交其公司章程、所属国的公司登记证书等有关文件,经批准后,向公司登记机关依法办理登记,领取营业执照。外国公司分支机构的审批办法由国务院另行规定。"

根据该规定,设立外国公司的分支机构首先应向主管机关申请,得到主管机关的许可,实质上就是外国公司设立分支机构的审批,是设立的关键。第二步的登记是程序性的步骤,只要合乎法定条件,即准予登记。一般来说,各国关于外国公司分支机构的设立,与本国公司分支机构的设立采取同一原则。比如,对本国公司分支机构采准则主义设立原则的国家,对外国公司分支机构的设立通常也采准则主义原则。也就是说,只要符合其法律关于设立外国公司分支机构的规定,经登记机关依规定审查后,即予以登记。例如,《日本商法典》第 479 条第 2 款规定:"外国公司欲在日本进行交易时,应设置营业所,并就该营业所进行登记。这种登记与公告应遵循日本有关成立同种或最类似公司的分公司进行登记及公告的规定。"其第 482 条规定:"在日本设置总店或以营业为主要目的的公司,虽是外国设立者,也应遵守日本关于设立公司的同一规定。"根据我国《公司法》及《公司登记管理条例》的规定,我国公司的分公司,即分支机构的登记,基本上采取许可主义＋准则主义原则。设立分公司与设立其总公司一样,首先要经政府有关主管机关审查许可,然后持行业主管机关许可证书到登记机关去办理登记。由此,我国对外国公司的分支机构在我国的设立,也采许可主义＋准则主义原则。①

根据《公司法》第 195 条规定,外国公司在中国境内设立的分支机构不具有中国法人资格。外国公司对其分支机构在中国境内进行经营活动承担民事责任。外国公司分支机构,在中国境内从事业务活动,必须遵守中国的法律,不得损害中国的社会公共利益,其合法权益受中国法律保护。

根据《公司法》第 197 条规定,外国公司撤销其在中国境内的分支机构时,必须依法清偿债务,依照《公司法》有关公司清算程序的规定进行清算。未清偿债务之前,有关公司不得将其分支机构的财产转移至中国境外。

(二) 筹建中的法人

筹建中的法人又称设立中的法人,是指为设立法人组织而进行筹备活动的非

---

① 石碧波:《非法人团体研究》,法律出版社 2009 年版,第 277 页。

法人组织。

1. 筹建中的法人的特征

(1)筹建中的法人为组织体,具备团体性。筹建中的法人是一个组织,而不是筹建人或设立人个人。筹建中的法人有自己的名称、财产、组织机构和经营场所,具备团体性要件。其名称和财产是与筹建人或者设立人的名称和财产相分离的。

(2)筹建中的法人以设立法人为根本目的。筹建中的法人的目的或者宗旨是为了设立法人,是为筹建法人而进行各项准备工作,以自己的名义从事与筹建事务相关的活动。

(3)筹建中的法人是非法人组织。筹建中的法人虽具有团体性要件,具有设立法人之目的的范围内的权利能力和行为能力,但不能独立地承担民事责任。法人设立失败时,筹建中的法人所负债务由其筹建人或者设立人承担。因此,筹建中的法人不是法人,而是非法人组织。

本章案例:合伙的债务承担

[案情]

张三、李四、王五3人组成一个合伙,经营3年后,张三举家迁到另一个城市,要求退伙,李四和王五同意,但要求张三就合伙当时承担的债务承担一些责任,具体来说,是先让他支付3万元债款。张三说搬家开销大,拿不出3万元,但先拿出了1万元偿还合伙债务。年底结算,他们发现合伙总负债为10万元,财务报告显示,张三退伙时的合伙负债是6万元。

[问题]

张三还要就合伙债务承担多少责任?

[分析]

张三退伙后,并不解除他对合伙债务的责任。本案中,按财务年度计算的合伙债务是10万元。按退伙时间计算的合伙债务是6万元。张三只应对后一债务额承担责任。对于此等责任,3个合伙人每人均摊2万元,张三对此已预付1万元,他再付1万元即可解除责任,彻底退伙。

第七章 自然人的人格权、身份权与法人的人格权

第一节 概述

一、人格权的意义

(一) 概念

人格权,是指主体为维护其独立人格而固有的基于自身人格的权利,如生命权、身体权、健康权、姓名权、名誉权、隐私权等。①

1. 人格权是一种受尊重权,是主体以自身人格为基础形成的他人不得侵犯的权利,也就是说,"承认并且不侵害人所固有的'尊严',以及人的身体和精神,人的

---

① 关于人格权概念,不同学者基于不同立场与关注点,给出的定义不尽相同,如日本学者五十岚清认为:人格权是"主要将具有人格属性的生命、身体、健康、自由、名誉、隐私等为对象的,为了使其自由发展,必须保障其不受任何第三者侵害的多种利益的总称"。参见[日]五十岚清:《人格权法》,铃木贤、葛敏译,北京大学出版社2009年版,第7页。郑玉波认为:"人格权者,乃存在于权利人自己人格之权利,申言之,即吾人于与其人格之不分离的关系上所享有之社会的利益,而受法律保护者是也。"郑玉波:《民法总则》,中国政法大学出版社2003年版,第138~139页。王利明认为:人格权是指以主体依法固有的人格利益为客体的,以维护和实现人格平等、人格尊严、人身自由为目标的权利。王利明:《人格权法研究》,中国人民大学出版社2005年版,第14页。

存在和应然的存在"。① 在此,人格与人格权通过人格尊严思想的介入而被联系起来。

2. 人格权是主体所固有的权利,是使人"成为一个人"的权利。人格权因出生而取得,因死亡而消灭,不得让与或抛弃。个人在法律上和事实上不享有人格权,必将丧失做人的根本权利和作为人的基本价值。

(二) 结构

1. 人格权主体

(1) 自然人。人格权概念阐述说明,人格权主要是一种受尊重权,即承认且不侵害人所固有的"尊严"的权利。因此,人格权主要在于肯定和维护自然人的伦理价值属性。所以,自然人当然是人格权主体。

(2) 法人、非法人组织。学界对法人是否享有人格权有比较大的争论。通说认为,法人可为人格权的主体,但专属于自然人的人格权,法人不得享有,如生命权、身体权、健康权、肖像权等,其他非专属于自然人的人格权,如姓名权(商号权)、名誉权(商誉权)、信用权等,法人可享有之。②《民法总则》第110条第1款罗列自然人所享有的人格权种类之后,于第2款明确规定:"法人、非法人组织享有名称权、名誉权、荣誉权等权利。"该条款基本延续了《民法通则》第99、101、102条的相关规定,确认不仅法人,包括非法人组织,均可享有特定种类的人格权。

对于上述通说及立法,不乏学者质疑指出,法人不是伦理主体,不具有人格尊严,其本身不是目的,只是用于实现自然人目的的功利性存在,只是手段。而人格权则是对于主体伦理性人格尊严予以尊重的权利,所以,法人不享有人格权。至于一般认为法人所享有的所谓名称权、商誉权等,事实上均为工业产权或无形财产权。③

---

① [德]卡尔·拉伦茨:《德国民法通论》,王晓晔等译,法律出版社2003年版,第282页。
② 王泽鉴:《人格权法》,北京大学出版社2013年版,第57页;杨立新:《人格权法》,法律出版社2011年版,第72页。
③ 详可参照郑永宽:《人格权的价值与体系研究》,知识产权出版社2008年版,第80~94页。另可参照张俊浩主编:《民法学原理》(上册),中国政法大学出版社2000年版,第190页;尹田:《论法人人格权》,载《法学研究》2004年第4期。

2. 人格权客体

人格权客体是人格。人格,是人之所以作为人的主体性要素(人格要素)的整体性构成。实质上,在此的整体人格即为人本身。人格权是主体以自身人格为基础形成的他人不得侵犯的权利,所以,也可以说,人格权客体实质上是权利人本身。① 就各种具体人格权而言,如生命权、姓名权、名誉权、隐私权等,则是以生命、姓名、名誉与隐私等各种具体人格要素为其客体。

人格权客体是权利人本身,将使得人格权主体与客体同一,这是否自相矛盾呢?就该问题,我们首先须认识到,客体只是权利的基础。人格权的客体是权利人本身,并非意指权利人与其自身之间构成法律关系,而是指人格权主体以自身人格为基础而与所有其他人形成绝对权法律关系,内容则为其他人负有不得侵犯主体人格的消极不作为义务。此权利结构与物权相似。

此外,必须说明的是,作为人格权客体的人格与法律人格不同。这里所谓的人格是指各种具体人格要素的整体性构成,是事实层面的概念;而法律人格指享有权利承担义务的资格,是一种抽象资格,是权利能力的同义表达。

3. 人格权内容

人格权是一种受尊重权,即承认并且不侵害人所固有的"尊严",即要求把人视为目的本身,而不是如同物那样单纯作为他人实现目的的工具或手段,因此,人格权主要表现为消极防御权。人格权不应表现为一种指向于国家或其他法律主体而存在的积极索取的权利,否则,将不当扩张或模糊人格权的界限。例如,民事主体不得以饥饿为由,主张自己的生命权或健康权而向他人强行索要食物。

---

① 关于人格权的客体是什么,学界存在诸多不同的观点,如认为人格权客体是"人格利益""人的伦理价值""人格""权利人本身"等,其中以主张人格权客体乃人格利益者居多。事实上,无论"利益"还是"价值",都是关系性概念,均须取向于主体而存在,即是说事物能满足某主体的特定需要,事实上是,对某主体而言,某事物具有能满足其需要的属性。因此,无论"利益"还是"价值"均须有其载体。在人格权关系中,这个载体即为人格或人格要素。而且,以人格利益为人格权的客体,而人格权的内容也是人格利益,似有自相矛盾之嫌。参照郑永宽:《人格权的价值与体系研究》,知识产权出版社 2008 年版,第 105 页;张俊浩主编:《民法学原理》(上册),中国政法大学出版社 2000 年版,第 141 页。

（三）属性

1. 人格权为非财产权

民事权利以权利之客体是否具有财产价值为标准，区分为财产权与非财产权。人格权的客体是人格，而人格具有超越于财产价值评价之上的伦理价值，因此，一般认为，人格权属于非财产权。

但是，在当前社会，姓名、肖像等人格要素许可他人使用的现象大量存在，甚至于法人名称具有可转让性，如此是否颠覆了人格权非财产权的属性呢？对此，可解释如下，首先，人格与财产的二元划分乃历史形成，指对人格的财产评价将损害人格尊严，使得人格财产化甚至有被交易的危险，但这种二元划分仍不免受特定社会文化价值演化的影响而有所修正。当前社会，许可他人使用的多为姓名、肖像等具有标表性质的人格要素，而非如生命、身体、健康等最具根本性的人格要素。许可他人使用姓名、肖像等并不构成对这些人格要素的转让定价，只是人格权主体自愿许可他人在一定条件下使用这些人格要素而获得的补偿，如此交易并不违背现今市场经济社会的基本价值伦理。只是，当前出现的特定人格要素商品化的现象，仍可促使我们反思人格与财产的二分，或许，我们可以试着去考虑一种柔性观念，即不要在人格与财产间作绝对的二分，而以一种度或量的观念处理之。至于企业商业名称的转让，尤其是转让的老字号、老商号或者名牌企业名称等，其本身即包含显著的财产利益属性，与自然人人格所蕴含的人伦价值基本无关。

2. 人格权是绝对权

依据权利效力所及范围，民事权利分为绝对权与相对权。绝对权是以权利人之外的一切人为其义务人的权利，又称"对世权"。相对权是请求特定人为或不为一定行为的权利，即其义务人是特定的，又称"对人权"。人格权属于绝对权，其效力可对所有其他人主张。

3. 人格权是专属权

以权利与其主体之关系为标准，我们可以将民事权利区分为专属权与非专属权。专属权，指专属于权利人而不能让与的权利。非附着于权利人，可以让与的权利，为非专属权。财产权原则上是非专属权，非财产权则属于专属权。人格权，存在主体人格之上，是为维护主体独立人格而固有的权利，其与主体不可分离，故人格权不可转让、不可继承、不受非法剥夺。但作为例外的是,《民法通则》第99条第2款明确规定,法人、非法人组织可依法转让自己的名称。

4. 人格权是否为支配权

支配权,是指权利人直接支配其客体,而具有排他性的权利。典型的支配权为物权,尤其是其中的所有权。所有权的支配包含事实支配与法律支配。与此相对照,在人格权中,如果将"事实支配"界定为仅对人格要素的事实层面上的控制、利用而不涉及对人格权的处分,而将"法律支配"用于指对人格权的权利处分,那么,人格权主体对于自己人格要素事实上的控制支配确实是存在的,但是,与所有权人可任意处分物上之所有权不同,人格权主体不能像处分所有物那样随意处分自己。所以说,人格权事实层面上的可支配性是事实结构的问题,而人格权法律层面上的可支配与否则系一个伦理政策判断问题,可随社会意识观念而变。故,对于人格权是否为支配权的回答,关键在于对"支配"内涵的理解及把握其后存在的伦理限制问题。

二、具体人格权与一般人格权

(一)具体人格权

具体人格权,又称"特别人格权",是指法律已将所要保护的人格特定化,权利的内容已定型化的人格权。《民法总则》第110条第1款规定:"自然人享有生命权、身体权、健康权、姓名权、肖像权、名誉权、荣誉权、隐私权、婚姻自主权等权利。"这些权利即属于自然人享有的具体人格权。

(二)一般人格权

一般人格权是特别人格权之外的补充性权利,是关于人的一般存在价值与尊严的权利。一般人格权是一种具有开放性、发展性、不确定性的权利,在德国被称之为"框架性权利"。《民法总则》第109条规定:"自然人的人身自由[①]、人格尊严受法律保护。"这可视为系关于自然人一般人格权的规定。它确认了一般人格利益保

---

① 古人有言:不自由,毋宁死。自由是人之所以为人不可或缺的伦理属性,因此,自由构成主体最为基本的人格利益。立法例上,一些国家或地区,如德国、日本、中国台湾等,将自由权确立为具体人格权。

护的如此基本属性,即凡是基于人格所生之合法利益,均应受法律保护,而不限于法律确认的具体人格权利。

(三)一般人格权存在的根据

一般人格权概念被提出,它要面对的问题是:人应受保护的部分、要素有哪些?具体人格权的规定能否穷尽对人格的保护?这些问题的解答又涉及人格权法定或天赋的论争。

人格权是关于人的价值与尊严的权利。人的价值与尊严是人的本质属性,关于人的价值与尊严的权利,不可能也不应该是任何形式人类意志的产物,即不应完全以实证法作为裁断人格权存在与否的根据。人格权属于自然权利,是人之作为人所固有的。人格权天赋并不反对人格权于实证法上被总结确认。此等确认有利于权利的明确与保护,但当涉及实证法规定的具体人格权未能涵括人格法益时,则不能简单以法无规定为由不予保护。例如,商店无端对顾客搜身,如此情事若发生在我国未明确规定隐私权的背景下,仍属于对顾客人格尊严的侵害。对于一般人格利益的侵害,我们不能以现行法没有关于此种人格利益的人格权为由拒绝救济,而应诉诸人的一般价值、自由与尊严的权利,即一般人格权,来加以保护。

此外,人的价值观念具有动态发展性,与社会历史文化观念有密切联系,永远可能会有新的价值需要法律保护,故任何实证法均不可能通过事先规定将人性中值得保护的价值无一遗漏地包括进来。例如,在人格权法的发展过程中,隐私,作为私生活安宁的价值,是随着工业社会发展以及窥探、窃听等刺探私生活的技术发明等因素的促动,而逐渐被社会认同、强化并最终被法定化为隐私权。

(四)一般人格权存在的实益

一般人格权主要是作为特别人格权的补充而存在。当涉及法律未确认的特别人格权之外的人格利益关系时,我们应于个案中通过适用一般人格权来实现对具体人格利益的保护。裁判中经由一般人格权的具体适用,可逐渐归纳产生新的类型化的具体人格权,再由法律加以确认。因此,对于新产生的具体人格权而言,一般人格权又有作为母权存在的价值。

具体在法律适用上,凡涉及在法律上有特别人格权规定的人格利益时,即应适用关于该特别人格权的规定;凡涉及的人格利益在法律上无特别人格权规定的,始适用关于一般人格权的规定。当适用一般人格权的规定对一般人格尊严、自由或价值给予保护时，因一般人格权的模糊性或弹性，往往需要在个案中权衡对方主体诉求的利益，如言论自由、知情权、新闻自由等，最终才能确定是否支持对于一般人格权的保护。由此可见，在权益救济上，对照具体人格权，一般人格权较不具有保护的确定性。

第二节　具体人格权分论

一、自然人人格权

（一）生命权

1. 意义。生命权是自然人以其生命安全利益为内容的人格权，即维持生命活动的正常延续，保障生命不受非法剥夺。① 生命权的客体为生命。对于自然人而言，生命是最根本最重要的人格要素，是主体享有其他一切利益的基础。所以说，生命权是自然人人格权中最为重要的一种，民法以充分保护生命权为其重要目的。

2. 侵害与救济。侵害生命权表现为杀人。但对于生命权侵害的民法救济却面临诸多逻辑困难与伦理难题。民法规定，权利能力终于死亡。当被害人已死，其生命已事实上终结，自身无从享有与提起任何内容的权利主张。纵使相关主体可请求财产性救济，其实质终非对于生命或受害人本身的救济。②

（二）健康权

健康权是自然人以维护其机体生理机能正常运行及其功能正常发挥为内容的人格权。

---

① 《民法通则》第98条规定："公民享有生命健康权。"自事理言，生命与健康尽管联系密切，但终非等同，故不宜构成统一的权利。此后，无论最高人民法院《关于确定民事侵权精神损害赔偿责任若干问题的解释》第1条或《侵权责任法》第2条，均将生命权与健康权分列，应称妥当。

② 关于生命权救济的法律困境，可以参照张俊浩主编：《民法学原理》（上册），中国政法大学出版社2000年版，第143页；朱庆育：《民法总论》，北京大学出版社2013年版，第395页。

健康权所保护的健康,是指身体器官及其功能的正常发挥。健康,不限于器质健康,且包括功能健康;不限于生理健康,亦包括心理健康。①

(三)身体权

1. 意义。身体权是自然人维护其身体完整性的权利。身体权的客体是自然人的身体。传统理论认为身体完整性不得破坏,不得将身体组织的部分转让。但随着现代科学技术和法律伦理的发展,法律已允许自然人将属于其身体组成部分的皮肤、血液、脊髓或个别器官捐赠给他人,以服务于救死扶伤或医疗科研目的。这种捐赠,不视为对身体权的侵害,但须满足严格的法定条件。

2. 身体权与健康权。身体权与健康权密切相连,但身体权在客体和内容上与健康权存有不同,"身体权所保护的,是肢体、器官和其他组织的完满状态,而健康权所保护的,则是各个器官乃至整个身体的功能健全"。② 故身体权被确立为健康权之外的一种独立人格权,值得肯定。在具体案型上,如以谩骂致人患病,侵害的是健康权;若非法剪除他人数根头发,则只侵害身体完整性而不损及健康。③

(四)姓名权

1. 意义。姓名权是自然人决定、使用以及变更姓名并排除他人干涉、盗用、假冒的权利。

姓名是自然人借以识别彼此的社会符号,同时还是自然人借以代表其独立主体资格的标志,因此,姓名权被视为是最基本的人格权,为许多国家民事立法所重

---

① 张俊浩主编:《民法学原理》(上册),中国政法大学出版社2000年版,第144页。
② 张俊浩主编:《民法学原理》(上册),中国政法大学出版社2000年版,第144页。
③ 在法律规范层面,《民法通则》与《侵权责任法》均未明确规定身体权,而最高人民法院《关于确定民事侵权精神损害赔偿责任若干问题的解释》第1条则将身体权与生命、健康权并列。学理上,身体权是否可能且必要独立于健康权,学界存有争论。如正文所析,二者的区分是可能且必要的,就如同有些德国学者所认为的,身体伤害指的是人的外在表现形态的破坏,典型的就是伤口,而健康损害则是指导致了身体内部机能的障碍或精神上的损害。[德]克雷斯蒂安·冯·巴尔:《欧洲比较侵权行为法》(下卷),焦美华译,张新宝审校,法律出版社2001年版,第80页。经常在身体伤害的同时构成健康损害,这是生活事实。但既然二者在概念上能维持区分而独立,且在法律生活中确实也存在单独适用的情形,故我们应支持单独确立身体权为具体人格权。

视。《德国民法典》第 12 条、《法国民法典》第 60~64 条、《瑞士民法典》第 29 条、《葡萄牙民法典》第 72、74 条、我国台湾地区民法典第 19 条等均对姓名权的法律保护作出了明文规定。

2. 姓名。是姓与名的合称。其中,姓是表明家族系统的,而名则是标志当事人本身的特别符号。此所谓姓名,应作广义解释,不仅是指身份证上记载的正式姓名,还应包括曾用名、笔名、艺名及所谓"字""号"等。

3. 权能

(1)姓名决定权能。每个自然人都有决定自己姓名的权利。自然人出生后,通常由其父母或亲属决定其姓名,成年以后有权自行决定自己的姓名。

(2)姓名变更权能。自然人有权依照法律的规定改变自己的姓名。根据我国《户口登记条例》的规定,未满 18 周岁的自然人由其父母、收养人申请变更;18 周岁以上的自然人,由本人申请变更。姓名的变更,应依规定申请户籍管理机关批准,并在户籍簿及身份证上作相应的变更。但笔名、艺名等非正式姓名的改变不受此限制。①

(3)姓名专用权能。专用权能,是指使用所设定的姓名表彰自己人格的专属性权利。未经姓名权人同意,禁止他人使用自己的姓名。

(4)姓名许可使用权能。即姓名权人许可他人使用自己姓名的权利。

4. 侵害姓名权样态

(1)假冒他人姓名。指擅自冒充他人实施行为,以造成同一性混淆。但使用与他人相同的姓名,并不必然构成假冒他人姓名的侵权,须姓名的使用与特定姓名权主体具有可认识性的关联。例如,甲随意冒名(如王江)与某女士发生"一夜情"关系,若非由该事实在客观上可认定系指某特定王江其人时,不构成对以"王江"为姓名者的侵害。而若某甲与乙女住宿旅馆,乙女自称甲之配偶某丙而为住宿登记时,

---

① 国外法律,有将姓名权权能仅限于姓名专用权范围,而不包括取名和更名。如《德国民法典》第 12 条规定:"1. 有权使用某一姓名的人,因他人争夺该姓名的使用权,或因无权使用同一姓名的人使用此姓名,致其利益受损害,得请求除去对此的侵害。2. 有继续受侵害之虞时,权利人得提出停止侵害之诉。"严格地说,姓名权应以姓名的既定存在为前提。"决定"姓名的自主权,是姓名权的产生条件,不应是本义上的姓名权的内容。"改变"姓名则只是一种特殊的"决定"行为,在根本性质上同于"决定"姓名的行为。有关内容可参考龙卫球:《民法总论》,中国法制出版社 2001 年版,第 328 页。

则构成对某丙姓名权的侵害。①

(2)不当使用姓名。这种情形指滥用他人姓名,例如,恶意使用他人姓名为自己宠物命名,以侮辱他人。不当使用他人姓名,往往具备损害他人的不正当目的,且与假冒他人姓名一样,须以姓名的使用与特定姓名权主体具有可认识性的关联为要件。

(3)干涉姓名权行使。例如,干涉他人取名或正当使用自己姓名,此等过犯只需违背本人意思即可构成,无论是否有不正当目的。

(4)应标表而未标表姓名。这主要发生在使用他人作品等情形,例如,在使用他人作品时,未标注作者姓名,或者标注有误。

(五)肖像权

1.意义。肖像权是自然人对自己的肖像享有利益并排除他人侵害的权利。

2.肖像。肖像权的客体是肖像。肖像是采用摄影技术或者绘画、雕刻、录像等造型艺术手段反映自然人包括五官在内的形象的作品,为对自然人真实形象及特征的再现。这种形象特征的展现蕴含自然人的人格尊严,故法律应提供保护。

3.权能

(1)肖像制作专有权能。自然人享有通过摄影、绘画等造型艺术或其他形式再现自己形象的专有权能,通常表现为制作肖像的决定权和实施权。自然人可以自行或委托他人制作肖像,也有权禁止他人非法制作自己的肖像。②

(2)肖像使用专有权能。自然人享有使用自己肖像来再现自己的权利,有权以任何方式使用自己的肖像,他人不得干涉;有权排除他人对其肖像的丑化、歪曲和

---

① 王泽鉴:《人格权法》,北京大学出版社2013年版,第120页。
② 事实上,如同姓名权中之设定姓名权能,严格地说,肖像应为肖像权产生的前提条件,无肖像则不应有肖像权。肖像制作专有权能是一种自主决定的权能,若有人未经他人同意,擅自为他人制作肖像,则侵犯的应是主体的自由权或其他人格利益。而且,若肖像即如上文所说的系对自然人个人形象与特征以造型艺术或其他形式在客观上的再现,则肖像虽与人格紧密相连,但肖像终是与个人形象相对独立的存在。由此,则肖像是否人之皆有值得斟酌。是否可能存在只有个人形象而无肖像的主体,似乎在理论与实际上均有可能。若如此作解,则肖像权似与人格权内涵界定不能完全吻全。但从另一方面说,肖像权确实与主体的人格尊严密切相关,侵犯肖像权确实可能造成对主体人格的严重侵害。而且,肖像权毕竟已被多数国家立法或司法判例明确确认为人格权之一种。

非法使用。

(3)肖像许可使用权能。自然人对其肖像享有允许他人传播、展览、复制、用于广告或商标的权利。美国法院判例认为,一个人就其肖像的公开价值享有权利,尤其是有权授予他人公开自己肖像的排他性特权,这一权利被称为"公开权"。①

4. 侵害样态

(1)擅自为他人制作肖像;

(2)擅自公开发表他人肖像;

(3)擅自使用他人肖像。

《民法通则》第 100 条规定:"公民享有肖像权,未经本人同意,不得以营利为目的使用公民的肖像。"该规定将侵害肖像权的行为限于"以营利为目的"而使用之范围,不当地限缩了肖像权侵权的认定,宜作扩张解释。事实上,非以营利为目的而擅自使用或者丑化、歪曲、侮辱他人肖像,同样可能损害肖像权人的人格尊严,也应构成侵害肖像权的行为。上述规定,"解释上应认立法目的在于凸显肖像权的商业化(财产价值),而非以'以营利为目的'作为肖像权的构成要件,其非以营利为目的无权创作、传播他人肖像的亦得成立对肖像权的侵害"。②

5. 肖像权行使的限制

国家机关执行公务、为进行科学研究或者文化教育或为维护社会公共利益等制作或使用自然人的肖像的,不视为侵犯肖像权,如通缉逃犯、进行新闻报道等。

(六)名誉权

1. 意义。名誉权是以名誉的维护和安全为内容的人格权。与财产权的属主从零开始渐多地取得此等权利不同,名誉权的属主一开头就拥有满数的人格权,然后,根据其修为增加或减损之。而且,名誉权除了本身是一种权利外,还是行使其他权利的基础,换言之,一个名誉减损的人将被禁止行使某些权利。

2. 名誉。名誉权的客体是名誉。名誉是特定人在社会交往中所受到的有关其品行、才能、功绩、道德状况等方面的公开评价的总和。

自然人的名誉,属于对特定人精神价值方面的评价,与自然人的尊严密切相

---

① 程合红:《商事人格权论》,中国人民大学出版社 2002 年版,第 56~61 页。
② 王泽鉴:《人格权法》,北京大学出版社 2013 年版,第 138 页。

关。人系社会性存在,生活于社会共同体之中,故难免存在对其相关的社会评价,但是否任何评价均属名誉之范围,值得探究。有观点认为:自然人的名誉,指有关自然人道德品质和生活作风的社会评价,此外,如阶级出身、宗教信仰、政治立场、财产状况、文化程度、工作能力等,均不属于名誉的范围。① 但此解释似嫌过窄。名誉是人格的一项重要构成要素,是主体的自我尊严感,因此,在解释上,凡评价内容涉及个人品性或尊严价值的,均可纳入名誉之范围。

3. 侵害样态。名誉权之受侵害,表现为对个人品质之正常社会评价的降低,使主体的尊严感受损。侵害名誉权,可以表现为各种形式,如以语言、文字、行动、直接贬损他人名誉,捏造事实公然丑化他人人格,以侮辱、诽谤等方式损害他人名誉,以不正当检举、揭发或者起诉而贬损他人名誉,等等。

无论以何种形式贬损他人名誉,均涉及散布传播与他人名誉相关的信息或评价,使得他人名誉受损。在此,要求散布传播的是不真实的信息或评价,否则,即使有损该他人名誉,亦不构成侵犯名誉权的侵权行为,可能构成对他人隐私的不当披露或侵害主体的一般人格尊严。其中,是否有损于他人名誉,不以该他人的判断为准,而应以一般人的通常判断为准。侵害名誉权的侵权行为不以行为人故意为要件,但故意侵害他人名誉权的行为,则可能构成刑法上的诽谤罪。②

但是,应受舆论监督的公共人物和公务员,例如政治家、文体明星和其他著名人士受到的批评,倘若不属恶意之词,或可阻却其违法性。③ 这里名誉权的保护,常常需要与民主社会多元价值及言论自由之保障相权衡。

4. 合法侵害。立法和司法机关可合法剥夺坏人的名誉权。例如,法院在"曝光台"上公布局部执行法院判决的"老赖"的姓名以及其他身份信息,破坏其名誉,实现制裁目的。

(七)荣誉权

荣誉是特定人从特定组织获得的专门性和定性化的积极评价。④ 荣誉与名誉

---

① 梁慧星:《民法总论》,法律出版社 2004 年版,第 117 页。
② 梁慧星:《民法总论》,法律出版社 2004 年版,第 117 页。
③ 张俊浩主编:《民法学原理》(上册),中国政法大学出版社 2000 年版,第 153 页。
④ 张俊浩主编:《民法学原理》(上册),中国政法大学出版社 2000 年版,第 154 页。自然人的荣誉是自然人因对社会和国家有较大贡献、突出表现而获得国家或有关组织授予的光荣称号或嘉奖。马俊驹、余延满:《民法原论》,法律出版社 2010 年版,第 108 页。

虽同为他人给予的评价,但荣誉具有与名誉不同的法律特征:

1. 荣誉是社会组织给予的评价,不是一般的社会评价;
2. 荣誉是社会组织给予的积极评价,不包含消极评价;
3. 荣誉是特定社会组织给予的正式评价,不是任意的评价;
4. 荣誉通过特定方式可能被撤销、剥夺,而名誉通常无以撤销或剥夺。

荣誉权是主体对其荣誉享有利益并排除他人非法侵犯的权利。侵害荣誉权主要表现为:不法否定荣誉,不法侵夺、毁损荣誉证书、证物等。

事实上,尽管《民法通则》《侵权责任法》《民法总则》等法律法规均规定了荣誉权,且通说认为荣誉权系属人格权,但对于荣誉权的法律属性,一直不乏争论。[1]

(八)隐私权

1. 意义。隐私权是自然人享有其个人信息、私人活动和私有领域依法受到保护并排除他人非法侵犯的权利。

隐私权是晚近才出现的一种人格权类型,滥觞于美国,却已在世界范围内得到继受。如今,隐私权的保护已成为现行民法上引人注目的重要问题,这在很大程度上关系到当前特定的社会物质文化生活条件。[2] 正如有学者所指出的,"从主观上讲,倘无将个人空间与公众空间相分离的强烈愿望和必要,倘此种分离不被认为具

---

[1] 例如,有观点认为荣誉权兼具人格权与身份权的性质,参见王利明、杨立新、王轶、程啸:《民法学》(第四版),法律出版社 2014 年版,第 190 页。此外,也有观点认为,人格权是主体为维护其独立人格而固有的基于自身人格的权利,是直接体现使人"成为一个人"的权利。人格权与主体不可分离,是主体维护其存在不可或缺的权利。荣誉只是"特定人从特定组织获得的专门性和定性化的积极评价"。所以说,"荣誉权并不是民事主体与生俱来的固有权,而是部分民事主体因获得了某种'荣誉'以后产生的;荣誉权也不是维护民事主体独立人格所必要的,民事主体无论是否享有荣誉权,其独立的人格都不会受到任何影响"。朱晓喆、唐启光:《民法基本原理研究——以大陆法系民法传统为背景》,中国方正出版社 2005 年版,第 232 页。关于否认荣誉权为人格权的论述,具体还可参照郑永宽:《人格权的价值与体系研究》,知识产权出版社 2008 年版,第 129~135 页。

[2] 由于工业革命的完成,特别是电子时代的到来,改变了人类的生产与生活方式。社会物质文明愈发达,运输和旅行工具愈高速化,大众传播、通讯和交际手段愈现代化,人们愈加觉得自己的私人生活更有可能被他人严重、深刻、广泛和快速地侵犯,因此愈觉有必要保留只属于自己内心世界的安宁以及与纷乱复杂的外界相对隔离的宁居或独处环境。现代社会这种普遍的公众心态,经过法学家们的理性化的提纯以及立法者、法官的认可,遂渐次发展成人格权的一个重要组成部分,即隐私权。张新宝:《隐私权的法律保护》(第二版),群众出版社 2004 年版,第 3 页。

有支配个人生活之安宁和幸福之重要价值,则'隐私'的观念大概是不会产生的;从客观上讲,倘一定的物质生活方式和条件基本上不能形成破坏个人秘密空间的重大威胁,或即使有所破坏,也不至于造成对个人自由、安全和尊严的严重损害,则'隐私'也大概不至于成其为一项权利而需要法律的特别保护"。①

我国《民法通则》并未规定隐私权。其后,无论最高人民法院《关于贯彻执行〈中华人民共和国民法通则〉若干问题的意见》第140条、1993年最高人民法院《关于审理名誉权案件若干问题的解答》还是1998年最高人民法院《关于审理名誉权案件若干问题的解释》,都遵循相同的思路,即将宣扬他人隐私的行为作为侵害名誉权的一种手段,通过名誉权来实现对个人隐私的保护。但隐私权与名誉权尽管有一定联系,二者终究不同,所以,这种救济路径并不科学合理,无法实现对隐私权的充分保护。再之后,2001年最高人民法院《关于确定民事侵权精神损害赔偿责任若干问题的解释》第1条明确将"侵害他人隐私"列为精神损害赔偿的法定事由。而2009年《侵权责任法》第2条第2款在列举其所保护的"民事权益"范围时,明确将"隐私权"与其他权利并列,至此,在我国现行法上,隐私权才被明确规定为一种具体人格权。《民法总则》第110条再次明确隐私权为自然人享有的具体人格权。

2. 隐私。隐私权的客体是隐私。隐私是有关自然人不欲人知的信息,是一种私生活的秘密。具体而言,隐私包括个人信息、私人活动与私有领域。个人私生活中的信息,只要当事人不愿他人知悉,即可构成隐私,而与此等信息所涉内容无关。

3. 隐私权的内容

(1) 对隐私的保密权。保密,即对隐私实施加以控制,不为他人知悉的权利。如此可确保私生活的自由与安宁,保护个人生活免受他人窥探与干扰。

(2) 对隐私的公开权。此权利是对隐私事实予以公开的决定权和实施权。自然人对于个人隐私有权决定是否公开,例如公开肖像,披露个人信息,如人体模特向画家公开身体以供描绘等。此项公开权,须受法律与公序良俗的制约。

4. 隐私权侵害样态

(1) 侵害样态:①窥探、录制他人私生活事实;②擅自公开他人隐私事实。例

---

① 尹田:《自然人具体人格权的法律探讨》,载《河南省政法管理干部学院学报》2004年第3期。

如,公开他人受隐私权保护的照片、个人信息、录像、健康状况资料等;③不法搜身;④人肉搜索。人肉搜索,是通过集中许多网民的力量去搜索信息和资源的一种方式。2007年12月29日晚,姜岩因丈夫王菲有婚外情而跳楼自杀。姜岩在自杀前将王菲的个人信息及王菲与第三者的合影照发布在博客上,引发网友对王菲及其父母、第三者的"人肉搜索"。后王菲不堪忍受压力,以侵犯自己名誉权为由,将天涯社区、大旗网与"北飞的候鸟"网站告上法院。此案成为全国反"人肉搜索第一案"。一审法院(北京市朝阳区法院)裁定被告侵害了王菲的隐私权和名誉权,二审法院(北京市二中院)则认为被告泄露王菲隐私的行为构成了对王菲名誉权的侵害。很显然,在当前我国已通过《侵权责任法》《民法总则》明确规定隐私权的法律背景下,人肉搜索是一种经常会涉及侵犯他人隐私权的网络搜索行为。

(2)阻却违法性事由

①受害人同意。这是对个人隐私公开的自主决定,如同意作为他人摄影模特。

②查知和公开政治家及其他公共人物的隐私。例如,出于社会利益与公众知情的利益而披露国家公务员、人大代表及其候选人私生活的某些内容,不构成违法。但是,公共人物似乎也不能完全被剥夺隐私权保护的价值,因此,如何权衡公共人物隐私保护与社会公众利益的保障,也成为一个司法实践的现实难题。

(九)婚姻自主权

婚姻自主权,是指自然人按照自己意志决定婚姻关系,不受任何其他人强迫或干涉的权利。

《民法通则》第103条规定:"公民享有婚姻自主权,禁止买卖、包办婚姻和其他干涉婚姻自由的行为。"《侵权责任法》第2条第2款在规定侵权法所保护的民事权益时罗列了婚姻自主权。该权利在《民法总则》第110条再次得到规定确认。

婚姻自主权本属自由之一种,立法者将其单列,规定为一种权利。我国通说认为,婚姻自主权属于一种具体人格权。[①]

侵害婚姻自主权的行为,以违反本人意愿为构成要件。

---

① 梁慧星:《民法总论》,法律出版社2004年版,第122页;杨立新:《人格权法》,法律出版社2011年版,第645~666页。

二、自然人身份权

《民法总则》第112条规定：自然人因婚姻、家庭关系等产生的人身权利受法律保护。这是关于身份权的规定。属于新增，为《民法通则》所无。

身份权是自然人由法律确认的对其亲属人身的控制权，其内容为父母对子女人身的占有（例如，子女通常必须以其父母的住所为自己的住所）、配偶相互对对方人身的占有（例如，夫妻互负同居义务）。诱拐他人子女为对前一种身份权的侵犯；引诱配偶一方与自己或他人发生性关系为对后一种身份权的侵犯，这些侵权行为都将导致权利人的损害赔偿请求权。

三、法人人格权

根据《民法总则》第110条第2款的规定，法人、非法人组织享有下列人格权：

（一）名称权

名称权是法人、非法人组织决定、使用以及变更自己的名称，并排除他人干涉、盗用、假冒的权利。

名称权的客体是名称。名称是指法人或非法人组织在社会活动中，用以指称自身，并区别于他人的文字符号和标记。日常生活中常见的字号和商号等，均属于名称的种类。名称包含财产利益属性，尤其是商业名称，老字号、老商号或者名牌企业等，具有较高效益和信誉，商业名称因此具有较高的经济价值。正因为此，名称权具有可转让性，使其区别于其他人格权，包括自然人的姓名权。

（二）名誉权

法人或非法人组织的名誉权与自然人的名誉权一样，都是以名誉的维护和安全为内容的人格权。其中，名誉是指对法人或非法人组织的经营能力、履约能力、经济效益、职业信誉等的综合评价。

（三）荣誉权

法人或非法人组织，同样可能在社会生产与活动中因有突出表现或贡献，而被政府、团体或其他组织授予积极的正式评价。因此，对于所获得的荣誉及其利益，法人或非法人组织享有保持、支配并排除他人非法侵犯的权利。

第三节 人格权的民法保护

根据《民法通则》第119、120条[①]以及《民法总则》第179条、《侵权责任法》第15条的规定,侵害人格权承担的民事责任形式主要有停止侵害、消除危险、消除影响、恢复名誉、赔礼道歉、赔偿损失等。

一、人格权请求权

民法保护人格权的主要方法,是赋予受害人请求停止侵害、消除危险、恢复名誉等。如我国台湾地区"民法典"第18条第1款规定:人格权受侵害时,得请求法院排除侵害。我国《民法通则》第120条作了大致相同的规定。这些请求权内容构成了人格权请求权,具体包括:请求停止侵害、消除危险、恢复名誉、消除影响、赔礼道歉等。

人格权请求权,是指民事主体在其人格权受到侵害或有侵害之虞时,可请求加害人不为或为一定行为,以回复或维持人格权圆满状态的权利。与物权请求权一样,人格权请求权是人格权作为绝对权的效力体现,旨在维护人格权的圆满存在。只要存在人格权侵害或有侵害危险,且不具有违法性阻却事由,人格权主体即可主张人格权请求权。此等请求权不以有损害结果及加害人过错为要件,此与属于侵权法领域的损害赔偿请求权有别。

二、损害赔偿请求权

(一)财产损害赔偿

侵害人格权,可能造成财产损害。如侵害生命权、身体权、健康权等,可能造成

[①] 《民法通则》第119条规定:"侵害公民身体造成伤害的,应当赔偿医疗费、因误工减少的收入、残废者生活补助费等费用;造成死亡的,并应当支付丧葬费、死者生前扶养的人必要的生活费等费用。"第120条规定:"公民的姓名权、肖像权、名誉权、荣誉权受到侵害的,有权要求停止侵害,恢复名誉,消除影响,赔礼道歉,并可以要求赔偿损失。法人的名称权、名誉权、荣誉权受到侵害的,适用前款规定。"

医疗费、误工费、护理费、交通费、伙食补助费、通讯费、营养费、残疾辅助器具费、丧葬费等必要支出,受害人可以请求这些支出的财产损害赔偿。造成残疾或死亡的,还可以请求残疾赔偿金或死亡赔偿金。关于这些费用支出与赔偿金的计算及理赔方法,具体可参照最高人民法院《关于审理人身损害赔偿案件适用法律若干问题的解释》《侵权责任法》等法律规范的相关规定。

(二)精神损害赔偿

在此,精神损害赔偿是指自然人因其人格权受到不法侵害,遭受精神或肉体痛苦,要求加害人以财产赔偿方式予以救济的法律制度。在法律上,精神损害赔偿具有补偿、抚慰与惩戒的功能。

《侵权责任法》第22条规定:"侵害他人人身权益,造成他人严重精神损害的,被侵权人可以请求精神损害赔偿。"据此,只要人格权被侵害,且遭受严重精神损害,受害人即可主张精神损害赔偿。此外,根据最高人民法院《关于确定民事侵权精神损害赔偿若干问题的解释》第7条的规定,自然人因侵权行为致死,或者自然人死后其人格或者遗体遭受侵害,给死者的配偶、父母和子女造成精神损害的,其配偶、父母和子女有权请求精神损害赔偿;没有配偶、父母和子女的,其他近亲属有受到精神损害的,也可以请求精神损害赔偿。

本章案例:英烈的人格权保护

[案情]

2013年5月22日,孙杰在新浪微博上发文称"由于邱少云趴在火堆里一动不动,最终食客们拒绝为半面熟买单,他们纷纷表示还是赖宁的烤肉较好"。作为新浪微博知名博主,孙杰当时已有6032905个"粉丝"。该文在31分钟后转发即达662次,点赞78次,评论884次。孙杰以博文方式对邱少云烈士进行侮辱、丑化,在网络和现实社会中引起了强烈反响,使邱少云烈士亲属的精神遭受严重创伤并使其家庭生活受到了极大影响。

[问题]

死者的人格权是否受法律保护?作为特殊死者的英烈的人格权是否受特别保护?

[分析]

死者的人格权当然受法律保护。对此,《侵权责任法》第 18 条规定:"被侵权人死亡的,其近亲属有权请求侵权人承担侵权责任。"该条把死者的在世近亲属当作侵害死者人格权的实际受害人赋予他们诉权。在本案中,实际上也是邱少云的胞弟邱少华起诉孙杰于北京市大兴区人民法院并获得胜诉判决的。2016 年 9 月 20 日,上述法院判决被告于判决生效之日起 3 日内公开发布赔礼道歉公告,向原告邱少华赔礼道歉,消除影响,该公告须连续刊登 5 日;被告连带赔偿原告邱少华精神损害抚慰金 1 元,于判决生效后 3 日内履行。

但英烈可能已无在世近亲属或虽有,但他们怕麻烦不愿起诉,所以,应有公益保护机构在此等情形起诉,维护英烈名誉权。《民法总则》第 185 条对此规定:"侵害英雄烈士等的姓名、肖像、名誉、荣誉,损害社会公共利益的,应当承担民事责任。"该条中的"损害社会公共利益的"文句暗指检察院有义务起诉加害人维护英烈名誉,因为侵害英烈名誉与侵害其他死者名誉不同,不仅侵害了遗属的权益,而且侵害了社会公共利益,因为英烈的事迹已成为我国民族文化积极资产的一部分。

第八章 民事法律行为

第一节 概述

一、民事法律行为的意义

(一) 定义

民事法律行为是以意思表示为要素,并依该表示的内容发生法律效果的行为。

《民法总则》第133条对民事法律行为界定如下:民事法律行为是民事主体通过意思表示设立、变更、终止民事法律关系的行为。

典型的民事法律行为如签订买卖合同的行为、所有权抛弃行为、设立遗嘱处分生前财产行为、签订收养协议等行为。

民事法律行为之要旨在于根据行为人意志发生相应的法律效果,因此,民事法律行为可谓系实现私法自治原则之最有效手段。私法自治原则,乃法律秩序容许个人可依其意思形成法律关系的原则。私法自治原则赋予个人法律之力,实现自己的意思,使自我决定成为可能,也使法律所保障的自由得以实现。私法自治原则表现在现行法上,即为民事法律行为自由原则。民事法律行为自由包含两方面的意义:一方面排除国家公权力对民事法律行为的干涉;另一方面是对当事人自由意思的信赖。① 依此原则,在私法自治范围内,法律对于当事人之意思表示,即依其意思而确认具体法律效果;依其表示而赋予拘束力;其意思表示之内容,遂成为规制当事人行为之规范,相当于法律授权当事人为自己制定法律。因此,在法院审判案件时,当事人所定之契约、遗嘱等,即成为法官据以裁断当事人间权利义务之规范。②

理解民事法律行为之概念,最有效者乃与侵权行为相比较。典型之侵权行为如殴打他人。殴打他人之法律效果系使加害人对他人因人身伤害所生之损害赔偿,即受害人享有请求加害人赔偿的权利,此赔偿之法律效果并非加害人殴打他人所旨在追求的,更遑论通过某种形式将此法效表示之可能。

(二)说明

1. 民事法律行为以意思表示为要素。意思表示,是以发生一定效果为目的的意思表示于外部之行为。民事法律行为以意思表示为基本构成要素,但两者并非等同。关于意思表示的具体含义及其与民事法律行为的关系,将在后文详细论及。

2. 民事法律行为为私人发生私法上效果之行为。德国民法立法理由书认为,法律行为,是私人的、旨在引起某种法律效果的意思表示。此种效果之所以可依法产生,皆因行为人希冀其发生。法律行为如此属性,区别于公主体发生公法上效果之行为。

3. 民事法律行为是其效果规定于意思表示的行为,即民事法律行为所生之效果为行为人所欲求

此乃民事法律行为区别于违法行为、事实行为之所在,原因在于私法对意思自治原则的肯认,赋予民事法律行为依其作者意思表示内容设立、变更或终止民事权利义务的效力。违法行为或事实行为均能发生一定的法律效果,但都是依法律的直接规定发生,与当事人的目的或意思无关。

因此,我们可称民事法律行为为法效行为、设权行为,如此可强调当事人的意思自治。但《民法总则》第133条并未将民事法律行为定性为合法行为,此明显与

---

① 梁慧星:《民法总论》,法律出版社2004年版,第156页。
② 梁慧星:《民法总论》,法律出版社2004年版,第156页。

《民法通则》的定位有别。①

(三)民事法律行为、准民事法律行为、事实行为

1. 民事法律行为

民事法律行为,是属意思表示行为,其效果取决于意思表示内容。

2. 准民事法律行为

(1)类型②

①意思通知,即由通知意思而发生法律规定的效果的行为,如债务履行催告、无权代理情形相对人对"被代理人"所为之承认催告。

②事实通知,又称观念通知,是通过认识事实并通知该事实而发生法律所规定效果的行为,如债权转让通知、标的物瑕疵通知等。例如,《合同法》第80条所规定之债权转让通知,所通知者,系债权让与之事实,由此发生债权让与对债务人生效的法律效果。事实通知,将发生法律所规定的效果,此效果是否为通知人所知悉且表示,在所不问。

(2)民事法律行为与准民事法律行为的异同

①共同点:二者均存在当事人的意思和认识这种精神作用,且向外部表示出来,故均属于表示行为。

②不同点:二者差异源于效果发生根据。在民事法律行为中,意思表示作出后,原则上与其内容相同的效果将得到认可。在准民事法律行为中,若存在法律规定的意思或事实通知,该法律所规定的效果将得到认可,即法律效果之实现不取决于行为人通知之意思或事实。

3. 事实行为

---

① 《民法通则》第54条规定:"民事法律行为是公民或者法人设立、变更、终止民事权利和民事义务的合法行为。"《民法通则》颁布后,学界对于法律行为的合法性存在较大争议,具体可参照张俊浩主编:《民法学原理》(上册),中国政法大学出版社2000年版,第221页;马俊驹、余延满:《民法原论》,法律出版社2010年版,第179页;董安生:《民事法律行为——合同、遗嘱和婚姻行为的一般规律》,中国人民大学出版社1994年版,第90页以下;朱庆育:《民法总论》,北京大学出版社2013年版,第94、95页。

② 关于准法律行为的类型,我国学界通说认为除了意思通知和事实通知外,还包括宥恕之情感表示。宥恕,指夫妻彼此对于对方通奸行为的谅解和饶恕。此在有的国家亲属立法中将依法发生离婚请求权消灭之后果。我国现行法并未规定宥恕这种准法律行为。

事实行为与准民事法律行为都是具有法律上的重要性的行为,但事实行为不以意思表示为要素,属非表示行为,其法律效果基于法律直接规定。正因为事实行为不以法效意思之表示为要素,且法律效果与当事人意志无关而由法律直接规定,所以,事实行为的构成不要求行为人具有相应的行为能力。事实行为包括拾得遗失物(《物权法》第 109 条)、拾得漂流物、发现埋藏物或者隐藏物(《物权法》第 114 条)、生产行为、建造、拆除房屋行为(《物权法》第 30 条)、无因管理(《民法总则》第 121 条),等等。

二、民事法律行为概念的产生

民事法律行为,是以欲发生私法上效果之意思表示为要素的一种法律事实,是一高度抽象的概念,足以涵盖内容上、功能上,甚至在重要性上,极不相同的行为,包括债权行为(涵摄各种合同和单方行为)、物权行为,甚至是身份行为。

民事法律行为作为在逻辑上统一说明依意思表示而使私法关系发生、变更、消灭的行为的概念,系德国近代法的抽象法技术产物。[①]

现在一般认为,法律行为概念的首创者,应是潘得克吞学派的创始人格奥尔格·海泽(Georg Arnold Heise,1778—1851 年),他在 1807 年出版的《民法概论——潘得克吞学说教程》一书中专门探讨了法律行为一般理论,将法律行为解释为设权意思表示行为。其后,萨维尼在其《当代罗马法体系》中把法律行为理论完整化、精致化。这些理论成果相继被 1896 年的《德国民法典》和 1908 年的《瑞士民法典》等法典所采用呈现。

三、《民法总则》关于民事法律行为的规定

(一)关于民事法律行为

法律行为本属民法学领域所创制之专门术语,后被其他法律领域立法和理论挪用,产生了"诉讼法律行为""行政法律行为"等用语。《民法通则》为了区别于其他法

[①] 罗马法虽然出现了买卖、借贷、租赁等契约类型的概念,并且使用了 actus(行为)一词,却连债权契约这一层面的概念都未能抽象出来,遑论更为抽象的法律行为概念。中世纪欧洲法学,也未产生法律行为的概念。参见张俊浩主编:《民法学原理》(上册),中国政法大学出版社 2000 年版,第 225 页。

律领域所使用的法律行为概念,在法律行为前面加了"民事"一词,成为"民事法律行为"。《民法总则》继续采纳了该用词。事实上,其他法学科对法律行为概念的挪用,是否妥当颇受怀疑。这种挪用,无论在哲学内涵上,抑或在对意思自治理念的支撑上,均难望民法"法律行为"概念之项背。① 换言之,公法领域所称之"法律行为",均不可能使其效果依自主设定的意思表示内容而发生,因此,与民法法律行为概念所蕴含的意思自治理念没有任何内在关联,所以,这种挪用不可避免地改变或扩张了民法学固有之法律行为的内涵,使法律行为不幸扩充演化为法律上行为之称谓。

(二)关于民事行为概念的废弃

《民法通则》创设了"民事行为"这一概念,使用于该法第58~61条及第66条。民事行为概念的创设,旨在应对如下问题:传统民法理论将法律行为划归为合法行为,与违法行为相并列,且将法律行为分为有效的和无效的两种,这种传统分类有难以自圆其说之处,即为何法律行为属于合法行为又可能无效。② 故,为克服"无效的法律行为"与"可撤销的法律行为"这些术语上存在的所谓的语义矛盾,创设了民事行为概念,使它得以涵括民法法律行为、无效民事行为和可撤销民事行为。

民事行为概念的创制及其实际价值,涉及法律行为合法性的争论。《民法总则》不再坚持法律行为合法性的观念,不认为无效法律行为存在逻辑矛盾,使法律行为回归依意思表示追求私法效果的本质,所以,不再采用"民事行为"这一概念。③

第二节　民事法律行为的分类

一、单方行为与多方行为

民事法律行为,以其意思表示结合方式为标准,可以划分为单方行为与多方行为。

---

① 张俊浩主编:《民法学原理》(上册),中国政法大学出版社2000年版,第218页。
② 王作堂、魏振瀛、李志敏、朱启超等编:《民法教程》,北京大学出版社1983年版,第80页。
③ 比较法层面,德国、日本等民法,都存在无效法律行为、可撤销法律行为等瑕疵法律行为的表述,而未专门创制民事行为或其他用词以克服其中所谓的语义矛盾。

(一)单方行为

单方行为,仅依当事人一方意思表示就可以成立的民事法律行为,如订立遗嘱行为、免除他人债务行为等。单方行为的特点是,无须其他当事人的同意即可发生法律效力。

单方行为,分为有相对人的单方行为与无相对人的单方行为,前者如撤销、解除合同等,后者如设立遗嘱、捐助行为等。

(二)多方行为

多方行为又被区分为契约行为与共同行为,是

1. 契约行为。依双方当事人相互意思表示一致而成立的法律行为。契约行为,双方意思表示应是对立统一的结合,双方多存在对立的意思表示与对立的利益。如买卖关系,一方为买,一方为卖,买卖双方的意思表示对立统一地结合。

2. 共同行为,是多方意思表示平行融合地相互结合的行为。多个意思表示一致是平行的,即内容与方向均为一致,如社团法人设立行为。

共同行为与契约行为的实质区别在于,是否存在对立的意思表示与对立的利益,而非在于人数为两个或两个以上,因此,两人共同设立法人的行为,亦应属于共同行为,而非契约行为。

《民法总则》第134条第2款规定:"法人、非法人组织依照法律或者章程规定的议事方式和表决程序作出决议的,该决议行为成立。"该条款明确了决议行为属于法律行为。决议行为是指社团的成员平行地作出内容一致的意思表示,借此形成其内在的意思或决定。[①] 但决议行为的表意形成,主要通过组织行为来实现,即本条款所言之"议事方式和表决程序",故决议的形成,尽管可约束全部团体成员或表决人,却不必然是全体一致的意思表达。因此,决议行为可被视之为共同行为的特殊形式。

(三)区分意义

单方行为与多方行为区分的实益在于,对于成立要件要求不同,借此区分便于适用法律,判断有关行为是否成立及对哪些当事人具有拘束力。

---

① [德]迪特尔·梅迪库斯:《德国民法总论》,邵建东译,法律出版社2000年版,第167页。

二、要式行为与不要式行为

依法律行为是否须以一定形式为标准,可以将法律行为区分为要式行为与不要式行为。

(一)要式行为

须依一定形式始能成立者,为要式行为。形式,系指意思表示所使用的方法,有口头形式、书面形式、公证形式等。

要式有法定要式与约定要式之分。法律限定某些法律行为须满足一定的形式,称为法定要式,如《担保法》第13条规定:"保证人与债权人应当以书面形式订立保证合同。"当事人约定实施法律行为须具备一定形式的,为约定要式。

(二)不要式行为

无须依一定形式即可成立的法律行为,为不要式行为,即法律未规定,当事人也未约定必须采取何种形式实施的法律行为。

现代法确立以意思自治为基本原则,法律行为以合意为基础,不特别拘泥于合意的形式,因此,法律行为以不要式为原则,以要式为例外。

(三)区分意义

此类区分之意义在于:不要式行为,可自由为之;而要式行为,非依特定形式者,原则上不成立。

三、人身关系行为与财产关系行为

依法律行为效果处于人身关系领域或财产关系领域,可将法律行为划分为人身关系行为和财产关系行为。

(一)人身关系行为

人身关系行为,指发生人身关系变动效果的行为,有婚约、结婚与离婚、收养、输血、人体器官移植与捐赠、精子、卵子的捐赠、运动员、艺员的转让等,这些行为具有不可强制执行的特征。

(二)财产关系行为

财产关系行为,指发生财产关系变动效果的法律行为,如缔结租赁合同的行为、赠与他人财产的行为等。

四、负担行为与处分行为

财产行为,依其效果是为当事人设定财产负担或发生既存财产权变动,可以分为负担行为与处分行为。

(一)负担行为

负担行为,发生债法上给付义务效果的财产行为。此给付义务即对应于对方当事人的债权取得,故负担行为又称债权行为。负担行为,典型如订立动产买卖合同的行为,仅能使双方当事人负担交付标的物和支付价金的债务,并不能直接发生动产与价金所有权转移的效果。

负担行为仅使当事人取得债权债务。债权人债权利益的实现,尚须经债务人履行债务的行为,不能直接发生作为债务内容的财产权益的变动效果。

(二)处分行为

处分行为,是指处分既存财产权而使其发生得丧变更效果的法律行为。债权亦属于财产权,但债权行为是为当事人创设了债权,并非通过处分既存之债权而使他人取得债权,故不属于处分行为。

处分行为,是处分既存财产的行为,因此,要求行为人对该财产有处分权,即法律上就该财产权利义务有为有效处分之权能。否则,构成无权处分。

处分行为,直接发生被处分之财产权利义务的变动,故与负担行为不同,不存在需债务人履行以实现利益之问题。

处分行为,可以进一步分为物权行为与准物权行为。

1. 物权行为。指直接发生物权设定、移转或消灭效果的处分行为,即以物权为处分对象的行为,如交付动产而发生动产所有权转移的行为、所有权抛弃行为、为他人设定抵押权的行为等。

2. 准物权行为,即以物权之外的财产权之变动为直接目的的处分行为。这些处分对象包括准物权、债权、债务、知识产权中的财产权、股权等。

(三)区分意义

区分负担行为与处分行为,有助于区分不同的法律关系及其效果。但反对者以日常生活中简单的买卖为例,认为此区分脱离现实生活,即此区分使得一项买卖被分裂为三种行为:1.确立买卖合同关系的债权行为;2.交付标的物的物权行为;3.交付价金的物权行为。① 目前,我国立法对此区分尚未从逻辑上完全厘定清楚,对处分行为与债权行为虽然有所区分,但各自的法律要件与法律效果并未规定明白,呈混乱状态。② 而学说上对该区分则聚讼纷纭,焦点体现在是否承认物权行为的独立存在及其有因或无因的争论上。

五、有因行为与无因行为

有因行为与无因行为,是以法律行为与其原因的关系(即原因是否作为法律行为之要素)为标准,对财产行为所作的再划分。所谓原因,在债权行为上,指交易的典型目的;在物权行为上,则指所以为给付之原因(即债权行为)而言。③

法律行为的有因或无因,并非探究法律行为有没有原因,而是区分法律行为是否以其原因作为效力依据或前提。

(一)有因行为(要因行为)

有因行为,是指以原因作为要素(有效要件)的行为。债权行为,除票据行为外,原则上为要因行为。

在票据法上,为了保障票据的流通证券与文义证券的基本效力,我们须创立票

---

① [德]K.茨威格特、H.克茨:《"抽象物权契约"理论》,孙宪忠译,载《外国法评议》1995年第2期。

② 张俊浩主编:《民法学原理》(上册),中国政法大学出版社2000年版,第243页。比较法上,关于债权行为与物权行为的区分,有在债权行为之外承认独立于债权行为概念的物权行为概念者,如德国民法和台湾地区"民法";有不承认独立于债权行为的物权行为概念者,如法国民法与日本民法。

③ 任何人所以愿意减少自己的财产而增益他人财产者,都在企图实现特定之目的。这个目的,就是给与的缘由,而第一个目的常成为第二个目的之手段,以此类推,一个较远之目的常是一个较近之目的之缘由。给与所欲实现之目的,种类繁杂,凡此均为个人主观之目的,多属于动机之范畴。然而,除此等个人主观目的外,每一个给与,都有其所企图实现之典型交易目的。这些典型交易目的也就是给与所欲实现的法律效果,这些法律效果决定了给与之法律性质及对其所适用之法规。因此,所谓法律行为之原因,系指基于给付所欲追求之典型通常之交易目的,或是基于此种交易目的而欲实现的法律效果。王泽鉴:《民法学说与判例研究》(第一册),中国政法大学出版社1998年版,第258页。

据行为不受基础行为效力牵连的制度,即其无因性设计,否则,票据将不具流通性,难以维护交易安全。

(二)无因行为(不要因行为)

无因行为,指不以原因为要素(有效要件)的行为。此类行为仅为其本身目的而存在,不因基础行为(原因行为)的不成立、无效或被撤销而失其效力。

除了票据行为,若承认物权行为的独立存在,物权行为属于有因或无因行为,存有争论。比较法上,《德国民法典》明确规定物权行为为无因行为。依此例,则物权行为的效力不受其原因行为(债权行为)效力瑕疵的影响。

六、有偿行为与无偿行为

以法律行为一方当事人处从对方当事人取得利益有无对价为标准,我们可将法律行为分为有偿行为与无偿行为。

(一)有偿行为

有偿行为,指双方当事人各因其给付而从对方处取得利益的法律行为,如买卖、互易、租赁、承揽等。

(二)无偿行为

无偿行为,指当事人一方无须为给付而获得利益的法律行为,如赠与、借用、无偿的消费借贷等。

(三)区分意义

此类区分的意义在于,关于法律行为的解释、责任之轻重及瑕疵担保责任等,均依法律行为有偿或无偿而有所不同规定,如《合同法》第374条规定:"保管期间,因保管人保管不善造成保管物毁损、灭失的,保管人应当承担损害赔偿责任,但保管是无偿的,保管人证明自己没有重大过失的,不承担损害赔偿责任。"

七、要物行为与诺成行为

依据法律行为在意思表示之外是否尚需物的交付作为其要件,我们可将法律行为分为要物行为与诺成行为。

（一）要物行为

要物行为，又称实践行为，指除意思表示外，尚须有物之交付始能成立之行为，如借用行为、自然人之间的借款行为等。

（二）诺成行为

诺成行为，仅以意思表示为其成立要件的行为，如买卖、租赁、承揽等合同行为。

（三）区分意义

此区分的意义在于，认定法律行为是否成立及其成立时间。当前，各国法上，以诺成行为为原则，要物行为为例外，除依法律规定、交易习惯或当事人约定为要物行为外，均为诺成行为。

八、主行为与从行为

彼此关联的法律行为，依其是否具有独立性，分为主行为与从行为。

（一）主行为

主行为，是彼此关联的行为中无须相关行为存在即能成立的行为。

（二）从行为

从行为，是彼此关联的行为中须以相关行为存在为前提而存在的行为。例如，在签订借贷合同与为担保借款人履行债务而签订保证合同之间，签订借贷合同的行为是主行为，签订保证合同的行为是从行为。

（三）区分意义

认定相关联行为构成主行为与从行为关系的意义在于，从行为的效力依附于主行为。从行为以主行为为前提，与主行为同其命运：除法律另有规定或当事人另有约定外，主行为无效或消灭，从行为随其命运。

九、基本行为与补助行为

彼此关联的法律行为之间，依其有无独立的实质内容，可以将法律行为区分为基本行为与补助行为。

(一) 基本行为

基本行为,是相关联行为中具有独立实质内容但以相关行为为效力要件的行为。此类行为有待补正,之前尚不生效,故又称"待补正行为",如限制行为能力人超出自己的行为能力范围而与他人实施的法律行为。基本行为与主行为不同,主行为可独立生效,基本行为无从独立生效。

(二) 补助行为

补助行为,指相关联行为中不具有独立的实质内容而只作为基本行为生效要件的行为,如法定代理人对于上述限制行为能力人所实施行为表示同意的行为。补助行为须以基本行为的存在为前提,此与从行为相同,但从行为具有独立的实质内容,补助行为并不具有。

十、生前行为与死因行为

依法律行为效力发生于行为人生前抑或死后,我们可将法律行为区分为生前行为与死因行为。

(一) 生前行为

生前行为,指效力发生于行为人生前的行为。

(二) 死因行为

死因行为,指以行为人死亡为生效要件的行为,即效力发生于行为人死后的行为。

一般法律行为均为生前行为,只有订立遗嘱的行为是死因行为。

死因行为,因生效于死后,为确保行为人之真意,减免争端,法律对遗嘱尤其是其形式多设有强制性规范。

第三节 民事法律行为的要件

民事法律行为的要件,依其性质是使民事法律行为存在的构成要素要求,抑或使其进一步生效的特别规范,可以划分为成立要件与生效要件。

一、成立要件

成立要件,是民事法律行为的实质性要素,用于对一个行为是否存在的事实作出判断。

(一)一般成立要件

一般成立要件,指一般法律行为所共通必备之成立要件。通说以当事人、标的、意思表示为法律行为的一般成立要件[①],但实则,意思表示当然系由当事人所实施,且包含意思表示之内容(标的),故意思表示即为法律行为之一般成立要件。

(二)特别成立要件

特别成立要件,指对特定法律行为所特别要求的成立要件。

1. 物之交付之于要物行为;
2. 书面或公证等形式之于要式行为。

二、生效要件

法律行为成立后,欲生法律上的效力,必须视当事人、标的[②]、意思表示是否具备发生法律效果之实质要求来判断,此为法律行为之生效要件。

法律行为成立与生效的联系在于:法律行为成立是其生效的逻辑前提;生效是法律行为成立所追求的归宿。

(一)一般生效要件

一般生效要件,指对一般法律行为所共同要求的生效要件。《民法总则》第143条规定:"具备下列条件的民事法律行为有效:1. 行为人具有相应的民事行为能力;2. 意思表示真实;3. 不违反法律、行政法规的强制性规定,不违背公序良俗。"该条基本承继了《民法通则》第55条的规定。依解释,该条系属法律行为生效

[①] 王泽鉴:《民法总论》,中国政法大学出版社2001年版,第251页;郑玉波:《民法总则》,中国政法大学出版社2003年版,第306页;梁慧星:《民法总论》,法律出版社2004年版,第166页。

[②] 此之标的,指法律行为的内容,与作为权利客体另称之"标的"一词并不等同。

要件的一般规定。①

1. 行为人须有相应的行为能力。法律行为,系以意思表示为要素,且藉此达成一定私法效果的行为。故法律行为的当事人,须具有相应的行为能力,可正确理解并判断其行为的法律意义。

2. 意思表示须真实。法律行为以意思表示为要素,且依意思表示的内容发生法律效果,因此,法律行为的生效须以意思表示的真实有效为要件,如此可确保当事人意思自由、真实地参与市民生活,实现私法自治。意思表示真实,指行为人的意思表示是其自主形成的内心意思的真实反映。意思表示真实包含意思自由及意思与表示相一致两方面。意思自由是指当事人意思的形成及其表示是其自由意志决定的,不存在欺诈、胁迫、乘人之危等干涉和妨害意思自由的因素。意思与表示相一致,指行为人表示出来的意思与其内心真意相一致,不存在错误、误传等意思表示不一致的情形。"意思形成自由、表示自由是意思表示真实的基础,意思表达准确、符合真意是意思表示真实的直接实现"。②

3. 不得违反法律、行政法规的强制性规定或者公序良俗

(1)内容之适法性,具体而言,即不得违反法律、行政法规的强行性规范,如买卖毒品、枪支弹药、安全带扣即属于违反强制性规范的行为,因而无效。

①不得违反强制性规范。民法曾极为推崇私法自治,演化至今,社会法原理抬头,法律行为自由则渐受限制,此乃社会法治秩序之所求。然而,"法不禁止即自由"仍应属于私法固守的价值,故自由禁止之范围应有法律的明确规定。

强制性规范,是指不问当事人意思如何,必须适用之法律规定。此与任意性规范相对立而存在。

②强制性规范与任意性规范。私法中,有相当一部分规范属于任意性规范。任意性规范,仅作为示范性与补充性规范,当事人在市民生活中可变更或排除适用。如《合同法》第133条规定:"标的物的所有权自标的物交付时起转移,但法律

---

① 但事实上,该条款措辞系"有效"而非生效,而《民法总则》第136条第1款规定:"民事法律行为自成立时生效,但是法律另有规定或者当事人另有约定的除外。"因此,这里的"有效"与"生效"是否等同,什么关系,是否应当区分成立、生效与有效,以及生效是否属于自治范畴且可适用于法律行为的一切情形等,所有这些问题,均有待澄清探讨。

② 韩松编:《民法总论》,法律出版社2014年版,第254~255页。

另有规定或者当事人另有约定的除外。"该条规范即属于任意性规范。

就私法关系而言,强制性规范具排除私法自治之机能,任意性规范有补助私法自治之机能。

强制性规范与任意性规范之判别,除依法律条文措辞外,只能依规定之本旨以为判断。①

(2) 内容之妥当性,即要求法律行为不得违反公序良俗。公序良俗系指公共秩序与善良风俗,实质均在于社会公共利益的维系。民法之所以规定公序良俗原则,是因为立法当时不可能预见一切损害国家利益、社会公益和道德秩序的行为而作出详尽的禁止性规定,故设立公序良俗原则,以弥补禁止性规定之不足。

内容妥当性,要求裁判者依一般法理念、社会一般观念、一般伦理道德观念等,并结合个案情节具体判定。如约定受雇人于长期受雇期间不得结婚或生育,此约定将因过分限制当事人自由而不具有妥当性,应属无效。

4. 标的须确定、可能?

我国多有学者认为,标的确定与可能亦为法律行为的要件,这是法律行为的题中应有之意,是对《民法通则》第 55 条作当然解释的结果。②

标的确定,指法律行为之内容,于法律行为成立时,须已确定或可得确定。但事实上,标的确定是法律行为成立所当然要求的内容,如果标的不确定,不能据此划定当事人之间的权利义务范围,则根本不构成意思表示或并未形成真正的合意。至于标的可能,德国民法确曾规定标的自始客观不能为法律行为无效之原因,但该教条现今基本不被接受,也被《德国债法现代化法》所废弃,理由主要是为了更好地保护债权人的利益,且由于确定自始不能或嗣后不能常被偶然因素所左右,并非合理。比较法上,无论《国际商事合同通则》《欧洲合同法原则》还是我国的《民法通则》《合同法》《民法总则》,均未规定履行不能为法律行为无效的原因。③ 因此,将

---

① 概括言之,事关社会基本秩序之规定(亲属法、物权法上的多数规定)、作为私法自治前提之规定(法人格、行为能力等)、保护第三人信赖或交易安全之规定(公示公信原则、表现代理)、保护经济上弱者之规定(禁止流质、限制最高利率)等属强行规定。
② 梁慧星:《民法总论》,法律出版社 2004 年版,第 167 页;魏振瀛主编:《民法》,北京大学出版社、高等教育出版社 2000 年版,第 153～154 页;张俊浩主编:《民法学原理》(上册),中国政法大学出版社 2000 年版,第 250～252 页。
③ 马俊驹、余延满:《民法原论》,法律出版社 2010 年版,第 188～189 页。

标的确定、可能解为对《民法通则》第55条作当然解释而得出的法律行为生效要件,并不具有说服力。①

(二)特别生效要件

1. 意定生效要件

(1)附生效条件之法律行为,须条件成就。生效条件成就之前,法律行为尚不生效力。

(2)附始期之法律行为,须期间届至。在该日期到来之前,法律行为尚不生效力。

2. 法定生效要件

(1)在遗嘱或遗赠,须遗嘱人或遗赠人死亡;

(2)在处分行为,须处分人有处分权。处分人若无处分权,即为无权处分,可能侵害处分权人的利益。无权处分行为,须经处分权人承认,或须处分人事后取得处分权,始生效。

(3)在代理,须代理人有代理权。代理人有代理权而为代理行为,代理行为的效力始对被代理人发生。若属无权代理,须经被代理人追认,始对其生效。

(4)在公示行为,须践行法定公开程序。公示行为,指以法律特别要求的公开形式实施的法律行为。公开,才能使第三人获知法律行为的发生及其内容。

各国法多规定,物权变动须公示,始能生效。动产物权行为,须为交付;不动产物权行为,须为登记。

---

① 传统民法认为,"自始(客观)不能之合同无效",并以之为原则。其认为,契约为法律行为之一种,法律行为之标的不能,则当事人之私法上之目的,自始失其意义,纵加以公力救济,亦无实现之可能。然该原则已不为多数立法及学说所继受,而日受批判,盖标的自始不能,契约无效,非基于逻辑的必然性,而属立法政策权衡双方当事人利益情事之结果。而债权合同为基于自身意志选择的负担与请求,每个人均须对此选择负责。意志合致,负担即应成立,能否给付属履约问题;不能履行者,须负履行利益赔偿之责任,而非使合同无效,仅于有过失场合使其赔偿信赖利益损失。正如日本教授奥田昌道所认为,所有的自始不能之场合一律无效的必然性并不存在,双方当事人既知给付自始客观不能的场合而仍为法律行为,则应按虚伪表示使之无效。如果双方当事人对于给付自始客观不能并不知道,在主观上对不能抑或可能系处于一种不明确状态,并抱有自甘承受不能场合之风险的意图缔结合同(一种投机行为),后来就不应允许再以自始不能为由主张无效,而应当认为合同有效。[日]奥田昌道:《债法总论》,悠悠社1992年增补版,第30页。转引自,韩世远:《合同法总论》,法律出版社2008年版,第361页。

(5)在有相对人之行为,以对话意思表示为要素者,须相对人了解;以非对话意思表示为要素者,须该意思表示到达相对人。

第四节　意思表示

一、意思表示的意义

(一)意义

意思表示,指向外部表明意欲发生一定私法上的法律效果之意思的行为。

(二)说明

1. 表意人须行为能力适格

形成法效意思且有意识地发表此意思,均要求行为人具有相应的行为能力。

2. 意思表示是发表意思的行为

此意思为行为目的,与动机有别,后者指唤起或指导有目的行为的生理或心理因素。例如,因饥饿而形成购买一个包子的内心意思,饥饿属于动机,因该动机激发了买一个包子的内心意思,表示的就是此内心意思。

3. 意思表示是发表私法效果意思的行为

表示的客体是为意思,且私法效果规定于意思之中,即包含了法律上权利义务得丧变更的效果目的在内。此乃其与事实通知、意思通知等准法律行为所不同之处。事实通知或意思通知,虽通知一定的事实或意思,但仅为客观事实或"自然的意思",非如法律行为的意思表示包含有私法效果意思,故其法效之发生不取决于所通知的事实或意思的内容,而是直接由法律规定。

(三)意思表示与法律行为的关系

意思表示是法律行为不可或缺的基本构成要素,但二者并非等同。关于二者的关系,可概括如下:

1. 意思表示是法律行为的核心要素。

2. 在单方诺成行为中,法律行为仅由一个意思表示构成。

3. 在双方或多方诺成行为中,法律行为由两个或两个以上意思表示结合而成。

4. 在要物行为中,除意思表示外,尚须有物的交付,始构成法律行为。

二、意思表示的构成

一般认为,意思表示的构造可以解析为:其一,先有某种动机(如想送女友戒指以向对方求婚);其二,基于此动机产生意欲发生一定法律效果的意思,即效果意思(如购买一枚钻戒);其三,有将该效果意思向外部公开的意识,即表示意思(欲表示购买钻戒的效果的意思);其四,实施向外界发表该效果意思的行为,即表示行为(向他方当事人表示要买一枚钻戒)。这样,行为人通过表示行为将效果意思表示于外部,完成意思表示。① 其中,动机是引起效果意思的心理过程,通常不具有法律上的意义,因此不是意思表示的构成要素。动机错误,原则上对法律行为的效力不发生影响。

引起较大争议的是,是否应认表示意思为意思表示的构成要素。表示意思是指行为人有想将内心效果意思公开的意思,即有意识到要做意思表示,又称表示意识。表示意思,被视为是连接内心效果意思与表示行为的中间环节。当行为人欠缺表示意思时,如何理解行为的法律意义,涉及交易风险分配之问题。② 原来,强调意思自治的价值,认为法律行为的效力应以探求表意人的内心真意为准。然个人内心意思如何,外界难以窥知,若刻意追求,交易相对人难免遭受不测之损害。所以,现代民法更关注交易安全与相对人信赖保护价值,认为市民生活中,任何人均须对其为交往而向他人所做的表示负责。因此,意思表示应以表示行为为其本

---

① 梁慧星:《民法总论》,法律出版社 2004 年版,第 169 页。在德国法上,通说将意思表示分解为目的意思、效果意思、行为意思、表示意识、表示行为,极尽心里探微之能事。但对此划分,德国学界不乏质疑反思者。朱庆育:《民法总论》,北京大学出版社 2013 年版,第 192~194 页;邵建东:《表示意识是否意思表示的要素》,载梁慧星主编:《民商法论丛》(第 17 卷),金桥文化出版(香港)有限公司 2000 年版。对于意思表示的构成,我国学者的观点亦有较多分歧,可参照梁慧星:《民法总论》,法律出版社 2004 年版,第 169~171 页;张俊浩主编:《民法学原理》(上册),中国政法大学出版社 2000 年版,第 228~233 页;马俊驹、余延满:《民法原论》,法律出版社 2010 年版,第 189~190 页;王利明:《民法总则研究》,中国人民大学出版社 2003 年版,第 538~539 页。

② 朱庆育:《民法总论》,北京大学出版社 2013 年版,第 194 页。

体,依该行为,社会观念上客观地足以认为当事人具有某种效果意思者,即可解为意思表示已成立。表示意思的有无,不应影响意思表示的构成。若当事人证实确实欠缺表示意思,或可依意思表示错误等制度享有撤销权。作如此解释,始能防止表意人借口狡辩,致法律关系趋于复杂。①

此外,否定说还认为,表示意思仅系内心的效果意思之一部分而已,故表示意思之欠缺,系内心效果意思之欠缺,对意思表示之成立并无独立之影响。②

因此,关于意思表示,可以从表意人心理过程的角度进行如下简化的意思表示构造分析:由"动机"引发,形成一定"效果意思",并实施将该效果意思向外界公开的表示行为。故意思表示的构成要素包括:效果意思、表示行为。

(一)效果意思

效果意思,欲引起法律上一定效果发生之内心的意思,又称法效意思,是为"内心上的效果意思",即所谓真意。真意应与表示相一致,始为健全的意思表示,并为表意人所追求。

但真意只存在于内心,难以为他人所知,故有与其相对立的概念,即为"表示上的效果意思",指他人从表意人之表示行为所得推断之效果意思。

法律上的所谓效果意思,现今各国私法多强调后者,因真意难以为他人所知,除非足以判明。

(二)表示行为

表示行为,乃意思外部化之行为,有明示、默示与单纯沉默之别。《民法总则》第140条规定:"行为人可以明示或者默示作出意思表示。沉默只有在有法律规定、当事人约定或者符合当事人之间的交易习惯时,才可以视为意思表示。"明示者,指行为人以书面或口头等形式,直接将其效果意思表示于外;默示者,指由特定行为间接推知行为人的意思表示,如将车停放于收费停车场;单纯沉默,指单纯不作为,即当事人既未明示其意思,亦不能借由他项事实,推知其意思。沉默原则上

---

① 洪逊欣:《中国民法总则》,台湾三民书局1957年版,第357页。转引自,刘得宽:《民法总则》,中国政法大学出版社2006年版,第210页。

② 刘得宽:《民法总则》,中国政法大学出版社2006年版,第210页;[日]山本敬三:《民法讲义Ⅰ 总则》,解亘译,北京大学出版社2004年版,第88~89页;马俊驹、余延满:《民法原论》,法律出版社2010年版,第190页。

不具有意思表示价值,除非有约定、法定或交易惯例,如《继承法》第 25 条规定:"继承开始后,继承人放弃继承的,应当在遗产处理前,作出放弃继承的表示。没有表示的,视为接受继承。受遗赠人应当在知道受遗赠后两个月内,作出接受或者放弃受遗赠的表示。到期没有表示的,视为放弃受遗赠。"该条款中的单纯沉默,因法律的规定而具有意思表示的意义。

三、意思主义与表示主义

意思与表示常为一致,亦可能不一致。意思与表示不一致时,着重意思或表示,有意思主义与表示主义之区分。着重于内心的效果意思者,为意思主义;着重于表示上的效果意思者,为表示主义。

意思主义,以意思原理、自己决定原理为其基础,即"人只根据自己的意思取得权利负担义务","是否进行什么内容的意思表示,由自己的意思决定"。[①]

表示主义,则以信赖原理和交易安全保护为其基础,因为,交易活动中,"必须保护相对人对表示的信赖",而且,为了使交易迅速、顺利地进行,人们认为"当表示被作出后,只需要按照交易社会的规则来理解该表示就可以了"。[②]

此外,还有折中主义,即分别在不同场合,或采意思主义,或采表示主义。

四、意思表示的拘束力

(一)概述

1. 意义。意思表示拘束力,是意思表示效力发生后表意人须受其约束,非依法律,不得擅自撤回或变更的法律效力。

2. 拘束力的发生。意思表示拘束力发生时间,事关表意人是否可以撤销其表示,以及相对人的信赖利益,同时关涉非对话意思表示传递途中遗失或者迟到风险的承担,故须合理确定。

(二)无相对人意思表示的拘束力

无相对人的意思表示,原则上从成立时发生拘束力。因为此类意思表示无相

---

① [日]山本敬三:《民法讲义Ⅰ 总则》,解亘译,北京大学出版社 2004 年版,第 86 页。
② [日]山本敬三:《民法讲义Ⅰ 总则》,解亘译,北京大学出版社 2004 年版,第 86 页。

对人,不必考虑其是否已经到达相对人以及是否被了解的问题。但是,遗嘱只有在遗嘱人死亡时发生拘束力,此为例外。

《民法总则》第138条规定:"无相对人的意思表示,表示完成时生效。法律另有规定的,依照其规定。"

(三)有相对人意思表示的拘束力

1. 相对人的受领能力。有相对人的意思表示,要求相对人具有受领能力。受领能力,是指能够独立有效地受领相对人意思表示的能力。受领能力,与行为能力应属同质,只是立于受领者角度的称谓。

2. 对话意思表示拘束力的发生。对话的意思表示,其拘束力应从意思表示被相对人了解时发生。了解与否,须根据具体情形,实事求是地加以认定。相对人可能因语言不通或者听觉问题,无法确实了解表意人的意思表示。《民法总则》第137条第1款规定:"以对话方式作出的意思表示,相对人知道其内容时生效。"

3. 非对话意思表示拘束力的发生。此种情形,意思表示大致经历如下阶段:意思形成—写信—发信—到达—了解。因此,理论上,其拘束力发生的时间有表示主义、发信主义、到达主义、了解主义等不同观点。实证法上,主要有发信主义与到达主义的立法例,且以后者较多见。我国《民法总则》采到达主义。①

到达主义中,到达是指意思表示传递到相对人可支配的现实或虚拟空间,置于相对人随时可了解其内容的状态。到达主义,将信函在传递过程中遗失或迟到的风险分配于表意人,较为合理。至于信函是否被拆阅了解,表意人难以控制且证实,若因未了解而产生不利益,自应由相对人承担,故非对话意思表示拘束力的发生,不采了解主义。

4. 公告意思表示拘束力的发生。《民法总则》第139条规定:"以公告方式作出的意思表示,公告发布时生效。"以公告方式作出意思表示,主要是因为表意人找不到相对人或者相对人是不特定的多数人,不得不通过公告方式发布意思表示。

---

① 《民法总则》第137条第2款规定:"以非对话方式作出的意思表示,到达相对人时生效。以非对话方式作出的采用数据电文形式的意思表示,相对人指定特定系统接收数据电文的,该数据电文进入该特定系统时生效;未指定特定系统的,相对人知道或者应当知道该数据电文进入其系统时生效。当事人对采用数据电文形式的意思表示的生效时间另有约定的,按照其约定。"

此处的公告方式包括以电视、报纸、广播、网络平台等为媒介进行公告。以公告方式作出意思表示，属于有相对人意思表示的特殊情形，公告意思表示一经发布，即发生效力。

五、意思表示的解释

（一）解释的意义及必要性

1. 意义。意思表示的解释，是运用解释方法，确定其中确切含义的活动。

2. 必要性。解释总是必需、常有的，或因语言文字的多义性、待诠释特性，或出于表意人知识、经验和判断能力之不足，或与表意人表示词不达意相关，或因当事人立于不同利害关系、立场之考量，或发生于意思与表示不一致或意思表示不自由之情形等。

（二）解释之价值取向

意思表示解释的目的，在于探求意思的确切含义。此含义应基于什么主体的立场理解，存在不同的学说。意思说主张，意思的确切含义，应以表意人的内心意思为准；表示说认为，意思的确切含义，应以相对人所理解的含义为准；信赖说认为，因利害关系所致，意思的确切含义，既不能以表意人的内心意思为准，也不能以相对人所理解的含义为准，而应以一般人处于相对人位置对表示的通常理解为准，以体现对于表示的通常信赖。

比较而言，信赖说符合一般人对于信息交流中含义理解的通常信赖，较能避免解释中的主观化倾向，以防不当损害他方利益，因此，信赖说较为合理。

（三）解释的方法

《民法总则》第142条规定："有相对人的意思表示的解释，应当按照所使用的词句，结合相关条款、行为的性质和目的、习惯以及诚信原则，确定意思表示的含义。无相对人的意思表示的解释，不能完全拘泥于所使用的词句，而应当结合相关条款、行为的性质和目的、习惯以及诚信原则，确定行为人的真实意思。"根据该条款，意思表示通常采纳的解释方法如下：

1. 文义解释。是通过对合同所使用的语言或文字的含义的解释。文义，并非指当事人内心主观的意思，而是指在待解释情境下该用语的客观意思。

2. 整体解释。指不拘泥于个别语言文字,立足于合同订立的全过程和合同的全部条款而对合同的解释,即结合条款之间的相关性,通观全文而作出解释。

3. 目的解释。当事人实施意思表示订立合同,必有其目的。基于目的,我们可能推知当事人意思表示所意指的含义。须注意的是,此处所谓的当事人目的,指双方当事人共同目的或当事人一方为对方所知或应知的目的。

4. 习惯解释。此种解释的依据在于,人们的行为,包括意思表示,除了受法律的支配外,通常还受习惯的影响。这些习惯包括语言习惯、交易习惯、支付习惯等。

应注意的是,在合同场合,采为解释依据的习惯,应是当事人双方共同遵守的习惯,或在订立合同时已为对方所知悉且获得对方认可的当事人一方的习惯。

5. 依诚信原则解释。诚实信用原则是现代民法指导当事人行使权利履行义务的基本原则,也是进行意思表示解释时须遵循的基本原则。

第五节 意思与表示不一致

一、故意的不一致

(一)真意保留

1. 意义

真意保留,指表意人故意隐匿其真意,而表示与其真意不同之意思的意思表示,又称单独虚伪表示。

2. 要件

(1)须有意思表示

如果当事人明显无受法律约束的意思,如朋友间通常的戏谑或说大话,即使为此类表示,一般不构成具有法律价值的意思表示。

(2)须表示与真意不符

(3)须表意人明知其表示与真意不符

3. 效力

我国现行法并未明确规定真意保留,但此类表示在现实生活中并不少见,因此,立法仍须规制以便于司法裁断。

在比较法与学理层面,真意保留,原则上为有效,此基于表意人自知而为的归责原理与保护相对人信赖的信赖原理。例外的是,意思与表示不一致为相对人明知或可得而知者,应无效。

(二)通谋虚伪表示

1. 意义

通谋虚伪表示,指表意人与相对人通谋所为与内心效果意思不一致的意思表示。

2. 要件

(1)须有意思表示;

(2)须表示与真意不符;

(3)须有虚伪故意;

(4)须非真意表示系与相对人通谋实施。

3. 效力

通谋虚伪表示,是意思与表示不一致的典型情形。《民法总则》第146条规定:"行为人与相对人以虚假的意思表示实施的民事法律行为无效。以虚假的意思表示隐藏的民事法律行为的效力,依照有关法律规定处理。"此外,《民法总则》第154条、《民法通则》第58条第4项与《合同法》第52条第2项规定,恶意串通,损害他人利益的法律行为或合同无效。恶意串通,实质就是通谋,强调的是通谋损害他人利益,但当事人通谋不必然为不真实的意思表示,也可能通谋实施真实的意思表示。所以,恶意串通与通谋虚伪表示存在交叉,两者的侧重点不同。

以下结合《民法总则》第146条的规定及法理阐述,解析通谋虚伪表示的效力:

(1)原则:对当事人而言,通谋虚伪表示,应属无效。

(2)例外:当事人不得以通谋虚伪表示之无效对抗善意第三人。

此例外所涉之关系,并未为《民法总则》所明确,但基于信赖保护法理,我们应肯认之。

4. 隐藏行为

(1)意义。隐藏行为,指隐藏于通谋虚伪表示中依其真意所欲发生的法律行为。

(2)效力。通谋虚伪表示与隐藏行为系分开作成,二者效力应分别确定。通谋虚伪表示,属无效;隐藏行为,应结合法律行为成立与效力要件的相关规定具体判断。

二、无意的不一致

(一)错误

1. 意义

(1)含义。表意人为意思表示时,其"内心上效果意思"与"表示上效果意思"不一致,而该不一致之情形为表意人所不知,即为错误的意思表示。

(2)错误与误解。传统民法理论认为,错误依其属发表意思或受领意思而生,可区分为表示错误与受领错误。受领错误,指受领人对表意人正确表达的意思表示作出了错误理解,特别是作出了不同于表意人本意的理解。受领错误,又称误解。受领错误对表意人意思表示的效力不会产生影响,仅在受领人因误解而为意思表示时有法律意义。

我国《民法通则》《合同法》《民法总则》规范用语均采"重大误解"。系受王增润、郑华各自《苏俄民法典》第32条译本影响采用的表达,背离用"错误"术语表达同样事物的主流,自规范意旨而言,对我国现行法为通俗化所称之"误解"不应作狭义理解,应扩张解释其为包含传统民法所区分的表示错误与受领错误,通称"错误"。

2. 要件

(1)须有表示行为;

(2)须表示与意思不一致;

(3)须表意人无故意;

(4)须错误在交易上被认为重大。

错误重大,可参考如下客观标准判断:一般人处于表意人的地位,假使非因错误,应不会作出该意思表示。当然,交易上是否被认为重大,应结合法律行为的典型交易目的及个案具体信息加以认定。如受雇女工纵使未告知其怀孕,雇主一般亦不得以当事人资格错误为由撤销劳动契约，因妇女怀孕，仅属一时性，与其相关的错误认知非为交易上的重大错误。相反，若女工受雇仅为完成短期工作，该女工怀孕则可能被认为具有交易重要性。

3. 类型

关于意思表示错误的类型，最高人民法院《关于贯彻执行〈民法通则〉若干问题的意见》第71条规定："行为人因对行为的性质、对方当事人、标的物的品种、质量、规格和数量等的错误认识，使行为的后果与自己的意思相悖，并造成较大损失的，可以认定为重大误解。"比较而言，该条规定显得笼统宽泛，不如德国、台湾地区等明确区分意思表示错误与动机错误以及意思表示错误的具体类型，不利于司法实践中统一的解释适用。结合现行法规定与法理，意思表示错误可归纳为以下类型：

(1)关于当事人本身的错误。如误某学生为故友之子而出借房屋。此即所谓"当事人同一性错误"，多发生于赠与、借贷、雇佣、委托等注重当事人属性的法律行为。

(2)关于标的物本身的错误。如误面粉为奶粉、误英汉词典为汉英词典而买卖。

(3)关于当事人资格错误。此等错误的对象应广泛包括相对人之才能、资历、职业、身份、资产状况、刑罚前科等，如误泥水匠为理发师而雇用。是否构成意思表示错误，以某资格对于特定法律关系是否重要为断。

(4)关于标的物性质错误。此等错误的对象应广泛包括标的物之性质、来历等足以影响物的使用及价值的事实或法律关系，如艺术品的来源及真实性，二手汽车的制造年份、行驶里数及是否发生过事故等。

(5)关于法律关系性质的错误，如误认赠与为借贷而承诺。

(6)关于价格、数量、履行地、履行期的错误。这些要素的错误，以交易上认为重要者为限，构成意思表示错误。

(7)动机错误。凡意思表示，皆有其动机。动机错误，属于意思形成阶段之错误，通常认为其并不产生真意与表意不一致问题，且其存于内心，不得而知，故谓其不生对意思表示效力的影响，以免害及交易安全。

当然，表意人为避免承担意思形成上错误的风险，可与相对人约定，使一定的缘由成为法律行为的内容，尤其是作为法律行为的条件。

事实上，当事人资格错误与标的物性质错误，本亦属动机错误，但依台湾地区、德国等民法,此类错误在交易上被认为重要者,视为意思表示内容错误。①

4. 效力

(1)可撤销。对于意思表示错误,重大者,赋予表意人撤销权。

《民法总则》第147条规定:"基于重大误解实施的民事法律行为,行为人有权请求人民法院或者仲裁机构予以撤销。"

(2)信赖利益赔偿。表意人须因此赔偿受害人信赖利益损失,但撤销原因,为受害人所明知或应知者,不在此限。此赔偿,《民法总则》未予以明确,只是在第157条规定,民事法律行为无效、被撤销或者确定不发生效力后,有过错的一方应当赔偿对方由此所受到的损失。重大误解的表意人是否属于有过错一方,以及须赔偿的损失如何限定,均待法律的解释展开。比较法上,台湾地区"民法典"第91条规定:"因意思表示错误撤销,表意人对于信其意思表示为有效而受损害之相对人或第三人,应负赔偿责任。但其撤销之原因,受害人明知或可得而知者,不在此限。"

(二)误传

误传,指因传达人或传达机关之错误致表示与意思不符。因传达人或传达机关只是表意人之喉舌,故误传的错误相当于表意人的错误,因此,关于误传的错误,其效力可确认如下几点:1. 误传可撤销;2. 撤销权人须对第三人(意思表示受领人)信赖利益损失负赔偿责任;3. 传达人因与有过失而须对表意人负赔偿责任。

第六节 意思表示不自由

一、欺诈

(一)意义

欺诈,指故意欺罔他人,使其陷于错误判断,并基于此错误判断而为意思表示

---

① 台湾地区"民法典"第88条第2款规定:"当事人之资格或物之性质,若交易上认为重要者,其错误,视为意思表示内容之错误。"

之行为。受欺诈而为意思表示,其实质在于欠缺意思自由。

(二)构成要件

1. 须有欺诈之故意。欺诈之故意,即欺诈意思,指使被欺诈人陷于错误判断,及使被欺诈人基于错误判断而为意思表示之意思。欺诈故意乃成,过失不能造就欺诈。

2. 须有欺诈行为。欺诈行为,可以是捏造虚伪之事实,或是隐匿真实之事实。但是,一般认为,沉默不作为,只有在依法律、习惯或契约有告知义务的场合,才构成诈欺行为。

在事实效果上,欺诈行为可能引起错误、加深错误或保持错误(防止对方发现错误)。

3. 须被欺诈人因受欺诈而陷于错误判断。此要件强调受欺诈与错误判断之间须有因果关系。

4. 须被欺诈人基于错误判断而为意思表示。此要件强调错误判断与意思表示之间须有因果关系。

(三)效 力

1. 当事人间之效力

(1)欺诈系由相对人所为者,表意人可撤销其意思表示。

(2)欺诈系由第三人所为者,以相对人明知或应知欺诈情事为限,表意人才可撤销其意思表示。但如其为无相对人之意思表示(如所有权之抛弃、捐助行为),因无相对人须受保护,表意人可撤销之。就此,《民法总则》第149条规定:"第三人实施欺诈行为,使一方在违背真实意思的情况下实施的民事法律行为,对方知道或者应当知道该欺诈行为的,受欺诈方有权请求人民法院或者仲裁机构予以撤销。"

(3)第三人若为相对人之代理人、缔约辅助人(如谈判代表),第三人实施的欺诈视同相对人所为。

2. 对于第三人之效力

被欺诈而为意思表示虽可撤销,然其效力不得对抗善意第三人。善意第三人,是指未知欺诈之事实,对于依欺诈行为所取得之权利再发生利害关系之人。

但须注意的是,关于欺诈的效力,我国《民法通则》第58条规定:受欺诈而实施的法律行为无效。《合同法》第52、54条作了不同的区分规定:受欺诈而订立的合同可撤销,但是,该合同损害国家利益的,无效。《民法总则》第148条则不再区分,统一规定欺诈为可撤销法律行为。当前,对于受欺诈法律行为的法效冲突的解释适用应该是:(1)基于新法优先于旧法原理,《民法通则》的相关规定不再适用;(2)在《合同法》经修改调整纳入"民法典"成为分则编之前,《合同法》与《民法总则》相冲突的规定,仍应适用《民法总则》的规定,以体现立法者后来跟进的价值调整,所以,受欺诈而订立的合同,应属可撤销,至于因此且损害"国家利益"者,直接依违背公序良俗认定无效即可。

二、胁迫

(一)意义

胁迫,指以不法加害威胁他人,使其产生恐惧心理,并基于该恐惧心理而为意思表示之行为。胁迫与生理上绝对强制不同,后者完全欠缺本人之意思。

(二)构成要件

1. 须有胁迫之故意。即胁迫意思,是指使被胁迫人产生恐惧心理并因此为意思表示之意思。

2. 须有胁迫行为。威胁施于被胁迫人或其亲友生命、身体、自由、名誉、财产等。胁迫,须达到使被胁迫人产生恐惧的程度。

3. 须胁迫具不法性。手段不法或目的不法,具一即可。

4. 须被胁迫人因受胁迫而生恐惧心理;

5. 须被胁迫人基于恐惧心理而为意思表示。此意思表示与胁迫之间具有因果关系,迎合或基本迎合胁迫人的意思。

(三)效力

与欺诈一样,关于胁迫的效力,《民法通则》第58条规定为无效。此规定主要着眼于行为的不法性。但受胁迫而实施的法律行为若无涉社会公共利益,自宜让受胁迫人自主决定行为之效力,国家并无干预决断的正当理据。《合同法》第52、54条规定:受胁迫而订立的合同为可撤销,除非涉及国家利益。《民法总则》第150条规定:"一方或者第三人以胁迫手段,使对方在违背真实意思的情况下实施的民事法律行为,受胁迫方有权请求人民法院或者仲裁机构予以撤销。"当前,关于受胁迫法律行为的效力规定,仍应以《民法总则》的规定为准,无论胁迫人是否为对方当事人,表意人均可撤销其意思表示。

比较法上,日本、台湾地区等立法例还确认,因胁迫之违法性较欺诈严重,因此,胁迫撤销可对抗善意第三人。①

三、乘人之危、显失公平

(一)意义

乘人之危、显失公平,是指行为人利用对方当事人的急迫需要、危难处境或缺乏判断能力等,迫使对方违背本意而作出意思表示,严重损害对方利益的情形。

(二)构成要件

1. 须有表意人在客观上处于急迫需要、危难处境或缺乏判断能力等。这种处境是客观存在的,且非因行为人的故意违法行为所致。

2. 须有行为人乘人之危的故意。行为人明知表意人处于急迫需要、危难处境或缺乏判断能力等情形,故意加以利用,使表意人不得不因此为意思表示。

3. 须行为人实施了足以使表意人在危难处境下为意思表示的行为

4. 须行为人的行为与表意人的意思表示之间具有因果关系

5. 须表意人因其意思表示而蒙受重大不利,表现为双方的权利与义务明显违反公平,通常为经济上的损失,但不限于此。

(三)效力

《合同法》第54条将乘人之危与显失公平分别规定,二者均单独为可撤销情形。但事实上,乘人之危并不当然导致不公平。之前,最高人民法院《关于贯彻执行〈民法通则〉若干问题的意见》第70条规定:"一方当事人乘对方处于危难之机,为牟取不正当利益,迫使对方作出不真实的意思表示,严重损害对方利益的,可以认定为乘人之危。"该条款对于乘人之危的界定已然包含"损害对方利益"的结果要

---

① 如台湾地区"民法典"第92条规定:"因被诈欺或被胁迫而为意思表示者,表意人得撤销其意思表示。但诈欺系由第三人所为者,以相对人明知其事实或可得而知者为限,始得撤销之。被诈欺而为之意思表示,其撤销不得以之对抗善意第三人。"

素。而显失公平,如果仅强调结果判断,而不追问"显失公平"的原因,则如何判断显失公平会有疑难,且可能将出于当事人真意的所谓不公平的行为判为可撤销。如此,将破坏"合同必须严守"的规则,妨碍交易安全与秩序。或有鉴于此,最高人民法院《关于贯彻执行〈民法通则〉若干问题的意见》第72条规定:"一方当事人利用优势或者利用对方没有经验,致使双方的权利与义务明显违反公平、等价有偿原则的,可以认定为显失公平。"此规定将导致不公平结果的原因纳入其中。"利用优势或者利用对方没有经验"作为原因,可视为乘人之危更扩张化的表达。因此,基于此规定,并结合法理,许多学者认为,我国现行法上的乘人之危与显失公平应共同构成一种待规范的行为,与德国法上的"暴利行为"相当。① "如此,则可合流乘人之危与显失公平,在侵扰意志自由的逻辑下重作统一规范"。② 《民法总则》第151条认同了上述观点,规定为:"一方利用对方处于危困状态、缺乏判断能力等情形,致使民事法律行为成立时显失公平的,受损害方有权请求人民法院或者仲裁机构予以撤销。"基于该规定,乘人之危、显失公平的法律行为属于可撤销法律行为。

第七节 条件与期限

一、法律行为的附款

(一)意义

法律行为的附款,指当事人对法律行为效力之发生或消灭所加的限制。

当事人实施法律行为,总是基于一定的预期目的。然而,计划与现实可能存在差异,且现实可能发生超出计划预期的变化,所以,当事人在实施法律行为时,可以使法律行为附加控制效力的条款。附款,因此具有预先分配危险的功能。此外,附款尚有引导相对人行为之作用。

---

① 李永军:《民法总论》,中国政法大学出版社2008年版,第217页;马俊驹、余延满:《民法原论》,法律出版社2010年版,第198页;张俊浩主编:《民法学原理》(上册),中国政法大学出版社2000年版,第290页。

② 朱庆育:《民法总论》,北京大学出版社2013年版,第284页。

（二）附款的性质

1. 附款是所附法律行为的组成部分。附款非独立行为，亦非所附行为的从行为。

2. 附款属所附法律行为的特别生效要件。附款非属法律行为的必要成分（成立要件），而是法律行为的特别效力要件。

3. 附款是意思表示中的效力控制性成分。附款出自当事人之意思，与法定条件不同。附款用于控制法律行为效力的发生或消灭。

二、条件

（一）条件之意义

条件，是法律行为效力之发生或消灭，决定于将来客观上不确定事实之成否的法律行为的附款。

包含条件附款的法律行为，称"附条件的法律行为"。

（二）条件的要件

1. 须属将来事实。既成事实不具有不确定性，不得以之为条件。

2. 须属成就与否客观上尚不能确定之事实，即要求属于偶成事实。不确定，指客观上不确定，非主观上不确定。将来必成事实（应属期限）或不能事实均不得设定为条件。

以不能事实为条件，因条件确定不可能成就，条件若为生效条件，法律行为不生效力；若为解除条件，视为无条件。

3. 须属合法事实。内容违法或严重不当之事实，不得以之为条件。严重不当条件，违反公序良俗，如以女雇员之结婚为解除雇用合同的条件。此情形中设置的条件侵犯了当事人的结婚生育自由权。

4. 须被设定为控制法律行为效力的条件。

（三）条件的类型

1. 依其控制功能，可分为生效条件与解除条件

（1）生效条件。又称延缓条件、停止条件，是限制法律行为效力发生的条件。只有条件成就，法律行为才开始生效，如约定"若明日不下雨，则赠送皮包一个"。

(2)解除条件。是限制法律行为效力消灭的条件。当条件成就时,法律行为效力消灭;若条件最终不成就,法律行为将确定不失效。如甲租用乙的房屋,约定乙之子若返回厦门,须退还房屋。

2. 条件依其内容为所设事实发生或不发生为标准,可分为积极条件与消极条件

(1)积极条件,又称肯定条件,是以所设事实发生为内容的条件,如下雨、考取大学等。

(2)消极条件,又称否定条件,是以所设事实不发生为内容的条件,如不回国、不养猫等。

(四)条件的成就与不成就

1. 条件成就,指条件内容得以实现的情形。在积极条件,指作为条件内容的事实发生;在消极条件,指作为条件内容的事实确定不发生。如约定:今年若通过司法考试,将赠送奥迪轿车一部。通过司法考试,为条件成就。如约定:今年若司法考试不通过,将借予房子一年。司法考试真没通过,为条件成就。

2. 条件成就之拟制。因条件成就而受不利益的当事人,如以不正当行为阻止条件成就,将损害对方当事人的利益。因此,德国、法国、瑞士、日本等诸多国家均规定:因条件成就而受不利益的当事人,如以不正当行为阻止条件成就者,视为条件已成就。《民法总则》第159条规定:附条件的民事法律行为,当事人为自己的利益不正当地阻止条件成就的,视为条件已成就。

3. 条件不成就,指条件内容确定不实现的情形。在积极条件,指作为条件内容的事实确定不发生;在消极条件,指作为条件内容的事实已经发生。

4. 条件不成就之拟制。因条件成就而受利益之当事人,如以不正当行为促使条件成就者,视为条件不成就。关于此可见《民法总则》第159条的规定。

(五)条件的效力

1. 条件成就与否未定时的效力。在此期间,因条件成就而受利益的当事人,取得受利益的期待权。其性质为取得权,即取得债权的期待权,受法律保护;受不法侵害时,可请求损害赔偿。期待权,可作为处分、继承、担保之标的。

2. 条件成就时的效力。在生效条件,使法律行为效力得以发生;在解除条件,

使法律行为效力得以消灭。

效力发生或消灭,以不溯及既往为原则。

3. 条件不成就时的效力。在生效条件,使法律行为效力确定的不发生;在解除条件,使法律行为效力确定的不消灭。

(六)不许附条件的法律行为

1. 依其性质不许附条件的法律行为

(1)票据行为。票据的主要功能在于流通。为确保票据的流通功能,票据行为不得附条件。

(2)撤销、承认、解除等单方行为。此类行使形成权的行为,本为使不确定的法律关系得以确定,若许附条件,将使本有待确定的法律关系更不确定。

2. 附条件违背公序良俗的法律行为。此类行为,主要指身份行为或与身份密切相关的行为,例如结婚、离婚、收养、继承的承认与抛弃等。此类行为,一经附条件将有害于身份秩序的安定,违背公序良俗。例如,甲乙结婚时约定,甲在3年内若考不上公务员,将离婚。

三、期限

(一)期限的意义

期限,指当事人以将来客观上确定到来之时间,作为决定法律行为效力的附款。包含有期限付款的法律行为,称附期限的法律行为。

须注意的是,作为附款的期限应与法律行为的履行期限相区别。期限是用于控制法律行为效力发生或消灭的附款。履行期限,如买卖合同中的交货期限、付款期限等,是对已经生效的法律行为所产生义务的履行期的限制。所以,履行期限不具有控制效力功能,只是对生效义务从什么时点必须开始履行的限制。

(二)期限的要件

1. 须属将来事实;

2. 须属必成事实。

(1)必成事实:确定发生,非属偶成事实。

(2)期限与条件:必成事实与偶成事实的认定

3. 须属合法事实

(三) 期限的类型

1. 始期与终期。期限,依其作用在决定效力之发生或消灭为标准,分为始期与终期。

始期,决定法律行为效力之发生,又称生效期限;终期,决定法律行为效力之消灭,又称终止期限。

2. 确定期限与不确定期限。期限,依其到来时点是否确定为标准,分为确定期限与不确定期限。

发生之时确定者,属确定期限;发生之时不确定者,属不确定期限,如某人死亡之日。

(四) 期限的效力

1. 期限的到来。期限到来,指作为期限内容的事实发生。期限,必将到来。始期到来,称"届至";终期到来,称"届满"。

2. 期限到来前的效力

(1) 附始期者,期限未届至时,不生效力;附终期者,期限未届满时,效力不终止。

(2) 因期限届至而受利益的当事人,取得利益期待权。该期待权可被作为处分、继承、担保之标的,并受侵权行为法保护。因期限必将到来,故附期限法律行为当事人之期待权相较于附条件法律行为当事人的期待权,更为确实、可靠,更有予以保护的必要。

3. 期限到来后的效力。附始期法律行为,始期届至,发生效力;附终期法律行为,终期届满,效力终止。

第八节　民事法律行为无效、可撤销、效力未定

当事人依意思自治而为法律行为,其效力为法律所认可,但法律行为逾越私法自治所容许的范围,即生效力之瑕疵,表现为无效、可撤销或效力未定。

对于不具备生效要件的特定法律行为,应赋予何种效力?此是为评价问题,民法所采行的原则大致为:欠缺的要件,如属有关公益,则使之无效;如仅有关私益,则使之可撤销;如仅属于程序(如未得他人同意)的欠缺,则使之效力未定,以资补正。①

一、无效的法律行为

(一)意义

无效的法律行为,指对当事人所意图之法律效果,自始、当然、确定的不发生。

1. 无效法律行为,多表现为违反法律、行政法规的强制性规定或社会公共利益,因而欠缺生效要件,故不生当事人所意欲之法效,但非谓不生任何法律后果。无效法律行为,或可引发侵权责任、不当得利责任、缔约过失责任或公法上的责任。

2. 自始无效。无效法律行为,自行为成立时起无效。

3. 当然无效。无效法律行为,无须再为主张、确认、宣告或其他任何程序,即为无效。但是,当事人对其是否无效存有争议时,不妨提起无效确认之诉,请求法院、仲裁机关予以确认。

4. 确定无效。无效法律行为,其无效是确定不移的,不因其他事由而变为有效。

(二)全部无效与一部无效

法律行为,依无效原因系存在于行为内容之全部或一部,可分为全部无效与一部无效。无效之原因,存于法律行为全部者,为全部无效;存于法律行为之一部者,为一部无效。

《民法总则》第156条规定:"民事法律行为部分无效,不影响其他部分效力的,其他部分仍然有效。"据此规定,法律行为一部无效时,原则上应全部归于无效,但除去无效部分不影响其他部分效力者,其他部分,仍为有效。

一部无效不影响其他部分效力之主要情形:

(1)法律行为标的之数量超过法律许可范围。例如,《担保法》第91条规定:

---

① 王泽鉴:《民法总则》,中国政法大学出版社2001年版,第476页。

"定金的数额由当事人约定,但不得超过主合同标的额的20%。"最高人民法院《关于适用〈中华人民共和国担保法〉若干问题的解释》第121条规定:"当事人约定的定金数额超过主合同标的额20%的,超过的部分,人民法院不予支持。"

(2)法律行为之内容,由数种不同事项合并而成,其中一项或数项无效。如约定赠与金钱与枪支若干,其中,仅赠与枪支的部分无效。

(3)法律行为之非主要条款,因违反禁止性规定或公序良俗而无效。如雇用合同约定"工伤概不负责",该条款被认定无效,并不会影响雇佣合同本身的效力。又如,最高人民法院《关于适用〈中华人民共和国担保法〉若干问题的解释》第57条第1款规定:"当事人在抵押合同中约定,债务履行期届满抵押权人未受清偿时,抵押物的所有权转移为债权人所有的内容无效。该内容的无效不影响抵押合同其他部分内容的效力。"

(三)关于无效法律行为的中国现行法规范

《民法通则》第58条、《合同法》第52条关于无效法律行为或合同的情形规定较多,《民法总则》进一步作了限缩,使得法律行为的无效更实质性地贴近于社会公共利益违反的情形。当前,我们应主要依照《民法总则》的相关规定确认以下几种无效情形:

1. 无行为能力人实施的法律行为

《民法总则》第144条规定:"无民事行为能力人实施的民事法律行为无效。"

其逻辑基础是无行为能力人不能独立实施任何法律行为。但该条规定显得过于绝对,实践中人们多认同无行为能力人仍可独立实施纯获利益的法律行为,以及与其年龄、智力相适宜的小额交易,如购买铅笔、乘坐公交车等,否则,可能反而不利于保障无行为能力人的切身利益。

2. 通谋虚伪表示实施的法律行为

3. 恶意串通

《民法总则》第154条规定:"行为人与相对人恶意串通,损害他人合法权益的民事法律行为无效。"恶意串通,强调恶意以损害他人,并非主要着眼于意思表示的虚假。然而,恶意串通若仅损害第三人的私利益,则与公共利益无涉,似乎应使其效力未定,而非当然无效,此值得反思。其次,恶意串通若损害国家、集体利益,可评价为损害社会公共利益而无效。

4. 违反强制性规定或公序良俗的法律行为

《民法总则》第153条规定:"违反法律、行政法规的强制性规定的民事法律行为无效,但是该强制性规定不导致该民事法律行为无效的除外。违背公序良俗的民事法律行为无效。"

法律行为因违反强制性规定或公序良俗而无效,其基础均在于违反社会公共利益。但需注意的是,违反法律、行政法规的强制性规定的法律行为,不应当然使其无效,应于个案中解释被违反之强制性规定的规范目的,并结合案件的具体情节综合考量,以审慎判断法律行为是否实质违反社会公共利益。肯定者,当使其无效;否定者,则不妨使之有效,只是当事人须因违反强制性规定而承担行政处罚等公法责任。如此立法及解释适用,当可避免法律行为动辄因违反强制性规定而无效,一定程度上可照顾交易的效率与安全。

二、可撤销的法律行为

(一)撤销的意义

撤销,指撤销权人行使撤销权,而使法律行为之效力溯及既往地归于消灭。

(二)可撤销法律行为的类型

1. 因重大错误而实施的法律行为;
2. 受欺诈而实施的法律行为;
3. 受胁迫而实施的法律行为;
4. 乘人之危、显失公平的法律行为。

(三)可撤销法律行为的效力

可撤销行为使得因该行为受有损害的当事人一方取得对该行为的撤销权。对于可撤销的法律行为或者合同的效力,《民法通则》与《合同法》均规定为可撤销或可变更①,但《民法总则》仅规定为可撤销。

1. 撤销权的意义。撤销权属于形成权,是权利人依其单方意思表示消灭法律行为的权利。

2. 撤销权人。为受有损害的表意人或其权利继受人,包括继承人、法人合并或分立后存续的法人以及清算人。

3. 行使要件。撤销权作为形成权,从法理上讲,撤销权的行使仅需撤销权人向相对人表示撤销的意思表示,无须取得相对人的同意。但我国《民法通则》第59条、《合同法》第54条,以及《民法总则》第147～151条均规定:撤销权须通过诉讼或仲裁行使。

4. 撤销权行使的效力。撤销权的行使,使被撤销行为溯及既往地不生效。

5. 撤销权行使的除斥期间:1年。撤销权作为形成权,应及时行使,否则将影响相对人的利益和法律秩序的稳定。撤销权的行使因此应受除斥期间的限制。

《民法总则》第152条规定:"有下列情形之一的,撤销权消灭:(1)当事人自知道或者应当知道撤销事由之日起1年内、重大误解的当事人自知道或者应当知道撤销事由之日起3个月内没有行使撤销权;(2)当事人受胁迫,自胁迫行为终止之日起1年内没有行使撤销权;(3)当事人知道撤销事由后明确表示或者以自己的行为表明放弃撤销权。当事人自民事法律行为发生之日起5年内没有行使撤销权的,撤销权消灭。"此条款中关于撤销权行使期间的规定,即为除斥期间。

6. 不撤销。撤销权人表示不撤销,将使得可撤销法律行为确定地转变为完全有效的法律行为。《民法总则》第152条第1款第3项规定,"当事人知道撤销事由后明确表示或者以自己的行为表明放弃撤销权",即为"不撤销"。

三、效力未定的民事法律行为

(一)意义

效力未定的民事法律行为,指其效力是否发生,尚未确定,有待于其他行为使

---

① 变更权,是指权利人依其单方意思表示使得可撤销行为的内容发生变更的权利。变更的实质可以解释为:撤销+另行形成意思表示。但变更如果意味着仅依一方意思表示即可改变或另行形成法律行为,在很多情况下,无异于迫使另一方不得不接受非基于合意而产生的交易,如此,难免违背意思自治与公平。

其确定的民事法律行为。

（二）效力

1. 其效力有待确定，非有效，亦非无效，而是处于悬而未决的状态之中。

2. 其效力取决于第三人承认或拒绝承认。该第三人称"同意权人"。

3. 经同意权人承认，其效力确定地自始发生；同意权人拒绝承认，确定地自始无效。

（三）效力未定的法律行为与类似行为的区别

1. 效力未定的法律行为与无效法律行为。效力未定的法律行为，虽成立时不生效力，但可经同意权人承认而生效，也可能因被拒绝承认而确定不生效。无效法律行为则自始、确定、当然无效。

2. 效力未定的法律行为与可撤销法律行为。可撤销法律行为，在行为被撤销前业已生效。撤销只是使得效力消灭，而不是使得未决的效力确定地无效；不撤销则使得已发生效力得以继续，并不是因此确定生效。

3. 效力未定的法律行为与附生效条件的法律行为。二者效力均不确定，只是前者，其效力取决于同意权人承认与否；后者，其效力系于不确定事实是否发生。

（四）同意

1. 意义。同意，是同意权人所实施的使他人效力未定法律行为发生效力的补助行为。

2、性质。

（1）同意属法律行为。

（2）同意是补助行为。同意的作用在于补足相关基本行为所欠缺的效力要件，而非独立行为。

（3）同意是有相对人的单方法律行为。同意须同意权人向特定相对人为意思表示。

3. 同意权人。依效力未定法律行为的不同类型而不同。在无权处分，同意权人是处分权人；在无权代理，同意权人是本人；在免责债务承担，同意权人是债权人；在限制行为能力人实施的待追认行为，同意权人是法定代理人。

4. 同意之方法。同意权属于形成权。同意应向效力未定行为的当事人（行为人或其相对人)以意思通知实施,属不要式行为。

5. 同意的效力。同意,将使得效力未定法律行为溯及既往地自始生效。

6. 同意之拒绝。拒绝同意之意思表示,可向原法律行为当事人之一方为之,经拒绝,行为自始确定不生效力。

(五) 类型

1. 无权代理(此情形容于本书第九章"代理"中详细说明)。

2. 无权处分,指无处分权人以自己名义对他人权利标的物所实施的处分行为。无权处分,须以自己名义而非以处分权人名义,否则,即构成无权代理。

对于无权处分,处分权人同意,处分行为生效;拒绝同意,则确定地成为无效行为。此外,无处分权人在处分后因继承、买受或受赠而取得处分权者,也会使得处分行为溯及地自始有效。

3. 免责债务承担,是指债务人与第三人约定,由后者受让前者承担对债权人债务的行为。免责债务承担,相当于改变了债权债务关系中的债务人,为使得债务人与第三人之间约定的债务承担能够对债权人生效,当然需要取得债权人同意。

4. 限制行为能力人实施的待追认行为

(1) 意义。限制行为能力人实施的待追认行为,指限制行为能力人实施的超越其行为能力范围的行为。

(2) 追认权及其行使。追认权,指对待补助行为予以追认的权利。追认权人,是待追认行为人的法定代理人。追认,需要追认权人向相对人进行意思通知。追认权,属于形成权。一经追认,待补助行为即溯及既往地生效;相反,若表示不予追认,待补助行为将自始无效。追认行为亦得以默示方式实施。《民法总则》第145条第2款规定:相对人可以催告法定代理人自收到通知之日起1个月内予以追认。法定代理人未作表示的,视为拒绝追认。

(3) 对于相对人的效力。依据《民法总则》第145条第2款的规定,待追认行为对行为的相对人产生催告权,且使得善意相对人取得撤销权。

①催告权。指对追认权人告知待补助行为之存在,并催促其在给定期间实施补助行为的权利。催告权之相对人,即为追认权人。

②撤销权。指撤销相对人为成立该法律行为所做的意思表示。待追认行为,

经撤销,即为不成立。撤销权,只有善意相对人能够享有。

本章案例:意思表示的传达

[案情]

承租人 A 无故半年不交房租,房东 B 再三催其交付,A 仍不交付。B 写一封信寄给 A,称"因故解除租赁合同,限一周内搬出"。但因邮局失误,信被送到 A 的邻居 C 的信箱里,而 C 长期不在家,故 A 未收到这封信。

[问题]

C 的解除合同意思表示是否有效?

[分析]

在本案中,B 的信件并未到达 A 的可支配范围,故该意思表示不生效。

第九章 代理

第一节 代理概述

一、代理的概念

代理,是指代理人在代理权限内,以本人的名义与第三人为民事法律行为,由此产生的法律效果直接由本人承担的法律制度。例如,甲在乙的授权下以乙的名义与丙签订了出售乙的房屋于丙的合同,由于甲乙之间存在着代理关系,此买卖合同的效力直接约束乙与丙。此处其实谈的是"狭义的代理"的概念,也称为直接代理或显名代理。

"广义的代理"还包括间接代理,它又称为隐名代理,是指代理人以自己的名义与第三人为民事法律行为,而使其法律效果间接地由本人承担的法律制度,此种代理为英美法系国家所采用。大陆法系各国一般仅承认狭义的代理,我国《民法通则》以前只规定了直接代理,之后《合同法》对间接代理也作了相关规定,但现行的《民法总则》仍然只规定直接代理。本书主要讨论直接代理,如不特别说明,论及的代理都是指直接代理。

可见,代理制度涉及三方当事人:以他人名义实施民事法律行为的人,称为代理人;由他人代为实施民事法律行为的人,称为本人,也称被代理人;与代理人实施民事法律行为的人,称为第三人,也称相对人。可见,代理制度的最大特色在于:代理人替本人为法律行为,行为人与责任人是分离的,而在一般的法律行为中,二者是统一的。

二、代理的意义

代理制度是随着市场经济的发展而产生和发展的重要民事法律制度。在现代社会,代理制度的设立具有重要的意义,它使私人自治范围得以扩张,并对私人自治进行了补充。

首先,代理制度能扩展民事主体的民事活动能力。代理制度使民事主体不仅可以利用自己的知识和能力进行民事活动,而且可以利用他人的知识和能力进行民事活动,从而使民事主体从事民事活动的能力得到了极大的扩展。

其次,代理制度能弥补某些民事主体民事行为能力的不足。对无民事行为能力人和限制民事行为能力人来讲,由于其行为能力的欠缺,他们不能单独地实施一些特定的法律行为,而通过代理制度就能使其行为能力不足的缺陷得以弥补。

再次,代理制度有利于提高交易效率、降低交易成本。代理制度使民事主体在进行民事活动时不必事事到场,通过代理人即可迅速处理好有关事务,让专业的人做专业的事,从而大大提高交易效率、降低交易成本。

三、代理的构成要件

代理的构成要件,是指一个有效的代理关系的成立所需具备的要件。一般认为,只有具备以下构成要件,才能成立一个有效的代理:

(一)代理人须独立为意思表示

在代理活动中,代理人虽是为本人的利益进行相应的活动,但代理人在代理权限内,可独立地进行意思表示并以此作为自己的基本职责,这被称为"代理行为"。由于代理行为最终是自然人来实施的,因此对代理人的能力有所要求,一般认为,限制民事行为能力人可以成为代理人,但是无民事行为能力不能成为代理人。

正是由于代理人能独立地进行意思表示,我们就要把代理人与作为传达人的使者或中介区分开来。所谓"传达人",是指帮助民事主体传达或接受其意思表示的辅助行为人。传达人为传达行为,不需要独立为自己的意思表示,也无权决定意思表示的内容,他传达的是已确定的意思表示,故不要求传达人有完全的民事行为能力,限制民事行为能力人也可以担任传达人,且传达错误的,传达人一般不承担责任,而由本人承担。

另外,代理人与代表人也不同。所谓代表人,是指可直接代表民事主体的自然人或机关。代表人的行为即为本人行为,代表人与本人是一个民事主体,代表人与本人的关系是本人的内部关系,因此,代表人实施的行为即为本人的行为,不发生所谓的效力归属问题;而代理人与本人是两个独立的民事主体,代理人的行为并非本人行为,但依据代理制度的规定,其效力归属于本人。依据《民法总则》第61条,法人的代表机关,比如说法定代表人,是法人的一部分,因而,法人代表人的行为就是法人的行为,此即为代表关系,而非代理关系。

(二)代理人须以本人的名义进行活动

代理人实施代理行为必须以本人的名义进行,这就是代理的"显名主义"。唯其如此,其行为才对本人产生效力,本人也才对代理人的行为承担责任。这也被称之为"代理意思",即欲使该代理行为直接对本人发生效力之意思。否则,凡不是以本人名义实施的行为,其法律效果由行为人自己承担,而不能归属于本人。

(三)代理人应在代理权限内独立实施法律行为

这一要件包括两层意思:首先,代理人应有代理权,因为代理权是代理人代本人进行民事活动的基础,也是代理行为法律效果归属的依据,而此等代理权或来源于本人的授权(意定代理),或来源于法律的规定(法定代理);其次,代理人的代理行为还必须在其权限范围内,超越其权限会被认定为无权代理。因此,代理权是代理人代本人进行民事活动的基础,同时代理人也必须在代理权限范围内为意思表示,这样才能体现本人的意志,才能追求并实现本人的利益。

(四)代理人的代理行为必须是为了本人的利益

这正是代理制度存在的价值之所在,因此,代理人实施的凡旨在损害本人利益的行为,都构成不诚实的行为,是对代理制度本质的违反,需要承担相应的责任。比如,法定代理人为了自己的利益处分被监护人的财产,再如代理人利用代理的身份与自己签订合同。

总之,一旦符合以上要件而成立代理关系,则该代理行为的法律效果完全由本人承担。由于代理制度设立的宗旨是帮助本人顺利地处理有关事务并增进其利益,代理人就好像是本人的替身,因此,代理人的行为就视为本人的行为,产生与本人自己行为相同的法律效果,故代理行为的法律效果也就理所应当地由本人直接承受,而代理人一般不会对相对人承担代理行为产生的法律后果。这其实也正是代理制度设立的目的和价值之所在。

四、代理的适用范围

(一)可以适用代理的行为

代理的适用范围是有一定限制的,并非任何行为都可适用代理。依据《民法总则》第161条第1款,严格说来,代理一般只能适用于财产性民事法律行为,人身性法律行为,例如缔结婚姻,不得代理。事实行为和侵权行为也不得代理。因为事实行为,比如,拾得遗失物、发现埋藏物,本质上并非表示行为,并且其效力也是基于法律规定而来,与意思表示行为无关,而我们知道,代理行为本质上是代理人替本人进行意思表示,所以事实行为不可代理。若代理人代为侵权行为,由于其行为的违法性,代理行为直接依据法律被判定为无效,不发生意思表示生效与否的问题,所以侵权行为也不得代理。[①] 而且代理违法事项还会进一步有责任承担问题,依据《民法总则》第167条,代理人知道或者应当知道代理事项违法仍然实施代理行为,或者被代理人知道或者应当知道代理人的代理行为违法未做反对表示的,被代理人和代理人应当承担连带责任。

另外,为了更好地保护民事主体的合法权益,促进民事流转和维护社会经济秩序,充分发挥代理制度的作用,法律还允许将代理制度及其规则适用于民事法律行为之外的其他行为,有如下列:

1. 申请行为,即请求国家有关部门授予某种资格或特许权的行为,如向国家专利局申请专利,向国家商标局申请商标等。

2. 申报行为,即向国家有关部门履行法定的告知义务或给付义务的行为,如向税务机关申报纳税,向海关申报进出口货物事项等。

3. 诉讼行为,即在国家司法机关主持下解决有关争议的行为。在我国,民事

---

① 黄阳寿:《民法总则》,新学林出版股份有限公司2009年版,第311页。

诉讼、刑事诉讼、行政诉讼的原告、被告、第三人等当事人，均可聘请律师或法律允许的人员作为代理人参与诉讼。

(二) 不能适用代理的行为

代理的适用还受法律规定或当事人约定的限制，凡具有严格人身性质的行为不能适用代理，有如下列：

1. 人身关系设立、变更行为。依据《婚姻法》第8条，自然人结婚时，必须双方亲自到婚姻登记机关办理结婚登记手续，不得由他人代为办理。离婚、收养、认领等身份行为，一般也不得代理。

2. 具有严格人身性质的债务。一般认为，代理主要是财产法上的制度，具有高度人身性的债务一般不得代理，而所谓具有严格人身性质的债务，是指经约定必须由行为人亲自履行的债务。如某著名歌星签约演出，届时就不得改由他人代为演出。

正是基于此，《民法总则》第161条第2款明确规定："依照法律规定、当事人约定或者民事法律行为的性质，应当由本人亲自实施的民事法律行为，不得代理。"

五、代理的分类

(一) 意定代理、法定代理和指定代理

这是根据代理权产生的依据不同而做的一种分类，同时也是对代理所做的最重要、最基本的分类。我国《民法通则》第64条第1款明确规定，"代理包括委托代理、法定代理和指定代理"，即将代理明确分为了以上三类，但是《民法总则》第163条第1款明确地将代理缩减为委托代理和法定代理两种类型，而没有再规定指定代理。

1. 意定代理，是指基于本人的意愿，通过授权而发生的代理。意定代理在社会生活中适用广泛，最为常见。意定代理一般产生于代理人与本人之间既存的某种法律关系之上，这种法律关系可以是委托合同关系，也可以是劳动合同关系、合伙合同关系等。《民法总则》第163条明确将代理分为委托代理、法定代理两种，如前所述，其实这里所说的委托代理就属于意定代理的一种，意定代理的外延比委托代理更为广泛，它除了基于委托合同而产生外，还可以基于雇佣、承揽、合伙等处理事务的合同而产生。① 因此,《民法总则》采用委托代理的叫法,其实在一定程度上是不恰当的,虽然应该承认委托代理是意定代理中最为普遍的一种形式。我国台湾地区的民法,多直接采用意定代理的称呼,这也是大陆法系通常的叫法。现行《民法总则》仍然采用了"委托代理"的术语,本书亦从之,但是在更广泛的意定代理的意义上使用它。

2. 法定代理,是基于法律的直接规定发生的代理。法定代理之成立是基于法律的直接规定,主要是为了切实保障无民事行为能力人和限制民事行为能力人的合法权益,进而维护交易安全,他们由于其年龄、智力或精神状况的原因,难以辨认和控制自己的行为,也难以有效地维护自己的合法权益,为此,我国法律为他们设定了法定代理人。比如,依据《民法通则》第14条,未成年人的父母是未成年人的法定代理人,精神病人的配偶是精神病人的法定代理人。法定代理一般具有概括性、范围较广、不允许代理人任意辞任的特点。法定代理是对无民事行为能力人和限制民事行为能力人(或称未成年人和精神病人)而言的,享有完全民事行为能力的自然人和法人都不存在法定代理的问题。

3. 指定代理,是基于人民法院或其他有关机关的指定而发生的代理。在指定代理中,代理人的代理权是基于人民法院或有关机关的指定,与本人的意志无关。指定代理主要是针对无民事行为能力人和限制民事行为能力人而言的一种代理方式,一般是在他们没有法定代理人或法定代理人不明确的情况下采用。有权指定代理人的机关包括人民法院,未成年人的父母所在单位或者精神病人的所在单位,未成年人或精神病人住所地的居民委员会或村民委员会。除上述为无民事行为能力人和限制民事行为能力人指定代理人外,人民法院为失踪人的财产指定代管人,为民事诉讼中的没有法定代理人的无诉讼能力的原告、被告指定代理人,亦属指定代理。

《民法总则》将代理的三分法改为二分法,从而删除了指定代理,主要有两个原因:首先,相对于委托代理和法定代理,指定代理的发生面较为狭窄,适用的范围与前两者根本不能比,放在同一层次不合适。其次,指定代理实质上只是法定代理的一种特殊形式,在逻辑上也不能放在委托代理和法定代理的同一层次。两者都是

---

① 刘得宽:《民法总则》(增订四版),中国政法大学出版社2006年版,第278页。

为无民事行为能力人和限制民事行为能力人而设立的,在法定代理中这些人的代理人由法律直接规定,但若对于由谁担任代理人有争议,则由人民法院或其他有关机关来指定,而这种指定在本质上也必须是依据法律规定而进行的指定,法律规定可以指定的情形才可以指定,所以,指定代理应该是法定代理下面的一个特殊类型。[1]

(二)一般代理和特别代理

根据代理人代理权限的范围,代理可分为一般代理和特别代理。

一般代理,又称概括代理、全权代理,是指代理人的代理权及于一般事项的全部,其范围并无特别限定的代理。

特别代理,又称限定代理,是指特别限定代理某一事项,代理权限限定于一定范围或特定事项的代理。代理权的范围未作限定时,应认定为一般代理。

区分一般代理与特别代理的意义主要在于:对于法律规定的某些须特别授权的事项,则只有在特别授权的情况下,代理人才有代理权。

(三)单独代理和共同代理

根据代理人的人数,代理可分为单独代理和共同代理。

单独代理,是指代理权仅授予一人,代理人只有一人的代理。至于本人是一人,还是多人,在所不问。

共同代理,是指代理权授予数人,除法律另有规定或本人另有意思表示外,各代理人应共同行使代理权始为有效的代理。以前《民法通则》未明确规定共同代理,但现在《民法总则》第166条对共同代理进行了明确的界定。

区分单独代理和共同代理的意义主要在于:共同代理的代理人原则上应共同行使代理权。最高人民法院《关于贯彻执行〈中华人民共和国民法通则〉若干问题的意见(试行)》第79条第1款明确规定:"数个委托代理人共同行使代理权的,如果其中一个或者数人未与其他委托代理人协商,所实施的行为侵害被代理人权益的,由实施行为的委托代理人承担民事责任。"

---

[1] 沈德咏主编:《〈中华人民共和国民法总则〉条文理解与适用》,人民法院出版社2017年版,第1076页。

(四)本代理和复代理

以代理权是由本人授予,还是由代理人转托为标准,我们可将代理分为本代理与复代理。

本代理,又称原代理,是指直接基于本人的委托,或依法律规定,或依有关机关的指定而产生的代理。本代理是相对于复代理而言的,没有复代理也就无所谓本代理。

复代理,又称再代理、转代理,是指代理人为本人的利益将其所享有的代理权转托他人行使而产生的代理。在复代理关系中,因代理人的转托而享有代理权的人,称为复代理人或再代理人。

复代理具有下述5个特征:一是复代理人不是由本人选任的,而是由代理人选任的;二是复代理人不是代理人的代理人,而仍然是本人的代理人;三是代理权不是由本人授予的,而是由代理人转托的;四是代理人并不是让与代理权,他依然是本人的代理人;五是复代理人的行为受代理人监督,并且代理人还可解任复代理人。

委托代理由于是基于本人对代理人的一种特殊的信任而产生的,故委托代理人原则上应亲自处理有关委托事务,不能将代理权转托他人行使。但在下述情况下,原代理人可将其享有的代理权转托他人:(1)本人事先授权可以转委托的;(2)转委托前征得本人同意的;(3)转委托后得到本人追认的;(4)在紧急情况下,为了保护本人的利益而转委托的。① 可以看出,不管是哪一种转委托的情形,前提条件都是必须尊重本人的意愿,维护本人的利益。对此,我国《民法总则》第169条进行了明确的规定,并且对合法有效的转委托代理以及非法的转委托代理规定了不同的法律后果:前者是被代理人可以就代理事务直接指示转委托的第三人,代理人仅就第三人的选任以及对第三人的指示承担责任;后者是代理人应当对转委托的第三人的行为承担责任。

法定代理由于是基于法律的直接规定而产生,不是基于双方的互相信赖,并且

---

① 《关于贯彻执行〈中华人民共和国民法通则〉若干问题的意见(试行)》第80条对何谓"紧急情况"进行了解释:"由于急病、通讯联络中断等特殊原因,委托代理人自己不能办理代理事项,又不能与被代理人及时取得联系,如不及时转托他人代理,会给被代理人的利益造成损失或者扩大损失的,属于《民法通则》第68条中的'紧急情况'"。

此种代理具有概括性,范围较广,不允许代理人任意辞任的特点,故理论上一般认为法定代理人享有将代理事务转托他人的权利,但法定代理人在行使复任权时,应尽善良管理人的注意义务。但作为一种特殊的法定代理的指定代理,由于是基于人民法院或其他有关机关的指定而产生,且代理行为往往限于特定的事务,故指定代理人原则上不能将代理事务转托他人处理。但在紧急情况下,为了本人的利益将代理事务转托他人的除外。

(五)有权代理与无权代理

根据代理权之有无,代理可分为有权代理和无权代理。

真正的代理其实应以有权为限,若未明确说明是有权还是无权,通常我们仅称"代理"时,就是指有权代理。无权代理,如经本人追认,可转变为有权代理,若本人不追认,则不发生代理的效力。无权代理的类型,依据《民法总则》第171条,包括没有代理权、超越代理权或代理后终止的代理行为这三种,容后详述。

(六)直接代理与间接代理

如前所述,直接代理与间接代理的区别,是以何人的名义实施代理行为为标准。

直接代理,又称显名代理,是指代理人在代理权限内,以本人的名义与第三人为法律行为,由此产生的法律效果直接由本人承担的法律制度。

间接代理,又称隐名代理,是指代理人以自己的名义与第三人为法律行为,而使其法律效果首先对间接代理人发生,然后依间接代理人与本人之内部关系而移转于本人之法律制度。

大陆法系国家多采直接代理的概念,原则上不承认间接代理。我国《民法通则》以前只规定了直接代理制度,但之后的《合同法》第402条和第403条却明确规定了间接代理制度,从而改变了原有的立法体系。根据《合同法》的规定,在间接代理的情况下,由于代理人是以自己的名义对外行为的,若第三人知道此等代理关系,则代理人与第三人订立的合同直接约束本人和第三人;若第三人并不知道此等代理关系,在法律上其实是代理人和第三人之间发生的合同关系,所以,只有以后因本人行使介入权和第三人行使选择权,才可能使本人承受代理行为的效果。①对于间接代理,大陆法传统上称为行纪,而不称为代理,但我国的《合同法》又区分了间接代理与行纪,在其第21章委托合同的最后部分规定了间接代理,另外又单独以第22章专门规定了行纪合同,但对如何区分间接代理与行纪,以及此种区分规定的合理性和适当性,学者之间存在众多争议。

(七)职务代理

根据代理人是否是本人的工作人员,代理可分为一般的委托代理和职务代理。

职务代理,是指代理人根据其在法人或其他组织担任的职务,依据其职权对外实施民事法律行为而产生的代理。②

此次《民法总则》在第七章代理的第二节委托代理中专门新增了第170条,规定了"职务代理",其辞曰:"执行法人或者非法人组织工作任务的人员,就其职权范围内的事项,以法人或者非法人组织的名义实施民事法律行为,对法人或者非法人组织发生效力。法人或者非法人组织对执行其工作任务的人员职权范围的限制,不得对抗善意相对人。"对于此条的理解,我们要注意以下两个方面:

首先,立法者将职务代理放在委托代理这节规定,说明他们其实将职务代理理解为委托代理的一种特殊形式。因为职务代理的确具有委托代理的本质特点,代理人的职权来自于本人的授权,也就是说代理人只能在授权范围内以本人的名义对外进行民事活动等,但是职务代理也的确有不同于一般的委托代理的某些特征,如职务代理的代理人是本人的工作人员,代理人与本人之间更多受劳动法律关系

---

① 《合同法》第402条规定:"受托人以自己的名义,在委托人的授权范围内与第三人订立的合同,第三人在订立合同时知道受托人与委托人之间的代理关系的,该合同直接约束委托人和第三人,但有确切证据证明该合同只约束受托人和第三人的除外。"第403条规定:"受托人以自己的名义与第三人订立合同时,第三人不知道受托人与委托人之间的代理关系的,受托人因第三人的原因对委托人不履行义务,受托人应当向委托人披露第三人,委托人因此可以行使受托人对第三人的权利,但第三人与受托人订立合同时如果知道该委托人不会订立合同的除外。受托人因委托人的原因对第三人不履行义务,受托人应当向第三人披露委托人,第三人因此可以选择受托人或者委托人作为相对人主张其权利,但第三人不得变更选定的相对人。委托人行使受托人对第三人的权利的,第三人可以向委托人主张其对受托人的抗辩。第三人选定委托人作为其相对人的,委托人可以向第三人主张其对受托人的抗辩以及受托人对第三人的抗辩。"

② 沈德咏主编:《〈中华人民共和国民法总则〉条文理解与适用》,人民法院出版社2017年版,第1119页。

约束,而不是受基础的委托合同关系约束,职务代理相对稳定,除非代理人职务变动,其代理权一般不能剥夺等。

其次,立法者其实还区分了职务代表行为与职务代理行为。法人或其他组织的工作人员其实可分为两类:法定代表人(或负责人)和其他工作人员。据此,其职务行为亦可进一步分化为法定代表人(或负责人)的职务代表行为和其他工作人员的职务代理行为两种。《民法总则》第61条[1]其实规定的就是职务代表行为,《民法总则》第170条规定的就是职务代理行为。这二者的最大的区别在于,在职务代表行为中,代表人的行为即是法人或其他组织的行为,二者应视为同一主体,二者是代表关系;而在职务代理行为中,其他工作人员是代理人,法人或其他组织是本人,二者不是同一主体,二者是代理关系。[2]

第二节 代理权

一、代理权的概念

代理权,是指代理人以本人的名义进行民事活动,并由本人承担其法律后果的一种法律资格。

关于代理权的性质,学界有争论,主要有所谓的否定说、权利说、权力说和资格说四种学说。

"否认说"认为代理不过是特定法律关系(如委任关系)的外部效力,并非独立的制度,无所谓代理权;"权利说"认为代理权为一项民事权利;"权力说"认为,代理权是一种权力—义务关系,代理人被授予改变本人与第三人之间的法律关系的权

---

[1] 《民法总则》第61条规定:"依照法律或者法人章程的规定,代表法人从事民事活动的负责人,为法人的法定代表人。法定代表人以法人名义从事的民事活动,其法律后果由法人承受。法人章程或者法人权力机构对法定代表人代表权的限制,不得对抗善意相对人。"

[2] 但是,也有学者认为,此种区分是以法人实在说为前提的,将法定代表人的行为与其他工作人员的行为进行区分,前者定性为代表,后者定性为代理,此种区分究竟有何实际意义值得反思,这可能会成为法律体系的人为割裂和重复规定。参见陈甦主编:《民法总则评注》,法律出版社2017年版,第1206页。

力,本人承担接受这种被改变的关系的相应义务;"资格说",又称"能力说",认为代理权是由于法律的规定或本人的授权行为而使代理人所具有的一种资格,据此可以为代理行为。

现在学者多赞同资格说,我们对代理权的上述的定义也采资格说,这样代理权在本质上被看作是一种资格或权能,而非固有意义上的权利。因为一般的权利以利益的取得为内容,而代理人无论是依法律的规定还是经本人的授权而取得代理权,只意味着他有资格以本人的名义与第三人进行民事活动,其行为后果可以直接归属本人,但代理人并不能据此向本人主张任何权利,也不因此负担任何的义务,如果说代理人对本人享有某种权利和承担某种义务,这也是基于代理人与本人之间的内部合同约定的,与此处所说的代理权无关。

二、代理权的发生

代理权是代理关系的基础,因代理的不同类型,代理权发生的原因各有不同。

(一)法定代理中代理权的发生原因

在法定代理中,依据法律规定而直接发生代理权。比如,《民法总则》第23条规定:"无民事行为能力人、限制民事行为能力人的监护人是其法定代理人",因而未成年人的父母凭借他们的监护人身份而直接成为其法定代理人。

(二)委托代理中代理权的发生原因

在上述这两种类型的代理中,我们可以看到,代理权的取得一般都与本人的意愿无关。但在委托代理中,代理权来自于本人的授权行为,而此等授权行为,充分体现了本人的自我意愿。关于本人授予代理权的授权行为的性质,学者之间多有争议,主要有以下三种观点:[1]

1. 融合合同说。此说认为,代理权是基于委托等内部合同关系而直接发生的,代理权是其内部合同关系与代理权授予行为两者融合在一起的结果,并不需要在内部合同关系之外存在独立的授权行为。

2. 无名合同说。此说认为,代理权是从委托等内部合同关系之外的独立存

---

[1] 刘得宽:《民法总则》,中国政法大学出版社2006年版,第279页。

的授权行为中产生的,并且此等授权行为是一种无名合同,需要代理人与本人就授权达成合意。

3. 单方行为说。此说认为,代理权是从委托等内部合同关系之外独立存在的授权行为中产生的,并且此等授权行为作为一种单方法律行为,只要有本人一方授予代理权的单方意思表示,就可以发生授权的效力,而无须代理人承诺。

可以看到,第一种学说将授权行为与其基础法律关系混为一谈,不可取,理由容后再述;后两种学说都区分了授权行为与其基础法律关系,认可了授权行为的独立性,二者只不过对授权行为的性质认定有所不同,应该说,单方行为说为更多的学者所接受。

三、授权行为与基础关系

在委托代理中,本人之所以授予代理人代理权,通常是因为本人与代理人之间存在另一种基础法律关系(如委任等),理论上我们一般将因本人与代理人的基础法律关系而产生的效力称为对内效力,它是因本人与代理人签订相关的合同而产生的,只对合同双方当事人产生效力;同时,我们又将本人对代理人的授权行为产生的效力称为对外效力,它会对与代理人交易的相对人产生效力。由此可见,授权行为与其基础关系二者的发生原因不同,其效力也有区别,所以不能将二者等同视之,我们应承认授权行为是独立的法律行为,与其基础法律关系有所区别,这也被称为代理权的独立性。①

这样问题就来了:授权行为与其基础关系二者之间到底是什么关系呢?二者是相互牵连,还是各自分离呢?换句话说,既然授权行为是一独立的法律行为,那么,它一定以基础法律关系的存在为前提吗?若基础法律关系不成立、无效或被撤销,会影响到授权行为吗?这个问题历来是理论争议的焦点,学者之间争议非常大,我国法律也没有明确的规定。对此,目前主要存在有因说和无因说两种主流学说,我们分述之:

1. 有因说。此说又称牵连说,它认为授权行为不能与其基础法律关系相分离,若其基础法律关系不成立、无效或被撤销,则授权行为也随之消灭。

---

① 黄阳寿:《民法总则》,新学林出版股份有限公司2009年版,第324页。

2. 无因说。此说又称分离说，它认为授权行为应与其基础法律关系相分离，若其基础法律关系不成立、无效或被撤销，授权行为并不因此受到影响。

应该说，无因说最大的优点在于保护交易的安全，使相对人的法律地位不受本人与代理人之间的内部关系的影响，但可能会损害到本人的利益；而有因说更着重保护本人的利益，却可能存在对相对人保护不周的问题。综合考虑，现在的主流观点认为采有因说与表见代理制度相结合的办法，更可以兼顾双方的利益，也就是说，承认授权行为会因其基础法律关系的不成立、无效或被撤销而受到影响，这样可以更好地保护本人的利益；此时代理人就成为无权代理人，在这种情况下，若存在"外观授权"的状况，相对人有客观的理由相信代理人有代理权，则构成表见代理，这依然是一个有效的代理，这样可以保护相对人的利益。对于表见代理制度的详细内容，我们容后再述。

四、代理证书

（一）代理证书的概念和内容

代理证书，是授权行为的书面形式，是由本人制作的证明代理人之代理权及其权限范围的证书。它只存在于委托代理中，在法定代理中，不存在代理证书。需注意的是，在委托代理中，代理权的授予行为，是不要式行为，并没有规定一定要采取特定的书面形式，也就是说可以采取口头形式，但是为了显示代理权的存在以及为了保存证据，常常由本人出具相应的代理证书并签名或盖章，以作为代理人享有代理权之证明。

代理证书通常应包括代理人的姓名或名称、代理事项、代理的权限范围、代理权的有效期限、本人的签名盖章等内容。对此，《民法总则》第165条有明确规定。代理证书应制作得尽可能详尽具体，以免发生歧义。在实际生活中，介绍信也被作为代理证书使用，司法实践承认其法律效力。

（二）代理证书的效力

代理证书是向第三人证明代理人拥有代理权的文件，它以委托等合同关系为基础作出。但此等合同作为代理内部的关系，作为第三人没有必要知道有这些合同的存在，只凭代理证书，即可认定其持有者具有代理权，根据这种信赖产生的法律关系受法律保护。由于授权行为具有独立性,当基础合同关系已经消灭而代理证书未收回的,持有者与第三人发生的法律关系,其效果仍由本人承受,这是为了保护诚信第三人的利益和交易安全。因此,本人对代理人证书管理不善或已取消合同关系但未及时回收证书的,应自负其法律后果。

(三)代理证书授权不明确的法律责任

根据《民法通则》第65条第3款的规定,委托授权不明的,本人应当向第三人承担民事责任,代理人负连带责任。之所以这样规定,是基于以下考虑:代理证书授权不明,容易使代理人作出违反本人意愿的行为,从而对第三者造成损害,发生这种情况,本人与代理人要连带地向第三人承担赔偿责任。本人承担责任的根据在于他在授权时处于漫不经心的状态;代理人承担责任的根据在于他有机会发现代理证书授权的不明确并提出改正,但他没有这样做。因此,对第三人的损害,是由本人和代理人共同造成的,故由他们承担连带赔偿责任。

但是,现行的《民法总则》第165条在部分继承《民法通则》第65条的规定的同时,明确地将《民法通则》第65条第3款删除了,那么,现在在委托授权不明时责任如何分配呢?一种观点认为,此时应适用新法优先于旧法的原则,根据《民法总则》的规定,有关连带责任的规定不再适用。[①] 之所以会发生此种改变,是因为学界一直对《民法通则》第65条第3款有所批评,认为这一规定对代理人要求过于苛刻,不利于代理制度的运用发挥,授权不明是授权人(本人)的过失,代理人不应负责,《民法通则》的规定从维护交易安全及相对人利益的角度考虑,对代理人科加了过重的责任。[②] 虽然如此,学者对于委托授权不明最终责任如何承担,仍然存在争议,仍需进一步明确。

五、代理权的行使

(一)代理权行使的原则

代理权行使,是指代理人在代理权限内实施代理行为。代理是基于信任关系

---

① 沈德咏主编:《〈中华人民共和国民法总则〉条文理解与适用》,人民法院出版社2017年版,第1092页。

② 梁慧星:《民法总论》,法律出版社2009年版,第232页。

而建立的,代理人在行使代理权时,理应遵循以下原则:

1. 亲自行使代理权

本人之所以选定特定的代理人为自己服务,是基于对代理人的知识、技能和信用的信赖,因此,除非经本人同意或有紧急事由,代理人必须亲自实施代理行为,而不得将代理事务转托他人处理。当然,代理人虽然必须亲自实施代理行为,但是也不是说任何事情都必须由他来实施,他也可以在一定程度上使用辅助人,只不过不能将所有的代理行为一并让他人来行使。

2. 在代理权限内积极行使代理权

代理人应在代理权限内积极行使代理权,而不得越界行使。这是代理人履行代理职责的基本要求。

3. 维护本人的利益

代理制度是为了本人的利益而设定的,代理权的行使也必须以本人取得利益为目的,因此,代理人行使代理权时应当维护本人的利益,而不得为自己的利益计算。这也被称为代理人的"忠实义务"。

4. 合法行使代理权

代理人行使代理权,不得逾越代理权限,也不得滥用代理权。超越代理权的代理行为,构成无权代理。滥用代理权则为禁止行为。

(二)滥用代理权的禁止

滥用代理权,指代理人行使代理权违背代理的宗旨而实施损害本人利益的行为。这其实是对代理权行使原则的反面规定,也就是说滥用代理权就是没有遵守代理权行使原则的行为。滥用代理权行为的构成须具有以下条件:(1)代理人有代理权;(2)代理人实施了行使代理权的代理行为;(3)代理人行使代理权的行为违背了诚实信用原则,违背了代理权的设定宗旨和代理人的基本行为准则;(4)代理人所实施的代理行为损害或可能损害本人的利益。

滥用代理权主要有以下三种情形:

(1)自己代理。是指代理人以本人的名义与自己实施法律行为。由于交易皆是以追求利益最大化为目的,若代理人一人身兼交易双方的角色,很容易为了自己的利益而牺牲本人的利益。比如,甲授权乙以尽可能高的价格出售其所有的房屋,结果乙自己却以较低的价格购买之,这就构成自己代理,显然损害了甲的利益。因此,为了保护本人的利益,立法不许自己代理。

(2)双方代理。又称同时代理,是指代理人同时代理双方当事人为同一法律行为。也就是说一个人同时为两个人的代理人,他要代表两方的利益,但由于双方的利益显然是互相冲突的,通过讨价还价才能达到双方的利益的平衡,而同一个人同时代表两种利益,难免会顾此失彼,这样很可能损害某一方的利益。

(3)代理人与第三人恶意串通。是指代理人与第三人为法律行为时相互串通而损害本人利益的行为。从法律行为的准则来看,此种行为为无效的法律行为;从代理行为的准则来看,此行为明显违反代理的诚信原则。《民法总则》第164条第2款明确规定:"代理人和相对人恶意串通,损害被代理人的利益的,代理人和相对人应当承担连带责任。"

另外需注意,在自己代理时,代理人与本人的利益发生冲突,在双方代理时,两个本人的利益发生冲突,故原则上各国法律都禁止之,但这也存在例外。我们知道,禁止自己代理和双方代理其实都是为了保护本人的利益,不是为了保护公共利益,因此,这种规定都不是强行性规定,所以,如果本人明知存在自己代理或双方代理的情况而同意允许之(通过事先的同意或事后的追认),则法律没有干涉的必要了,应该尊重当事人的意思自治而承认其效力。

对于上述问题,我国以前的立法并无明文规定,但现行的《民法总则》在此问题上明显是采纳了上述观点,其第168条明确规定:"代理人不得以被代理人的名义与自己实施民事法律行为,但是被代理人同意或者追认的除外。代理人不得以被代理人的名义与自己同时代理的其他人实施民事法律行为,但是被代理的双方同意或者追认的除外。"

六、代理权的撤回

代理权既然是因本人的授权行为产生,同样也应允许本人以意思表示撤回之。代理权的撤回,是指本人对已授予代理人的代理权的全部或一部分予以撤回的行为。本人应向代理人为此种撤回的意思表示。我国大陆的法律对此并未规定,但是《民法总则》第141条规定了意思表示的撤回,另外,我国台湾地区的民法典第107条规定:"代理权之限制及撤回,不得以之对抗善意第三人。但第三人因过失而不知其事实者,不在此限。"因此,法律原则上应当允许本人可以随时撤回代理权,这是因为代理关系是以本人对代理人的信任为基础的,如果这种信任不存在了,当然应当允许本人撤回授权,而且代理效果最终只归属于本人,与代理人没有任何利害关系,因此允许本人撤回代理权,对代理人而言并无任何不利益。

第三节 无权代理

一、无权代理的概念

无权代理,是指代理人不具有代理权而以他人名义实施代理行为。它之所以被称为无权代理,是因为它仅具有代理行为的表面特征,但不具备代理行为的实质特征,即缺乏代理权,所以,它不是真正的代理。

《民法总则》第171条对无权代理的定义、效力、转换以及后果进行了明确规定。

无权代理有广义和狭义之分,广义的无权代理还包括表见代理,我们在这里采狭义的无权代理的概念,表见代理将在下节介绍。

二、无权代理的特征

(一)行为人的行为具备代理行为的表面特征

即行为人以本人的名义实施民事法律行为,并意图将其行为的法律后果归属于本人。正是由于行为人实施的行为具备代理行为的表面特征,我们才将形式上类似于代理但却不是真正的代理的无权代理放在代理制度里一起讨论。

(二)行为人没有代理权

行为人没有代理权的原因,可以是自始未被授予代理权,也可以是原本有代理权,嗣后代理权终止,或超越了代理权。无论如何,行为人就是没有代理权,这是无权代理与有权代理的根本区别。

(三)客观表面上没有足以使他人相信行为人有代理权的事由

如果表面上有足以使他人相信行为人有代理权的事由,则构成表见代理,而不是我们在这里所说的狭义的无权代理了。

(四)无权代理属于效力待定的法律行为

根据《合同法》第 48 条的规定,我们一般认为无权代理行为属于效力待定的法律行为,其效力处于悬而未决的状态,本人可以追认而使之生效,或否认而使之无效,也就是说,其最终效力其实取决于本人的意志,由本人自己来决定,从而从根本上保护了本人的利益。

三、无权代理的类型

根据无权代理发生的不同原因,依照《民法通则》第 66 条、《合同法》第 48 条以及《民法总则》第 171 条的规定,无权代理可分为以下三种类型:

(一)根本未经授权的代理

即代理人根本未获得本人的授权或者授权无效,就以本人的名义实施所谓的代理行为,构成无权代理。

(二)超越代理权的代理

即代理人虽有代理权,但他实施的行为超越了其代理权限,就他超越代理权限的那一部分代理行为,构成无权代理。

(三)代理权已经终止后的代理

即代理人以前获得过本人的授权,但在代理期限已经届满,或者约定的代理事务皆已完成,或者被解除代理权之后,仍以本人的名义进行代理活动,由于此时代理关系已不复存在,所以构成无权代理。

四、无权代理的法律后果

(一)利益平衡

确定无权代理之法律效果时,立法者需要考虑两方面的利益,也就是平衡本人与第三人之间的利益:既要保护无辜的本人的利益,也要保护诚信的第三人的利益。容分述之：

首先，本人的利益必须保护。让本人就未授权的他人行为承担责任是不公平的，他是无权代理行为的受害人，因而立法原则上应确定无权代理人的行为对本人无效，应由无权代理人对第三人承担相应的责任。

其次，第三人的利益也得维护。由于代理人与本人的关系是难以让第三人知晓的代理的内部关系，第三人往往难以知晓代理权授予的确定根据，而只是按一些表面现象来判断代理人有无代理权，并根据这种判断产生的信赖与代理人进行交易活动，若一概确定无权代理行为无效，则可能损害第三人的信赖利益，不利于交易安全。

再次，并非所有的无权代理都不利于本人。在有些情形下，无权代理也可能会给本人带来好处，因此若一刀切地将所有的无权代理都认定是无效的，并不一定完全符合本人的利益，因此，我国法律将无权代理行为确定为效力待定，本人因此有选择权，他可根据自己的利益判断选择追认之，也可选择否认之。与此同时，法律也赋予了第三人催告权和撤销权，从而平衡了双方的利益。

（二）无权代理的生效

如上所述，通说认为无权代理行为是效力待定的法律行为，本人可行使追认权，从而使无权代理行为中所欠缺的代理权得到补足，转化为有权代理，并且此等追认的表示具有溯及力，无权代理行为自始有效，其相应的法律效果归属于本人。此种追认在理论上表现为以下两种形式：

1. 事后的追认。它是指本人对无权代理行为于事后以积极的意思表示予以承认的单方法律行为。由于本人的此种追认为单方法律行为，故无须无权代理人和第三人的同意。此种追认既可以向本人作出，也可以向第三人作出。

2. 拟制的追认。它是指本人对于无权代理行为，在第三人已行使催告权后，仍不作出是否追认的意思表示的，法律对本人的沉默，视为对无权代理人的追认。法律这样规定，其实是为了保护诚信第三人的利益，使第三人不确定的状况可以尽快稳定下来，同时也是对怠于保护自己利益的本人的一种惩处。但也有观点认为此种拟制的追认对本人过于苛刻，是不可取的。

第二种形式的追认在《民法通则》第66条中得到了确认，即本人知道他人以本人名义实施民事行为而不做否认表示的,视为同意;但《合同法》第48条改变了态度,它否认了第二种形式,即如本人未做表示的,视为拒绝追认,而不承认所谓拟制的追认。①《民法总则》在此问题上遵循了《合同法》的立场,以第171条作出了类似的规定。

(三)无权代理的无效

1. 本人拒绝行使追认权。如本人拒绝行使追认权,也就是说本人不认同无权代理人的行为,无权代理行为无效,即无权代理人的所谓的代理行为对本人无效。但是,这并不是说无权代理行为并不产生任何法律后果,在无权代理人与诚信的第三人之间还有一个责任承担的问题。

2. 交易的第三人行使撤销权。与本人的追认权相对应,和无权代理人进行交易的善意第三人,在事后知道代理人并无代理权的,他可以撤销已达成的交易,从而保护自己的利益,达到一种利益的平衡。第三人的此等撤销权必须在本人追认之前行使,并且一旦行使就会使基于无权代理所为的法律行为成为无效的行为。第三人的此种撤销表示,可以向本人作出,也可以向无权代理人作出。但第三人明知代理人欠缺代理权仍与之交易的,丧失撤销权。

另外,关于无权代理最终未被追认时的责任承担问题,《民法总则》第171条第3款和第4款对无权代理人和第三人的责任分别进行了规定,即无权代理人实施的行为未被追认的,善意第三人有权请求无权代理人履行债务或者就其受到的损害请求无权代理人赔偿,但是赔偿的范围不得超过本人追认时第三人所能获得的利益;第三人知道或者应当知道无权代理人没有代理权的,第三人和无权代理人按

---

① 《民法通则》第66条第1款规定:"没有代理权、超越代理权或者代理权终止后的行为,只有经过被代理人的追认,被代理人才承担民事责任。未经追认的行为,由行为人承担民事责任。本人知道他人以本人名义实施民事行为而不作否认表示的,视为同意。"《合同法》第48条规定:"行为人没有代理权、超越代理权或者代理权终止后以被代理人名义订立的合同,未经被代理人追认,对被代理人不发生效力,由行为人承担责任。相对人可以催告被代理人在一个月内予以追认。被代理人未作表示的,视为拒绝追认。合同被追认之前,善意相对人有撤销的权利。撤销应当以通知的方式作出。"

照各自的过错承担责任。①

第四节 表见代理

一、表见代理的概念

表见代理,是指代理人虽无代理权但诚信第三人客观上有充分的理由相信无权代理人具有代理权,基于此等信赖与无权代理人进行交易,由此造成的法律效果依法律直接规定由本人承担的代理。

《合同法》第49条规定:"行为人没有代理权、超越代理权或者代理权终止后以被代理人名义订立合同,相对人有理由相信行为人有代理权的,该代理行为有效。"《民法总则》第172条基本照抄《合同法》的上述法条,对此制度进行了确认,并将之适用范围从合同领域扩大到民事法律行为领域。

二、表见代理的制度价值

如前所述,表见代理其实本属广义的无权代理,代理人其实并没有代理权,因此,若无本人的追认同意,其行为后果本应由无权代理人来承受,但在表见代理中法律规定让本人来承受,而不管本人追认同意与否。在这点上,它构成了表见代理与狭义的无权代理最大的区别,而之所以存在这个区别,是因为在这两种代理中虽然代理人实际上都没有代理权,但前者是基于本人的原因造成的,后者是基于代理人的原因造成的。也就是说,在表见代理中,本人的行为制造了无权代理人有代理权的外部表征,而这一外部表征又引起了善意第三人的信赖。因此,在保护本人的利益和保护善意第三人的利益之间,法律更偏向保护善意第三人的利益,从而确立

---

① 《民法通则》第66条第4款规定:"第三人知道行为人没有代理权、超越代理权或者代理权已终止还与行为人实施民事行为给他人造成损害的,由第三人和行为人负连带责任。"而《民法总则》第171条第4款对这一条款明显做了修改。因此,在第三人责任上,首先,在责任性质上将过去的连带责任改为了依据过错的按份责任,相对更为合理;其次,在责任范围上不仅包括对他人(包括被代理人)造成损害的情形,还包括了无权代理人与第三人内部责任承担的情形。

了表见代理制度,以维护交易安全和促进交易的发展。在一定程度上,这也是将动态安全的价值放在静态安全的价值之上的结果。

三、表见代理的构成要件

(一)代理人无代理权

此乃首要条件,反之,若有代理权,显然构成有权代理,根本就不会发生所谓的表见代理。此种无代理权,是指为代理行为时没有代理权,或者对所实施的行为没有代理权,至于行为人是否曾经拥有或当时是否有实施其他法律行为的代理权,并不影响表见代理的成立。

(二)代理人以本人的名义进行民事活动

若行为人以自己的名义活动,很显然就不构成狭义的代理(直接代理),也就更不可能构成表见代理。另外,代理人以本人的名义与第三人进行民事活动,也使此等代理符合代理行为的表面特征。

(三)存在外表授权并且使第三人相信行为人有代理权

所谓"外表授权",是指客观上存在使诚信第三人相信无权代理人拥有代理权的外表现象。外表授权现象的确认往往是以表见代理人与本人之间具有某种事实上或法律上的联系为基础。对此,后文谈到表见代理的具体类型时再详述。

(四)符合法律行为的有效要件

无权代理人与第三人所为的法律行为,必须符合法律行为的一般有效要件。若构成表见代理,它会产生与有权代理一样的法律效力,因此,它也必须符合法律行为成立和有效的一般要件,否则就根本不能成立表见代理。

(五)第三人为善意且无过失

所谓善意,是指作为交易人的第三人不知道或不应当知道无权代理人没有代理权的情况下与之交易损害了被代理人的利益,并且他对此种不知道的状况应该没有过失。这也是为何对第三人加以保护的重要的主观原因,因为此时第三人善意且无过失,不知道或不应知道行为人为无权代理人,而且有理由相信行为人有代理权,此时若认定交易行为对被代理人无效,会破坏一般人对基本交易的正常预期。但若第三人明知或应知代理人无代理权仍然与他进行交易,法律对此等不诚信的第三人就没有保护的必要了,此时不能成立表见代理。

四、表见代理的具体类型

在表见代理的构成要件中,最关键的就是"外表授权"这一要件,即在什么情形下,才存在客观上可以使善意第三人相信无权代理人有代理权,我们在理论上大致将它分为三种类型:授权表示型、权限逾越型和权限延续型。①

(一)授权表示型

授权表示型表见代理,是指本人以自己的行为表明授予他人代理权但实际上却不是如此的一种表见代理。比如,本人将有证明代理权之存在意义的文件(例如,盖有印章的空白合同)交给别人,第三人信赖此项证明文件而与该他人为交易,或者本人曾通过口头的方式向特定的第三人进行了类似的意思表示,而事实上,本人对该他人并无授予代理权的意图和行为。

(二)权限逾越型

权限逾越型表见代理,是指本人的某种行为表明代理人有代理权但实际上代理人超越了其代理权限的一种表见代理。比如,本人在对代理人外部授权后又嗣后进行内部限缩,但却未能让第三人知晓此等限缩,第三人仍信赖原来的授权而与代理人进行交易。再如,因本人的过错导致代理证书授权不明,代理人超越代理权限为代理行为,第三人善意且无过失地相信代理人为有权代理。

(三)权限延续型

权限延续型表见代理,是指代理关系终止后本人未采取必要的措施公示代理关系终止的事实而构成的一种表见代理。比如,代理关系终止后,本人没有收回代理人持有的代理证书,或者没有收回盖有印章的空白合同书,以至第三人不知代理关系终止而仍与代理人为交易。

五、表见代理的效力

一般认为,符合构成要件的表见代理具有与有权代理同样的效力,代理行为的

---

① 张俊浩主编:《民法学原理》(上册),中国政法大学出版社2000年版,第328页。

法律效果直接归属于本人。此时本人不得以代理人没有代理权、违背自己的意愿或自己没有过失作为抗辩来拒绝承认表见代理的效力。而本人承担表见代理的法律后果,通常是履行合同,也不一定真的对自己不利,但如果本人因此真的受有损失,他有权向无权代理人请求赔偿。如果损失是由双方的过错造成,按各自的过错比例分担责任。

我们知道,设立表见代理制度本来是为了保护与代理人交易的善意第三人的利益,从而使一个无权代理变成了一个有权代理。现在的问题是:第三人在事后知晓代理人其实并没有代理权这一真实情况后,是否可以选择适用无权代理而不是表见代理的规定呢?对此,现在有两种对立的学说:[1]表见代理优先说认为,如果构成表见代理,则第三人的目的也达到了,必须优先适用有权代理的规定;自由选择说则认为,如果构成表见代理,第三人可以选择适用表见代理的规定让本人承担责任,也可以选择适用无权代理的规定让无权代理人承担责任。对此,我国立法无明确规定,但一般认为采后说更佳,即第三人可以抛弃享受表见代理效果的地位,从而让无权代理人而不是本人对自己承担责任,[2]因为表见代理制度本来就是为了保护第三人的利益,因此让他自己选择更尊重其意思自治,而且特别是在本人无而代理人有清偿能力时这一选择权更有积极意义。

第五节　代理关系的消灭

一、代理关系消灭的概念

代理关系的消灭,其实就是代理权的消灭,它分为部分消灭和全部消灭两种情形,而我们一般不特加说明时谈的都是代理权的全部消灭,因为代理权的部分消灭实质上是代理权的限缩,即对既有代理权内容或范围的限制。

---

[1] [日]近江幸治:《民法讲义 I》(第 6 版),渠涛等译,北京大学出版社 2015 年版,第 262 页。

[2] 徐国栋:《民法总论》,高等教育出版社 2007 年版,第 386 页。

二、代理关系消灭的原因

如前所述,因发生代理权的根据不同,代理可分为委托代理、法定代理和指定代理,相应地,其代理关系消灭原因也有所不同。

(一)委托代理中的代理关系消灭

依据《民法总则》第173条的规定,有下列情形之一的,委托代理终止:(1)代理期间届满或者代理事务完成;(2)本人取消委托或者代理人辞去委托;(3)代理人丧失民事行为能力;(4)代理人或者本人死亡;(5)作为代理人或者本人的法人、非法人组织终止。

如上所述,本人死亡原则上导致代理终止,但为了保护第三人利益,依《民法总则》第174条,本人死亡以后有以下情况之一的,委托代理人实施的代理行为有效:(1)代理人不知道并且不应当知道本人死亡;(2)本人的继承人予以承认;(3)授权中明确代理权在代理事务完成时终止;(4)本人死亡前已经实施,为了本人的继承人的利益继续代理。另外,作为被代理人的法人、非法人组织终止的,参照适用上述规定。

(二)法定代理关系消灭

依《民法总则》第175条规定,有下列情形之一的,法定代理终止:(1)本人取得或者恢复完全民事行为能力;(2)代理人丧失民事行为能力;(3)本人或者代理人死亡;(4)法律规定的其他情形。

三、代理关系消灭的法律后果

1. 代理关系消灭后,代理权归于消灭,代理人不得再以本人的名义进行活动,否则就构成无权代理。

2. 代理关系消灭后,代理人在必要和可能的情况下,应向本人或其继承人、遗嘱执行人、清算人、新代理人等,就其代理事务及有关财产事宜作出报告和移交。

3. 代理人应向本人交回代理证书及其他证明其代理权的凭据;本人也应及时要求代理人交回这些文件,否则,如前所述,可能构成表见代理。

本章案例：表见代理制度

［案情］

甲企业最近10年一直通过代理人丙与乙签订相关的买卖合同。2015年4月1日，甲企业突然解除丙的代理权，但是甲企业并没有采用必要措施及时通知乙企业。4月3日丙遇到乙企业的厂长，丙又以甲企业的名义和乙企业签订买卖合同。于是4月4日乙向甲发货，但是甲拒绝接货，并且说丙代理其签订的合同是无效的。双方发生争执，乙企业于是将甲企业告上法庭，要求法院确认上述合同的效力。

［问题］

假如你是法官，此案应当如何判决？为什么？

［分析］

如果我是法官，我会支持乙的诉求，确认丙代理甲与乙签订的买卖合同有效，原因是此时构成了表见代理。理由如下：

丙原本享有对甲企业的代理权，但在甲企业已解除了其代理权后，仍然以甲企业的名义与乙企业签订买卖合同，构成了广义的无权代理，并且此时丙作为无权代理人以甲企业的名义与乙企业订立的买卖合同完全符合法律行为的一般有效要件，更为重要的是丙在10年内一直代理甲企业与乙企业实施交易，但在甲公司突然中止丙的代理权后却没有采取必要措施及时通知乙企业，乙作为第三人完全有理由诚信地相信丙仍然有代理权，在这种情况下才与丙签订相应的买卖合同，因而依据《合同法》第49条："行为人没有代理权、超越代理权或者代理权终止后以被代理人名义订立合同，相对人有理由相信行为人有代理权的，该代理行为有效"，此时构成表见代理，所以，丙的代理行为对甲企业有效。

第十章 民法上的时间

第一节 时效概述

一、时效的概念及功能

(一)时效的概念

时效,是指一定事实状态在法定期间持续存在,从而产生与该事实状态相适应的法律效果的法律制度。时效作为一种民事法律事实,属于自然事实中的状态。[①]

时效包括三个基本要素:(1)时效以一定事实状态的存在为要件。这一事实状态表现为对物的占有或者怠于行使权利。(2)该事实状态须经过一定期间,这是产生时效法律后果的必要前提。(3)产生一定的法律后果。这种法律后果表现为当事人取得权利或丧失权利。

时效的法律后果由法律规定,所以,时效具有强制性。当事人不得依自由意思排除时效的适用,不得协议延长或缩短时效期间,也不得预先抛弃时效利益。当事

[①] 时效属于民事法律事实中的自然事实,学界一般没有异议,但关于时效属于自然事实中的状态还是事件,学界意见不一。有些学者认为其为状态,如:梁慧星:《民法总论》,法律出版社2011年版,第237页;尹田主编:《民法学总论》,北京师范大学出版社2010年版,第326页;有些学者认其为事件,如:龙卫球:《民法总论》,中国法制出版社2002年版,第610页;马俊驹、余延满:《民法原论》,法律出版社2007年版,第240页。

人关于排除时效适用、变更时效期间或预先抛弃时效利益的约定,依法当然无效。

（二）时效的功能

时效本身就是法律事实的重要种类,时效要素在民法规范中存在并对法律关系产生影响:时效经过,法律关系发生、变更或者终止。针对某种特殊事实状态的存在,由于它涉及当事人利益关系的稳定,法律规定使其经过一定时间状态即赋予一定法律事实的意义,发生权利变动的效果。法律借着保护这种事实状态,来维持在该事实上所构筑的各种信赖关系,以求社会秩序之安定。具体而言,如果在一个合理的期限内,权利人能行使权利而不行使,会使对方当事人产生一种合理的信赖,即相信权利人不会再行使自己的权利,或者放弃了自己的权利。同时,第三人也会产生一种合理的信赖,即认为对方当事人的现有事实状态为一个合法的状态。在此信赖的基础上,对方当事人与所有其他民事主体之间会建立起一种正常而稳定的利益关系,这种关系涉及多个主体,并构成社会秩序的一部分。如果允许权利人不受时间限制而随时主张权利,必然会破坏已经形成的社会秩序,从而损害其他主体的利益和公共利益,时效制度即为杜绝此等损害而设。

时效制度具有实体权利意义上的功能及程序法上的功能。在实体权利意义上的功能体现在:第一,维护社会经济秩序的稳定及交易的安全。实行时效制度,规定权利人不行使其权利达一定期限,权利人即丧失权利或权利不再受法律保护或义务人取得权利,从而使长期存在的事实状态合法化,有利于稳定法律秩序。第二,弥补权利的缺陷。由于权利人长期不行使权利,义务人也长期不履行义务,从而可能导致当事人之间的社会关系的事实状态与法律状态不一致,这就使事实状态的权利产生缺陷。民事时效制度从法律上确认这一事实状态的权利,为弥补权利缺陷提供了一种自动的法律调节机制。第三,促使权利人积极行使权利。权利人如不及时行使权利,就可能导致权利丧失或不受法律保护或义务人取得权利。时效制度的设置,旨在促使权利人在法定期限内行使权利,不得睡眠于权利之上。

时效制度在程序意义上的功能体现在:在诉讼程序上,当事人对自己的主张有提供证据的义务。当权利被侵害或民事纠纷发生后,如果权利人长期不行使权利,将会因时间的推移而难以收集和储存相关证据,一旦发生诉讼,会导致法院对案件事实及相关证据难以查明和认定。时效制度的实行可避免当事人举证的困难,长期不行使权利,难免会导致相关证据湮灭,证人死亡,该权利是否存在,殊难证明。实行民事时效制度,对实体权利在程序上的应用和保护进行控制,不仅可以督促权利人及时行使权利,便于当事人举证和法院查认证据,以确保案件得到公正、合法、及时的审理;法院对于年代久远的案件,常常因为证据材料灭失而难以查明事实,而时效期间届满,权利失效,即可避免当事人举证的困难。从程序上保证法院审理案件的效率。①

二、时效的种类

(一)取得时效

1. 概念。取得时效是指占有他人财产或一定身份,持续达到法定期限,即可依法取得该项财产权或身份的时效。取得时效因其事实状态必须占有他人财产或一定身份,又称占有时效。

2. 财产取得时效。例如《法国民法典》第 2272 条规定,为取得不动产所有权,要求的时效期间为 30 年。但是,善意并依据正当的证书取得不动产的人,得经 10 年时效期间才能取得该不动产的所有权;第 2276 条规定,在动产方面,占有即等于所有权证书。但是,丢失物品的人或者物品被盗的人,自其物品丢失或被盗之日起 3 年以内,得向现时持有该物品的人请求返还;该持有物品的人得向其取得该物的人请求赔偿。《德国民法典》第 937 条规定,自主占有动产达 10 年的人,取得所有权。取得人在取得自主占有时非为善意,或后来获悉所有权并不属于自己的,取得时效被排除。《日本民法典》第 162 条规定,以所有的意思,20 年间平稳而公然占有他人物的,取得该物所有权。以所有的意思,10 年间平稳而公然占有他人不动产的,如果该占有自始为善意且无过失的,则取得该不动产的所有权。

3. 以身份为客体的取得时效。例如《智利民法典》第 271 条第 1 款第 3 项:至少连续 10 年公开占有特定人之子女身份的人可以取得父母地位。② 时效取得父母身份可用来解决善意收养人取得父母身份问题。下面对此有一个典型案例。

---

① 刘得宽:《民法总则》,中国政法大学出版社 2006 年版,第 325 页。
② 徐涤宇译:《智利民法典》,中国法制出版社-香港金桥文化出版有限公司 2002 年版,第 94 页。

安徽阜南县的丁俊超和杨朝芳夫妇于 1997 年 4 月 29 日生有一子。2000 年 4 月的一天,其 3 岁多的儿子被工友何建军抱走后丢弃在石家庄火车站北站。客运人员捡到后将其送往石家庄社会福利院。该院在监护一段时间后将孩子出养他人。此前相关部门办理了催告手续:民政部门按《收养法》第 15 条的规定先后在 2000 年 8 月和 10 月,分两次在《河北经济日报》和《河北工人日报》刊登公告催告亲生父母认领孩子,在两个月内无人认领,于是办理了收养手续。近 4 年后丁俊超夫妇找到孩子下落,要求养父母返还。养父母拒绝,辩称:一旦收养关系成立,孩子与亲生父母的关系就消除,并声明他们不忍心让孩子再经受一次感情波折。这由此产生了自然亲子关系与养亲子关系的效力冲突问题。丁俊超夫妇的律师认为,养父母和孩子之间的收养关系是在特定情况和特定背景下建立的,违背了丁俊超夫妇的真实意愿,因此,孩子应归亲生父母所有。实际上,本案根据以身份占有取得亲子关系的原理很好解决:养父母办理了一切必要的收养手续,从法律上来讲,已建立无可争议的亲子关系,但由于养子是被诱拐才导致收养的,导致上述亲子关系处于可攻击的地位。尽管如此,由于收养程序合法,养父母对被诱拐的孩子享有诚信的父母身份占有,此等占有持续至法定期限届满后就可成立合法的、可以对抗自然父母的亲子关系,如此可以避免孩子经受两次感情波折。遗憾的是,养父母占有子女身份的时间不到 4 年,似乎短了一些。按照《智利民法典》第 271 条第 1 款第 3 项的规定,应该的期限是 10 年。这是本案中的自然父母唯一可能用之索回孩子的法律点。假设养父母占有子女身份的时间更长,他们的权利无疑就可以击破生父母的权利了。

3. 取得时效在我国立法中的阙如。我国现行立法中没有规定财产性取得时效,更未规定人身性取得时效。2002 年,全国人大法工委的《中华人民共和国民法》(以下简称《民法草案》)中规定了取得时效;《物权法》在制定过程中,也曾在草案中规定了取得时效,但其后通过的法律中取消了关于取得时效的规定。2017 年 3 月 15 日通过的《民法总则》中并没有关于取得时效的规定,但未来民法典之《物权编》的起草单位清华大学团队有规定取得时效制度的计划。

(二)消灭时效

1. 概念。消灭时效是指因不行使权利的事实状态持续经过法定期间,即依法发生权利不受法律保护的时效。我国民法上将消灭时效称为诉讼时效;依诉讼时效,权利不行使的事实状态在法定期间内持续存在,即发生该权利人丧失权利的法律效果。诉讼时效是指权利人请求人民法院保护其权利的有效时间。民间借贷债权只有在诉讼时效内向人民法院提起诉讼才能受法律保护,超过诉讼时效提起诉讼的,将会失去胜诉机会。

2. 与取得时效的区别:(1)两者依据的事实状态不同。取得时效立足于非法占有人的占有这一事实状态,而诉讼时效立足于债权人有权利不行使的事实状态。(2)两者客体不同。取得时效的客体主要是动产、不动产的所有权及某些其他财产权。消灭时效的客体为请求权,包括债权请求权、物权请求权。[1] (3)两者法律效果不同。取得时效的法律效果为取得权利,而诉讼时效的法律效果为义务人的抗辩权发生。

三、时效制度的立法例

(一)统一立法主义

法国、日本等国民法采用统一立法主义的主张,将取得时效和消灭时效统一规定。例如《法国民法典》在第三编取得财产的各种方法中,第二十题规定消灭时效,第二十一题规定占有与取得时效。《日本民法》在第一编总则中设时效于第七章,共分三节:第一节为时效总则,第二节为取得时效,第三节为消灭时效。

(二)分别立法主义

德国和我国台湾地区民法采此主张。《德国民法典》摒弃了法国法例,将两种时效制度分别规定,消灭时效规定于总则编,取得时效则规定于物权编,把取得时效理解为取得所有权的一种方式。《德国民法典》在第一编总则中,设消灭时效于第五章;另在第三编物权的第三章规定取得时效。因此,在德国法中,不仅在实质上而且在形式上,取得时效和消灭时效都已经完全区别开来。[2] 我国民国时期制定的民法典(即现在台湾地区民法典)仿德国法例,于总则编和物权编分别规定消

---

[1] 耿卓:追问与解答:对诉讼时效客体的再论述,载《比较法研究》2008年第4期;朱虎:返还原物请求权适用诉讼时效问题研究,载《法商研究》2012年第6期。

[2] 柳经纬:《关于时效制度的若干理论问题》,载《比较法研究》2004年第5期。

灭时效和取得时效。对于分别规定取得时效和消灭时效的立法体例,学者认为"甚为妥洽"。① 实际上,把取得时效规定于物权编,排除了该制度适用于身份取得的可能,并不妥洽。

(三)我国的选择

我国大陆学者在关于时效制度的讨论中,首先关注的是取得时效的存废,而后才是若规定取得时效应规定于何处、如何规定的问题。如前所述,在《民法草案》(2002)及《物权法》制定过程中,我国采用的是分别立法主义,因为,当时,学者们更赞同在《物权法》中规定取得时效。② 但在目前,《物权法》中没有规定取得时效,《民法总则》中亦没有关于取得时效的规定,取得时效仍处于学理探讨阶段,尚无现行法上的依据。

四、时效的历史源流

(一)古罗马的诉讼时效制度及其影响

时效制度如同其他民法制度起源于古罗马。早期时效规定为取得时效,当时规定凡要式转移物未按法定方式转移者,本应无效。但如果受让人继续占有不动产两年以上,动产一年以上,即可取得占有之物的所有权。③ 这是为因使用(usu)而取得(capio)之时效,乃最古时效。④ 消灭时效起源于罗马裁判官法时代,完成于戴戴克里先皇帝时代。⑤ 由于"裁判官在制定法律方面不享有任何高于其他执法官的权利,他的权利只涉及救济手段。他们思考问题的角度更注重诉讼形式而不是诉讼原因。从实质上讲,裁判官在制定法;但从形式上看,他只是在抵制或者创设救济程序",正是由于对救济程序的注重,因而,裁判官法创设了"期限诉讼"制

---

① 胡长清:《中国民法总论》,中国政法大学出版社1997年版,第351页。
② 当时关于取得时效的规定,可参见《法学研究》编辑部:《新中国民法学研究综述》,中国社会科学出版社1990年版,第186~189页;刘心稳主编:《中国民法学研究述评》,中国政法大学出版社1996年版,第275~281页。
③ 《十二表法》第6条第3款规定,未中断地占有他人土地达两年和占有其他无主物达一年的人,可获得该土地该物的所有权。
④ 江平、米健编写:《罗马法基础》,中国政法大学出版社1987年版,第366页。
⑤ 郑玉波:《民法总则》,中国政法大学出版社2003年版,第542页。

度,"期限诉讼"规定出诉期限为一年,债权人如果在一年期间内未予以起诉,则其诉权消灭,这就是消灭时效制度的由来。戴帝时代,对消灭时效曾经设定了一个总括性的规定,即将一切诉讼均限制其出诉期限,原来裁判官法上的期限诉讼以及违背遗嘱撤销之诉,其期限仍然维持,对市民法上的永久诉讼也限定了30年期限。因此,从戴帝之后,永久诉讼的名称虽然还被使用,但事实上已经没有所谓的永久性诉讼。到优士丁尼时代,沿用戴帝时代的规定且有新发展。① 东罗马帝国通过立法扩大了消灭时效的适用范围,规定各种请求权,即不论市民法或裁判官法上的请求权,均因30年期间内不行使而消灭。由此,罗马法形成了比较完备的时效制度。到了中世纪,注释法学家将两种时效进行整合,统一为一种制度,分为两种形式,这种做法为后世大多数国家的立法所沿袭。②

罗马法将诉讼时效称为"消灭时效"。大陆法系的日本及我国台湾地区民法沿用该称谓,德国亦称之为"消灭时效",③"消灭时效"与现今"诉讼时效"几乎为等同概念。④ 采用"诉讼时效"一词的有苏联、埃塞俄比亚及我国的民事立法。⑤

(二)中国古代法中的诉讼时效制度

有学者认为,从法制史的角度来考察,民事时效制度对我国而言是一个舶来品,我国直至清朝末年才开始引进民事时效制度。⑥ 郑玉波先生认为:"中国固有法无时效制度,尤以消灭时效与中国之'欠债者还钱''今生不还来生还'之旧观念不合,故未建立斯种制度。"⑦如果仅从形式上看,此论确有一定道理,因为中国古代既没有产生消灭时效的概念,也没有形成一套逻辑严谨的消灭时效运作规则。究其原因,主要是从古代社会至清朝半殖民地半封建时期,儒家学说奉行的"父债子还"的传统思想在我国长期占据统治地位,以致因时效而取得权利或者因时效而丧失权利的时效制度在我国缺乏产生的经济基础和思想根源。例如,宋相李沆的

---

① 冯恺:《诉讼时效制度研究》,山东人民出版社2007年版,第9页。
② 余能斌主编:《民法学》,中国人民公安大学出版社2003年版,第629页。
③ 《德国民法典》,陈卫佐译注,法律出版社2015年版;卢谌、杜景林:《德国民法典:全条文注释》,中国政法大学出版社2015年版,均采用消灭时效的译法。
④ 梁慧星:《民法总论》,法律出版社2011年版,第246页。
⑤ 张雪楳:《诉讼时效前沿问题审判实务》,中国法制出版社2014年版,第2页。
⑥ 李群星:《法律与道德的冲突——民事时效制度专论》,法律出版社2011年版,第5页。
⑦ 郑玉波:《民法总则》,中国政法大学出版社2003年版,第492页。

世仆欠债逃亡后,其10岁的幼女"自写一券系于带,愿卖于宅以偿焉",①主动请求自卖自身,以偿父债。一个年仅10岁的幼女,对世事的理解正处于懵懂时期,以身偿债之举的产生不可能是她自己的首创,应是受到其所处环境的实例的影响。在父债子还的情形下,诉讼时效根本没有适用之余地。

  但是,在中国古代浩如烟海的各类典籍中,确实存在着救济权须在一定期限内行使的规定和制度。② 早在周代,《周礼》就有对诉讼时效的规定。发生契约纠纷,如违约、毁约、不完全履约等,必须及时诉讼,过期即不受理,《周礼》对这种诉讼规定了严格的时限。《地官·质人》规定:"凡治质剂者,国中一旬,郊二旬,野三旬,都三月,邦国朞。期内听,期外不听。"朞为1年。这个期限是以国中为中心的远近而确定的。③ 依该规定,契约纠纷的诉讼时效依据纠纷地与国都的远近而不同,距离国都越远,适用的时效期间越长。对于债权债务的诉权问题,据《宋刑统·杂律》引唐长庆四年(公元824年)三月三日制节文称:"契不分明,争端斯起,况年岁寝远,案验无由,莫能辨明,祇(只)取烦弊。百姓所经台府州县论理远年债负,事在三十年以前,而主保(已)经逃亡,无证据,空有契书者,一切不须为理。"对于分析财产和遗嘱,法律规定:"分财产满三年而诉不平,又遗嘱满十年而诉者,不得受理。"法律对亲邻先买权也作了时效规定:"亲邻先买权,逾三年即不得受理。"④北宋初,建隆三年(公元965年)敕:"今后应典及倚当庄宅、物业与人,限外虽经年深,元契见在,契头虽已亡没,其有的亲子孙及有分骨肉、证验显然者,不限年岁,并许收赎。如是典、当限外,经三十年后,并无文契,及虽执文契,难辨真虚者,不在论理收赎之限,见(现)佃主一任典卖。"⑤清《户部覆议》规定:"典限以三五年至十年为准,契约二三十年,四五十年以上者,须于三年内呈明改典作卖。"⑥

---

 ① 《湘山野录·李丞相沆有长者誉》,载[宋]文莹撰、郑世刚、杨立阳点校:《湘山野录》,中华书局1984年版,第56页。
 ② 杨巍:《民事时效制度的理论反思与案例研究》,北京大学出版社2015年版,第32页。
 ③ 孔庆明等编:《中国民法史》,吉林人民出版社1996年版,第69页。
 ④ 孔庆明等编:《中国民法史》,吉林人民出版社1996年版,第345~346页。
 ⑤ 《宋刑统》卷13《户婚律·典卖指当论竞物业条》。
 ⑥ 孔庆明等编著:《中国民法史》,吉林人民出版社1996年版,第601、603页。应当说明的是,典权期限与诉讼时效并非同一概念,但由于中国古代长期以来典、卖不分,导致典权期限在有些场合下承载了诉讼时效的功能。

上述中国古代关于时效制度的规定与现代的诉讼时效制度确有不同,我国古代的诉讼时效主要从程序法而非实体法的角度作出规定,解决司法机关在何种期限内应受理相关案件的问题,这与近现代民法中诉讼时效的实体法性质显然有所不同。此外,我国古代的诉讼时效没有普通诉讼时效的规定,而是根据不同的民事案件规定不同的时效期间。我国古代的诉讼时效的适用范围主要集中于契约纠纷、析产案件等领域,其制定目的主要是为了解决年代久远的举证问题,从而诉讼时效期间通常较长,为20年或30年。

(三)罗马来源的诉讼时效制度在我国的引入

现代中国的诉讼时效制度起源于清末。清朝末年,晚清政府为挽救岌岌可危的统治,试图变法图强。其间,清政府起草了仿《日本民法典》的《大清民律草案》,在总则编设"时效"一章,包括通则、取得时效和消灭时效。该草案最终随着满清王朝的灭亡,并未通过施行。

中华民国时期,南京政府制定的民法典对时效制度也作了规定。其体例采用《德国民法典》的做法,将取得时效视为所有权的一种取得方式,规定于物权编中的所有权章,将消灭时效规定于总则编。

新中国成立以后,由于受苏联的影响,认为规定取得时效会助长不劳而获的剥削阶级思想,与社会主义各尽所能、按劳分配的基本理念和道德观念不符,故在立法上取消了取得时效制度,同时从对权利的诉讼保护角度出发,将消灭时效改为诉讼时效,并在一些单行法规中加以规定。[①]《民法通则》第七章首次采用诉讼时效的概念。谢怀栻教授指出:"我们与资本主义国家规定的消灭时效的制度有重要的不同,我们的时效制度是规定人民与国家间的关系,人民与法院间的关系。资本主义的消灭时效是规定个人与个人间关系的,只间接地影响人民与国家间的关系。"[②]王利明教授认为,"诉讼时效"的概念,"既是对权利人行使请求权所作的限制,当然也是对权利人通过法院主张权利之限制,因此是对一方诉请对方履行义务之限制,称为诉讼时效是恰当的。既然以诉请方式行使权利尚受时效之限制,则非

[①] 李群星:《法律与道德的冲突——民事诉讼时效制度专论》,法律出版社2011年版,第5页。

[②] 谢怀栻:《民法总则讲要》,北京大学出版社2007年版,第200页。

以诉之方式行使请求权,岂不更应受限制,举重以明轻,法理上亦能通畅无碍";另一方面亦"可以避免使人误认为时效届满就是使请求权消灭"。①

《民法通则》第七章规定了诉讼时效,自第135条至第141条,共7个条文。2008年9月1日,最高人民法院制定的《诉讼时效解释》施行,该规定共24条,对我国诉讼时效制度有了进一步详细的规定,《民法总则》第九章规定了诉讼时效,总共12个条文,吸收了《民法通则》及《诉讼时效解释》中的一些规定,同时也增加了一些新规定,基本在总体上解决了一些诉讼时效在适用过程中争议较大的问题,如一般诉讼时效由2年改为3年、分期履行的诉讼时效、对法定代理人请求权的诉讼时效及受性侵的未成年人的赔偿请求权诉讼时效等。

第二节 诉讼时效

一、诉讼时效的概念

诉讼时效也称消灭时效,是指权利人怠于行使请求权,持续经过法定期间而导致权利消灭的时效制度。

《民法总则》第188条第1款规定:"向人民法院请求保护民事权利的诉讼时效期间为3年。法律另有规定的,依照其规定。"该条规定普通的诉讼时效期间为3年,特别的诉讼时效期间可以不同于普通诉讼时效期间。

二、诉讼时效的效力

诉讼时效即消灭时效的效力,因各国民法的规定不同而有差异。各国民法关于诉讼时效效力的规定,可区别为三种类型②:

其一,实体权消灭主义。此种立法,将诉讼时效的效力规定为直接消灭实体权,系采纳德国学者温特夏德(Windscheid)的主张。属于此种类型立法的代表为

---

① 王利明:《民法总则研究》,中国人民大学出版社2003年版,第711页。
② 梁慧星:《民法总论》,法律出版社2011年版,第248~249页。

《日本民法典》。其第 167 条规定：债权因 10 年间不行使而消灭，债权或所有权以外的财产权，因 20 年间不行使而消灭。富井政章教授指出："时效之效力，在权利之取得或消灭，无特别规定者，其效力发生于法定期间已满之时，故时效非推定权利得丧之结果。时效之结果，回溯起算日，而生权利得丧之效力，因消灭时效而免除之债务者，无支给完成日以前利息之义务。"①如果实体权利因诉讼时效届满而消灭，则债权人再接受债务人的履行当无法律依据，且构成不当得利。②

其二，诉权消灭主义。此种立法系采纳德国学者萨维尼（Savigny）的主张。此种观点认为，诉讼时效完成后，其权利本身仍然存在，仅诉权归于消灭，此为罗马法消灭时效之本旨。时效届满后的权利，因诉权消灭不能请求法院为其强制执行，即所谓自然债。属于此种主义的立法有 1922 年《苏俄民法典》及 1959 年《匈牙利民法典》。1922 年《苏俄民法典》第 44 条规定，起诉权，逾法律规定之期间而消灭。1994 年《俄罗斯联邦民法典》亦采诉权消灭主义（第 195、199 条）。《匈牙利民法典》第 325 条第 1 款规定，时效完成的请求权，不能在法院强制执行。还有学者认为，意大利民法采取的也是诉权消灭主义。③

其三，抗辩权发生主义。此种立法系采纳德国学者欧特曼（Oertmann）的主张。欧氏认为，时效完成后，义务人因而取得拒绝履行的抗辩权。如义务人自动履行的，视为抛弃其抗辩权，该履行应为有效。属于此种主义的立法，有《德国民法典》、中国台湾地区"民法典"、《葡萄牙民法典》、《国际商事合同通则》（PICC）、《欧洲民法典草案》（DCFR）和 1964 年《苏俄民法典》。《德国民法典》第 222 条规定，消灭时效完成后，义务人有拒绝给付的权利。中国台湾地区"民法"、《葡萄牙民法典》、《国际商事合同通则》（PICC）、《欧洲民法典草案》（DCFR）的规定与此相同。1964 年的《苏俄民法典》第 87 条规定，诉讼时效在起诉前过期，是拒绝应诉的理由。

---

① 富井政章：《民法原论》（第 1 卷），陈海瀛等译，中国政法大学出版社 2003 年版，第 375～376 页。
② 佟柔主编：《中国民法学·民法总则》，中国人民公安大学出版社 1990 年版，第 317 页。
③ 侯利宏：《消灭时效的效力》，载梁慧星主编：《民商法论丛》（第 22 卷），金桥文化出版（香港）有限公司 2002 年版，第 279～280 页；葛承书：《民法时效——从实证的角度出发》，法律出版社 2007 年版，第 43 页。

《民法通则》第138条规定,超过诉讼时效期间,当事人自愿履行的,不受诉讼时效限制。由此可以断定,我国《民法通则》非采实体权消灭主义。又第135条规定,"向人民法院请求保护民事权利的诉讼时效……"此请求人民法院保护民事权利的权利,当然为诉权无疑。因此,我们应当认定《民法通则》关于诉讼时效的规定,系采纳前述第二种立法主义,即诉权消灭主义。

对我国《民法通则》采用的胜诉权消灭说,最高人民法院进行了改造。《诉讼时效解释》第1条规定:"当事人可以对债权请求权提出诉讼时效抗辩……";第3条规定:"当事人未提出诉讼时效抗辩,人民法院不应对诉讼时效问题进行释明及主动适用诉讼时效的规定进行裁判。"这两个条文证明我国司法实务对时效完成的效力已经改采抗辩权发生主义。这种立场改变体现在《民法总则》第192条中:"诉讼时效期间届满的,义务人可以提出不履行义务的抗辩。诉讼时效期间届满后,义务人同意履行的,不得以诉讼时效期间届满为由抗辩;义务人已自愿履行的,不得请求返还。"

三、法院不得主动适用诉讼时效

《民法总则》第193条规定:"人民法院不得主动适用诉讼时效的规定。"依此,时效只能由当事人主张而不能由法院主动援用,这一原则在罗马法时效制度即已存在。发达国家和地区的民法,大都继承了这一罗马法原则,禁止法院主动适用诉讼时效。例如,《法国民法典》第2243条规定,法官不得依职权替代因时效产生的方法。《日本民法典》第145条规定,除非当事人援用时效,法院不得根据时效进行裁判。但是,在苏联东欧社会主义国家,出于计划经济和单一公有制的要求,否定了这一罗马法原则。例如,1964年的《苏俄民法典》第82条规定,不论双方当事人申请与否,法院均应适用诉讼时效。

关于法院可否主动适用诉讼时效,中国经历了一个变化发展的过程。《民法通则》并无规定,学者曾拘泥于所谓的社会主义民法理论,对《民法通则》第135条和第137条进行解释,认为法院可依职权主动适用诉讼时效,而无须当事人主张。这一解释曾对审判实践产生了影响。20世纪90年代以来,民法理论和实务界已经认识到,法庭不待当事人主张而主动适用诉讼时效,违背民法时效制度的本质和市场经济的要求,加之《民法通则》规定的诉讼时效期间过短,更加严重不利于人民和企业合法权益的保护,人民法院和仲裁机构已经纠正不待当事人主张而主动适用时效的做法。对超过诉讼时效是否进行抗辩,完全由被告自行做主。《诉讼时效解释》第3条规定:"当事人未提出诉讼时效抗辩,人民法院不应对诉讼时效问题进行释明及主动适用诉讼时效的规定进行裁判。"第4条规定:"当事人在一审期间未提出诉讼时效抗辩,在二审期间提出的,人民法院不予支持,但其基于新的证据能够证明对方当事人的请求权已过诉讼时效期间的情形除外。超过诉讼时效未作抗辩的,人民法院应当保持中立姿态,不宜依职权主动审查,也无义务主动提醒被告,更不能征求被告是否行使抗辩权的意见来决定案件的胜败。被告未主张债权超过诉讼时效进行抗辩的,应当视为放弃抗辩权,案件以未过诉讼时效进行处理。"《民法总则》明确了法院不得主动适用诉讼时效的规定,在义务人未提出诉讼时效抗辩的情形下,法院不应主动适用诉讼时效的规定进行裁判。同时,法院不应主动查明诉讼时效事实。

在司法实务中存在这样的情形,即根据法院不应主动援引诉讼时效的规定进行裁判的规定,一审法官在当事人未提出诉讼时效抗辩的情形下,不适用诉讼时效的规定进行裁判。但由于担心其未查明诉讼时效期间是否已过的事实,在二审审理过程中,当事人提出诉讼时效抗辩的,二审法院以诉讼时效事实不清而发回重审,故其虽不主动适用诉讼时效的规定进行裁判,但对诉讼时效事实主动进行查明并在裁判文书中进行表述。这种做法与法院不应主动援用诉讼时效的规定进行审理和裁判的原则是相悖的。①

四、诉讼时效的客体

(一)有关立法例

诉讼时效的客体,又称诉讼时效的适用范围,即哪些权利可以适用诉讼时效。依《德国民法典》的规定,诉讼时效的客体仅为请求权,包括债权性请求权和物权性请求权。《日本民法》规定为债权或者所有权以外的请求权。依学界通说,诉讼时效的客体一般为请求权,其他民事权利不为诉讼时效的客体。至于何种请求权为

---

① 中国审判理论研究会民商事专业委员会编:《〈民法总则〉条文理解与司法适用》,法律出版社2017年版,第366页。

诉讼时效的客体,学者间认识不一。① 所谓请求权,是指特定人向特定人请求为特定行为的权利。请求权可分为因人身关系而产生的请求权以及因财产关系而产生的请求权。后者又包括物权请求权、债权请求权。这些请求权是否都可以作为诉讼时效的客体,学界意见不尽一致。

(二)债权请求权

《民法总则》第 196 条规定:"下列请求权不适用诉讼时效的规定:1. 请求停止侵害、排除妨碍、消除危险;2. 不动产物权和登记的动产物权的权利人请求返还财产;3. 请求支付抚养费、赡养费或者扶养费;4. 依法不适用诉讼时效的其他请求权。"根据该规定,诉讼时效客体具有如下特征:

首先,债权请求权为诉讼时效的客体。债权请求权包括:(1)基于合同债权的请求权,如履行请求权、损害赔偿请求权、违约金请求权、利息请求权;(2)基于侵权行为的请求权,主要是损害赔偿请求权,但停止侵害请求权、消除危险请求权、消除影响请求权不为诉讼时效的客体;(3)基于无因管理的请求权,主要有必要费用请求权、损害赔偿请求权;(4)基于不当得利的请求权;(5)其他债权请求权,如防卫过当、避险过当的赔偿请求权。

(二)部分物权请求权

在《民法总则》出台之前,物权请求权是否为诉讼时效的客体,存在否定与肯定两种观点。否定说认为债权以请求权为主要内容,物权以全面支配标的物为主要内容。有物权必有物上请求权,二者密切联系,物权不消灭,由物权产生的物权请求权不消灭。鉴于实现取得时效和消灭时效的最佳配置,物权请求权不宜成为诉讼时效的客体。② 肯定说,实际上即部分肯定说。该说认为,物权请求权,即基于物权的请求权。物权请求权中,适用诉讼时效的,只是其中的返还财产请求权。《物权法》第 33 条规定的确认物权请求权、第 35 条规定的排除妨害请求权和消除危险请求权,依其性质应不适用诉讼时效。返还财产请求权,包括返还被非法占有财产的请求权、返还抵押物请求权、返还质物请求权、返还留置物请求权、返还租赁

---

① 徐晓峰:《诉讼时效的客体与适用范围》,载《法学家》2003 年第 5 期。
② 马俊驹、余延满:《民法原则》(上册),法律出版社 1998 年版,第 326~329 页。

物请求权、返还遗失物请求权,以及合同无效或被撤销后的返还请求权。鉴于不动产物权变动采登记生效主义,非经登记不生效力,若许已登记不动产所有人的返还请求权因时效期间届满而消灭,将动摇不动产登记制度的效力,因此已登记不动产所有人的返还请求权,应不适用诉讼时效。[1]《民法总则》第196条规定采用的是部分肯定的观点,《民法总则》本条第1项和第2项对非登记动产的返还请求权是否适用诉讼时效,采纳了肯定说的观点,即返还原物(限非登记动产)请求权罹于诉讼时效。除此之外,基于物权被侵害产生的请求停止侵害、排除妨碍、消除危险以及不动产物权和登记的动产物权的权利人请求返还财产等权利均不适用诉讼时效的规定。

(三)抚养费、赡养费或者抚养费请求权不为诉讼时效客体

这类基于身份关系产生的请求权,对应的法定义务具有较高的道德性,不适用诉讼时效制度,其原因在于,权利人一般是年幼、年老或其他缺乏劳动能力的人,抚养费、扶养费、赡养费是这些人生活的来源,这涉及人的基本生存问题,如果因为时效届满而无法得到法律支持的话,有违社会道德。[2] 应当注意的是,在有关身份关系产生的请求权中,若具有财产权的性质,应适用诉讼时效的规定。如,离婚时的损害赔偿请求权系基于财产权的性质,仍应适用诉讼时效。[3]

(四)不适用诉讼时效制度的请求权

根据《诉讼时效解释》第1条的规定,[4]以下几种请求权不适用诉讼时效:(1)支付存款本金及利息请求权。居民存款的目的是将钱款进行储备,以备以后使用,并不一定在短期内行使这种债权。相对于银行而言,储户属于弱者,基于对储户特殊保护的要求,不应将支付存款本金及利息请求权纳入诉讼时效的适用范围。(2)兑付国债、金融债券以及向不特定对象发行的企业债券本息请求权。国债是国家为

---

[1] 梁慧星:《民法总论》,法律出版社2011年版,第252~253页。
[2] 王利明主编:《中华人民共和国民法总则详解》,中国法制出版社2017年版,第936页。
[3] 王泽鉴:《民法总则》,新学林出版股份有限公司2014年版,第586~589页。
[4] 《诉讼时效解释》第1条规定:"当事人可以对债权请求权提出诉讼时效抗辩,但对下列债权请求权提出诉讼时效抗辩的,人民法院不予支持:(一)支付存款本金及利息请求权;(二)兑付国债、金融债券以及向不特定对象发行的企业债券本息请求权;(三)基于投资关系产生的缴付出资请求权;(四)其他依法不适用诉讼时效规定的债权请求权。"

筹措资金而向投资者出具的,承诺在一定的时期内按期支付利息和到期归还本金的借款凭证;金融债券,是指银行及非银行金融机构依照法定程序发行并约定在一定期限内还本付息的有价证券;企业债券通常又称为公司债券,是企业依照法定程序发行,约定在一定期限内还本付息的债券。为了保护投资者的利益,对其国债、金融债券以及向不特定对象发行的企业债券的本息请求权给予特别保护,不应当适用诉讼时效制度。(3)基于投资关系产生的缴付出资请求权。和投资关系与储蓄关系一样,基于投资关系产生的缴付出资请求权形成的都是继续性的法律关系,只要这种关系存续,其派生的请求权也因之存续,不应受时效限制。[1]

五、诉讼时效的种类

现代各国民法中的诉讼时效制度,一般都设有多种诉讼时效,它们因保护的权利性质及目的的差异而有所不同。我国《民法总则》及其他民事单行法规定了多种诉讼时效,根据其适用范围和时效期间的长短不同,可以分为普通诉讼时效和特殊诉讼时效两类。按照《民法总则》第188条,3年的诉讼时效期间为普通诉讼时效,其他诉讼时效期间为特殊诉讼时效。

(一)普通诉讼时效

普通诉讼时效,又称一般诉讼时效,是指由民事基本法规定的普遍适用于时效的各种法律关系的时效。普通诉讼时效适用范围广泛,它不是专对某一类民事法律关系的特殊情况规定的,而是根据整个民事活动领域中的一般民事法律关系的共同性加以规定和适用的。

《民法通则》第135条规定了2年的诉讼时效期间。[2] 这一诉讼时效期间因过短而不利于保护权利人,在起草《民法总则》的讨论中,民法学者较一致认为《民法通则》规定的普通时效期间为2年过短,建议适当延长。[3]《法国民法典》的普通时效期间为30年;《德国民法典》原本关于普通诉讼时效的规定亦为30年,修改民法典时改为3年;《日本民法》规定,债权因10年不行使而消灭;债权或所有权以外的

---

[1] 王利明:《民法总论》,中国人民大学出版社2015年版,第342~343页。
[2] 《民法通则》第135条规定:"向人民法院请求保护民事权利的诉讼时效期间为2年,法律另有规定的除外。"
[3] 梁慧星主编:《中国民法典草案建议稿附理由:总则编》,法律出版社2013年版,第386页。

财产权,因20年内不行使而消灭。我国台湾地区"民法"规定的普通时效期间为15年;《澳门民法典》规定的普通诉讼时效期间亦为15年。比较可见,我国《民法通则》规定的2年普通时效期间确实过短,对保护当事人的合法权益不利,确有必要予以适当延长。考虑到现代化市场经济的发展要求加快了经济流转,通信手段的现代化使行使权利更加方便,15年乃至30年的诉讼时效期间确显过长。如德国立法就将普通时效期间缩短。《民法总则》最终采用了3年的诉讼时效期间。从新近的世界立法趋势看,《德国民法典》第195条、《欧洲示范民法典草案》第Ⅲ—7:201条、《国际商事合同通则2010》第10.2条,均规定3年的普通时效期间。① 因此,《民法总则》规定3年时效期间是较为合理的立法决策。

(二)特殊诉讼时效

特殊诉讼时效,是指法律规定仅适用于特别情形的诉讼时效,其期间比普通诉讼时效短或长。

纵观我国法律关于特殊诉讼时效的相关立法规定,我们可将其分为以下三种:

1. 短期诉讼时效。指短于普通诉讼时效期间的诉讼时效。一些民事单行法中规定有短期诉讼时效,如《海商法》第257条规定,就海上货物运输向承运人要求赔偿的请求权,时效期间为1年;第260条规定,有关海上拖航合同的请求权,时效期间为1年;第263条规定,有关共同海损分摊的请求权,时效期间为1年。还有一些特别法本是参酌《民法通则》第135条2年诉讼时效期间进行的立法,例如,《民用航空法》第135条、《国家赔偿法》第39条、《专利法》第68条、《继承法》第8条以及《海商法》中的2年诉讼时效期间。这些采用2年诉讼时效的,是否应改为3年时效?朱晓喆教授提出的解决方案有二:其一,保留适用,待立法机关个别修订,提升到3年;其二,在司法实务中进行法律解释,由法官根据新法解释为3年诉讼时效期间。② 在立法机关尚未修改法律,在司法机关尚未进行解释前,其仍然应当采用2年的诉讼时效期间。

2. 长期诉讼时效。指长于普通诉讼时效期间的诉讼时效。它主要适用于一些调查取证费时耗力的疑难案件或涉外经济纠纷。如《合同法》第129条规定,"因

---

① 朱晓喆:《诉讼时效制度的立法评论》,载《东方法学》2016年第5期。
② 朱晓喆:《诉讼时效制度的立法评论》,载《东方法学》2016年第5期。

国际货物买卖合同和技术进出口合同争议提起诉讼或者申请仲裁的期限为4年。"《保险法》第26条第2款规定:"人寿保险的被保险人或者受益人向保险人请求给付保险金的诉讼时效期间为5年,自其知道或者应当知道保险事故发生之日起计算。"《海商法》第265条规定,有关船舶发生油污损害的请求权,时效期间为3年,自损害发生之日起计算;但是,在任何情况下,时效期间不得超过从造成损害的事故发生之日起6年。

3. 最长诉讼时效。指对各类民事权利予以保护的最长时效。《民法总则》第188条第2款规定:"诉讼时效期间自权利人知道或者应当知道权利受到损害以及义务人之日起计算。法律另有规定的,依照其规定。但是自权利受到损害之日起超过20年的,人民法院不予保护;有特殊情况的,人民法院可以根据权利人的申请决定延长。"此款确立了20年的最长诉讼时效,它是针对那些不知道或者不应当知道权利被侵害的权利人作出的。因为他们既然不知道或者不应当知道其权利被侵害,其诉讼时效便不能按照"从知道或者应当知道权利被侵害时起计算",只能从其权利被侵害时起计算,这样就需要规定较长的时效期间,才能达到保护当事人合法权益的目的。

最长诉讼时效不同于其他各种诉讼时效的特点表现在:第一,其适用范围最广泛,涉及各类民事法律关系;第二,其时效期间最长,是20年;第三,其适用前提是从权利被侵害之时开始计算,即使权利人不知道其权利被侵害,也只能在20年内获得法律保护,这不同于以权利人知道或应当知道权利被侵害作为适用前提的其他诉讼时效;第四,其时效期间,在特殊情形下,人民法院还可以根据权利人的申请适用有关延长的规定,而不适用中止、中断的规定,但其他各种诉讼时效可以适用有关中止、中断和延长的规定。

六、诉讼时效期间的起算

(一)诉讼时效起算的概念

所谓诉讼时效的起算,又称诉讼时效期间的开始,是指从何时起开始计算诉讼时效的期间。诉讼时效的起算包含两个方面的内容:一是起算所针对的对象,二是起算本身。起算本身包含两个方面的内容:一是起,二是算。"起",顾名思义,就是开始,也即诉讼时效起算的起算点。它是整个诉讼时效起算问题的核心,与诉讼时效期间是否超过和权利人的权利是否受法律的强制保护密切相关。解决好了"起"的问题,诉讼时效起算问题也就容易解决了。"算",就是计算,它实际上是一个技术问题。

诉讼时效的起算是司法实践中解决诉讼时效争议的重要焦点。诉讼时效的起算直接决定诉讼时效期间开始的起点,既关系到诉讼时效制度价值的正当体现,又事关当事人的利益分配。在司法实践中,当事人因诉讼时效发生争议的焦点并不在诉讼时效期间的长短,因为诉讼时效期间由法律直接规定,属于法定期间,当事人对此无发生争议的可能,也往往不在于诉讼时效的中止和中断,而在于诉讼时效的起算。对诉讼时效起算点的理解不同,直接关系到争议的请求权的诉讼时效期间是否届满。可以说,任何诉讼时效纠纷案件,如果不能准确地界定诉讼时效期间的起算点,是不可能得到正确处理的。[①]

诉讼时效的起算是诉讼时效期间的起点,没有起点,就谈不上诉讼时效期间的经过,也谈不上诉讼时效期间届满后产生的法律后果,更谈不上诉讼时效制度所能发挥的作用。无论诉讼时效期间多长,也无论诉讼时效期间届满后产生的法律后果如何,以及诉讼时效中止、中断后诉讼时效期间的再次计算,都离不开诉讼时效的起算。可以说,诉讼时效的起算是诉讼时效制度不可或缺的一项重要内容。

诉讼时效的起算并非是一个单纯的技术问题,其对诉讼时效制度的影响还体现在一定的价值层面上,因为诉讼时效的起算本身就包含着一定的价值取向。对诉讼时效的起算标准之所以有不同的立法例,其原因并不在于立法技术问题,而在于价值取向问题。承载着不同价值取向的诉讼时效起算方法,直接对诉讼时效制度所发挥的作用产生影响。如果诉讼时效的起算设置不合理,诉讼时效制度不仅不能产生应有的作用,反而会适得其反。因此,无论是从制度层面来看,还是就实践层面而言,诉讼时效的起算都是诉讼时效制度发挥作用的重要前提。

诉讼时效起算所针对的对象,应该说既与一定的事实状态有关,又与某种法定期间有关,还与某种特定的法律后果有关。一定的事实状态是指权利人享有权利

---

① 李群星:《法律与道德的冲突——民事诉讼时效制度专论》,法律出版社2011年版,第161～162页。

而不行使权利的事实状态。权利人享有权利是客观事实状态,权利人不行使权利是主观事实状态,只有二者统一于一体,诉讼时效才能开始起算。某种法定期间是指法律规定的诉讼时效期间,它实质上是上述事实状态在时间持续上的量化。某种特定的法律后果是指权利人不行使权利的事实状态持续经过法定的期间,其权利失去法律的强制保护。诉讼时效的起算是这种特定的法律后果产生的基础。

(二)诉讼时效起算标准的立法例

司法实践中之所以对权利人主张权利是否超过诉讼时效期间存在争议,主要是源于对诉讼时效起算标准的不同认识。诉讼时效期间到底应该从何时开始起算,各国和地区的立法规定并不完全相同。以债权请求权为核心,以请求权自产生到被侵害为线索,笔者概括了以下几种具代表性的学说。

1. 请求权成立说。该学说认为,债权人请求债务人清偿的权利,自债权成立时即可行使,消灭时效应自债权成立时起算。① 在这种立法例中,诉讼时效的起算不考虑权利人的主观心理状态,而是采用客观标准,即诉讼时效从请求权成立之时起开始计算。请求权成立主义立法例为1896年《德国民法典》所采纳,其第198条规定:"消灭时效自请求权成立时开始。请求权以不作为为内容的,消灭时效自发生违背行为时开始。"《瑞士债法典》也采用了这种立法例,其第130条规定:"诉讼时效自债务到期时开始计算。"实际上,所谓债务到期时也就是请求权成立之时。

债权成立说存在缺陷现已成为大多数学者的共识,因为债权成立之时,权利人可能并不知晓自己可行使请求权,或者其可行使请求权的期限尚未届至,而在此之前要求权利人行使请求权并将此段时间计算在诉讼时效之内,显然对权利人不公。② 德国学者拉伦茨指出:时效的开始不仅要考虑请求权的发生,也要考虑请求权的到期。因此,原则上时效期间的开始时间和请求权发生的时间是一致的,如果是不作为的请求权,则从违反行为发生时开始。但是,拉伦茨同时也认识到:如果法律规定的债权发生所要求的事实实现,债权也就发生,但是债权这时还不能请求给付。而在债权人能够向债务人请求给付之前,就规定时效期开始,就与法律规定

---

① 王泽鉴:《民法总则》,台湾三民书局2000年版,第568~569页;"最高"台上字第780号判决,载《"最高法院"民刑事裁判选辑》(第1卷第1期),第53页。

② 张雪楳:《诉讼时效前沿问题审判实务》,中国法制出版社2014年版,第3页。

时效的目的不合。因此,这时是指请求权发生而又到期的债权。① 但是,拉伦茨的论述似有不周到之处:特别是在侵权行为之债,如果仅仅是请求权发生或者到期,但受害人(债权人)不知道加害于人(债务人)是何人时,就开始计算诉讼时效期间,如何公允? 因此,梅迪库斯指出:有时消灭时效的目的条件并不存在,因为债权人发现瑕疵或者至少能够发现瑕疵之前,因瑕疵所生的请求权可能已经届满。"购买灭火器的人,只有在发生火灾时,才会发现灭火器是空的。不过这个时候距货物交付之日可能已经超过 6 个月。"② 请求权在法律上产生的时间与权利人知道其存在的时间在现实生活中常常不一致,有时等权利人知道请求权成立而准备加以行使时,请求权可能已经罹于诉讼时效。因此,如果自请求权成立之时开始计算诉讼时效,对权利人未免过于苛刻。也正因为如此,在当代各国立法中对诉讼时效的起算采用请求权成立主义的立法例已经极为少见了。2002 年修改后的《德国民法典》基本上采用了梅迪库斯的观点,具体体现在该法典的第 199 条。该条规定:"(1)普通消灭时效期间自有下列情形之一的年末起算:①请求权是在该年内产生的,并且②债权人在该年内知道或者在无重大过失的情况下应当知道使请求权成立的情况和债务人的……"

2. 请求权可行使说。该学说认为,权利人有得行使其权利之状态而言,至于义务人实际能否为给付,则非所问。③ 请求权可行使是权利人行使请求权不存在任何法律上的障碍。所谓法律上的障碍,是指法律规定的限制请求权行使的事由,在此限制事由没有消除之前,即不能行使请求权。至于影响权利人行使请求权的事实上的障碍,如请求权产生以后权利人由于生病、外出等事由不能行使权利,诉讼时效期间仍应开始起算。权利可行使主义对诉讼时效的起算规定了两个条件:一是权利人的请求权产生;二是权利人的请求权可行使。

请求权得以行使说的理由为既然诉讼时效期间是权利人请求法院保护其民事权利的法定期间,那么,它就应从权利人能够行使请求权之时起算。只有当权利人

---

① [德]卡尔·拉伦茨:《德国民法通论》(上),王晓晔等译,法律出版社 2003 年版,第338～341 页。

② 《德国民法典》第 477 条第 1 款。[德]迪特尔·梅迪库斯:《德国民法总论》,邵建东译,法律出版社 2001 年版,第 92 页。

③ 台湾"最高法院"1885 号判例。

可以行使而怠于行使请求权以致逾越时效期间的,权利人才承担不利的法律后果。采用此种立法例的有日本、瑞士等国家。《日本民法典》第 166 条规定:"消灭时效自权利得以行使时起进行。"但是,关于如何解释"得以行使权利",却有两种不同的观点:其一,债权人得以行使权利是指法律上的可能性,即是指行使权利的法律障碍消灭。此说称为"法律上的可能性说",为日本通说。其二,所谓"得以行使权利",是指能够现实期待权利行使的时刻。法律上的权利是否发生,在多数情况下只有在法院才能弄清,因此,让权利承担这种判断的风险不妥。此说被称为"现实可能性说"。①《瑞士债法典》第 130 条规定:"时效自债权期限之届至,开始进行。""问题的关键不是请求权的产生,而是请求权的已届清偿期。"②"权利能够行使之时"依请求权的形成情形不同而不同,如是附条件请求权,则所附条件成就,请求权得为行使,诉讼时效开始起算;在附履行期限的情形下,诉讼时效从期限届满之日起算。

以请求权可得行使作为诉讼时效起算的标准,对诉讼时效的起算条件既规定了"请求权产生",又规定了"请求权可行使",使诉讼时效的起算条件更加完整,更符合诉讼时效的制度价值,符合公平正义。但是,由于请求权可行使主义立法例不考虑权利人对请求权的存在是否知悉,其弊端也是显而易见的。③

3. 请求权被侵害说。该学说认为,诉讼时效从权利人知道或者应当知道权利受到侵害之时起开始计算。权利受侵害主义立法例认为,权利在受侵害之前,只存在原权利,诉讼时效是不能起算的,只有在权利受到侵害之后,权利人才享有一种居于第二性的救济权,此时诉讼时效才有起算的可能。但是,有起算的可能并不意味着就立即可以起算,权利受侵害主义还强调诉讼时效必须是在权利人知道或者应当知道权利被侵害之时才能开始起算。权利受侵害主义立法例以苏联和我国为代表。1922 年《苏俄民法典》第 45 条规定:"时效期间从起诉权产生之时起算。"1966 年《苏联民法典》第 83 条更是明确规定:"诉讼时效期间从起诉权产生之日起算;起诉权从当事人得知或者应当得知其权利遭受侵害之日起产生。"我国民法理

---

① 李永军:《民法总论》,法律出版社 2009 年版,第 675 页。
② 《联邦最高法院民事裁判集》第 55 卷,第 341 页。
③ 李群星:《法律与道德的冲突——民事诉讼时效制度专论》,法律出版社 2011 年版,第 167 页。

论和民事立法受苏俄民法的影响较深,秉承了苏俄上述民事立法的精神,《民法通则》第137条规定:"诉讼时效期间从知道或者应当知道权利被侵害时起计算。"《民法总则》第188条第2款规定:"诉讼时效期间自权利人知道或者应当知道权利受到损害以及义务人之日起计算……"

权利人知道自己的权利遭到了侵害,这是他请求司法机关保护其权利的基础,从这一时间点开始计算诉讼时效,符合诉讼时效为权利人请求法定机关保护其权利的法定期间的本质。该观点对诉讼时效期间的起算设定了两个条件:一是客观上必须存在权利人的权利被侵害的事实;二是主观上权利人必须知道或应当知道权利被侵害。有观点认为,在实践中,知道或应当知道权利被侵害与知道加害者为谁之间极有可能存在一个时间差。如果权利人仅知道或应当知道权利被侵害的事实,但并不知道被谁侵害,其损害赔偿请求权就无法行使。如此若要权利人承担诉讼时效期间届满的法律后果,对权利人显然有失公允。

对此,苏联学者和我国学者认为,所谓"知道或应当知道权利遭受侵犯,是指知道权利受侵犯的事实和侵权人是谁";①"权利人知道或应当知道权利被侵害,不仅包括权利人知道或应当知道侵害事实的发生,而且也包括权利人知道或者应当知道侵权人是谁"。② 依上述限定,我们可以有效解决前述疑问。"知道或者应当知道权利被侵害说"注重了主观标准与客观标准的统一,修改后的《德国民法典》第199条也采用了主观标准与客观标准统一的思路,其规定:"普通消灭时效期间,自有下列情形之年的年末起算:1. 请求权在该年以内产生的;2. 债权人在该年以内知道或者在无重大过失的情况下应当知道使请求权成立的情况和债务人的。"当然,其与我国及苏联民法所采用的"知道或者应当知道权利被侵害说"并不完全相同。

如何判断"知道或应当知道"并不是个单纯的技术问题。关于"知道",指的是权利人在主观上的一种实际认知,强调的是权利人的心理状态。权利人是否认识到自己的权利受到侵害,是主观认知,只有权利人本人最清楚,其他人无法也不可

---

① [苏]诺维茨基:《法律行为·诉讼时效》,康宝田译,中国人民大学出版社1956年版,第196页。
② 江平主编:《民法学》,中国政法大学出版社2000年版,第236页。

能代替权利人作出回答。当然,"知道"并非完全是一个外人无法把握的概念,通过感知权利人的一些外在行为表现,他人也是可以对权利人是否"知道"作出认知判断的。关于"应当知道",指的是不管权利人是否真的知道权利受到侵害,只要在客观上存在知道的可能性和可以知道的合理性,即推定其知道权利受到侵害。"应当知道"是一种法律上的推定,它强调的是权利人的应然观念。对"应当知道"的认知判断也不完全是虚无缥缈的,"应当知道"反映的是权利人的一种心理状态,这种心理状态常常会通过行为人的具体行为在现实生活中表现出来并为他人所触知,从而具有可判断性。①

请求权受侵害说也有着自身难以克服的缺陷。有学者指出,"权利受侵害一词用于物权、人身权较为贴切,但在债务不履行时,称'权利(债权)被侵害'易使人误以为债务不履行构成侵权行为"。② 有学者则指出:《民法通则》仅仅规定当事人的主观状态为时效期间起算点而未规定客观标准,有悖于计算时效期间的一般顺序。③ 有的学者则详细列举了时效计算的开始点,例如:有学者认为:(1)"作为"的请求权应自请求权可以行使时起计算;"不作为"的请求权应自为该行为时开始计算;(2)合同之债的请求权,有约定履行期限的,时效期间从债务到期时开始计算;未约定履行期限的,时效期间应自债权成立时开始计算;(3)关于损害赔偿请求权,时效期间应从权利人知道损害发生及赔偿义务人时开始计算;(4)关于不当得利之债请求权与无因管理之债请求权,时效期间应从债之成立时开始计算;(5)关于返还原物请求权和恢复原状请求权,其时效期间应从财务被不法占有或者损害之时开始计算;(6)关于单纯以财产利益为内容的身份上的请求权,时效期间应从请求权成立时开始计算。④ 有学者则认为:(1)有约定履行期限的债权,诉讼时效自履行期限届满之日的次日起算;(2)未约定履行期限或者约定不明确的,应从权利人主张权利而遭到拒绝时计算;(3)人身伤害赔偿的诉讼时效期间,伤害明显的,从受伤之日起计算;伤害当时未曾发现,后经检查确诊并能证明是由侵害引起的,从伤势确诊之日起计算;(4)附条件的债权,从条件成就时计算;(5)附期限的债权,从期

---

① 冯恺:《诉讼时效制度研究》,山东人民出版社 2007 年版,第 126 页。
② 李双元、温世扬主编:《比较民法学》,武汉大学出版社 1998 年版,第 218 页。
③ 朱岩:《消灭时效制度中的基本问题》,载《中外法学》2005 年第 2 期。
④ 柳经纬:《关于时效制度的若干理论问题》,载《比较法研究》2004 年第 5 期。

限到来时计算;(6)请求他人不作为的债权,从权利人知道他人违反义务的次日开始计算;(7)权利人虽然知道被害的事实而不知侵害人的,应从确知侵害人时起算;(8)侵权行为持续发生的,应从侵权行为终了时计算;(9)未成年人、精神病人权利受到侵害的,应自监护人知道或者应当知道时计算。①

"知道或者应当知道"因在判断标准上具有一定的主观性,有的属于法律上的推定,比较难以把握。在司法实践中,这类判断基本上是交由法官自由裁量,容易出现裁判不公的现象,损害司法权威。如果权利人长期出于正当理由而无法知道或者应当知道请求权的存在,诉讼时效就不会进行。随着时间的流逝,新的法律关系以原有关系为基础不断积累,案件的客观情况会随着证人的死亡、证据的湮灭而变得无法查清,一旦权利人或其继承人知悉请求权的存在,进而加以行使,不但会影响已经形成的社会经济秩序的稳定,而且会置义务人于举证不能的境地,这无疑与诉讼时效制度的立法宗旨相悖。因而,法律最终还得规定最长诉讼时效来结束这种或然存在的秩序失衡的局面。

(三)诉讼时效起算点的一般规则

由于民事法律关系的性质不同,权利人知道或应当知道其权利被侵害的时间也不尽相同,因而诉讼时效期间的起算时间也不相同。一般认为,除法律另有规定外,诉讼时效期间的起算点应按以下规则确定:

1. 侵权行为所生之债的诉讼时效期间。侵权行为所生之债的诉讼时效期间,自权利人知道或应当知道被侵害事实和加害人之时起开始计算。其中,人身损害赔偿的诉讼时效期间,伤势明显的,从受伤之日起算;受伤之时未曾发现,后经检查确诊的,从伤势确诊之日起算。

2. 约定履行期限之债的诉讼时效期间。约定履行期限之债的诉讼时效期间,自履行期限届满之次日开始计算。分期履行的,自最后一期履行期限届满起算。因为债务人到履行期限届满而不履行债务时才发生违约事实,而且债权人依据债的内容应当知道这一侵害事实,故自此时起就能够行使请求权。

3. 未约定履行期限之债的诉讼时效期间。未约定履行期限之债的诉讼时效

---

① 张永泉等:《诉讼时效问题研究》,载杨与龄主编:《民法总则争议问题研究》,清华大学出版社 2004 年版,第 312～313 页。

期间,自权利人提出履行要求的次日或宽限期届满的次日开始计算。因为在此类债权债务关系中,债权人可随时要求履行。债务人不依债权人的要求予以履行的,即构成侵害事实,债权人此时已可行使请求权;如果法律或合同规定了宽限期,则债权人请求履行只引起宽限期的起算,当宽限期届满,债务人仍不履行的,才产生请求权。例如,《诉讼时效解释》第6条规定:"未约定履行期限的合同,依照合同法第61条、第62条的规定,可以确定履行期限的,诉讼时效期间从履行期限届满之日起计算;不能确定履行期限的,诉讼时效期间从债权人要求债务人履行义务的宽限期届满之日起计算,但债务人在债权人第一次向其主张权利之时明确表示不履行义务的,诉讼时效期间从债务人明确表示不履行义务之日起计算。"

4. 以不作为为义务为内容之债的诉讼时效期间。以不作为为义务内容之债的诉讼时效期间,自债权人知道或应当知道债务人作为之时开始计算。因为不实施相应行为是债务人的义务,而侵害事实自债务人作为之时构成,债权人一旦知道或应当知道债务人违反不作为义务即能行使请求权。

(5)其他情形。其一,无民事行为能力人或者限制民事行为能力人对其法定代理人的请求权的诉讼时效期间,自该法定代理终止之日起计算;其二,未成年人遭受性侵害的损害赔偿请求权的诉讼时效期间,自受害人年满18周岁之日起计算。

七、诉讼时效期间的中止、中断和延长

(一)诉讼时效期间的中止

诉讼时效期间的中止,又称为诉讼时效期间暂停,是指在诉讼时效进行中,因发生一定法定事由使权利人无法行使请求权,暂时停止计算诉讼时效期间,待阻碍时效进行的法定事由消除后,继续进行诉讼时效期间的计算。《民法总则》第194条规定:"在诉讼时效期间的最后6个月内,因下列障碍,不能行使请求权的,诉讼时效中止:1. 不可抗力;2. 无民事行为能力人或者限制民事行为能力人没有法定代理人,或者法定代理人死亡、丧失民事行为能力、丧失代理权;3. 继承开始后未确定继承人或者遗产管理人;4. 权利人被义务人或者其他人控制;5. 其他导致权利人不能行使请求权的障碍。自中止时效的原因消除之日起满6个月,诉讼时效期间届满。"

法律之所以设置诉讼时效中止制度,目的在于保障权利人享有法律规定的提起诉讼的必要时间。其功能是把导致权利人不能行使权利的法定障碍经过的期间排除于时效期间之外,使诉讼时效期间所含有的事实状态要素真正能限定于权利人主观不行使权利的情形。

诉讼时效中止的适用条件为:

第一,诉讼时效期间的中止必须是因法定事由而发生。中止的事由属法定事由,当事人超出法律规定自行约定的事由无效,不能引起诉讼时效期间中止。《民法总则》第194条详细列举了诉讼时效中止的法定事由,同时还包含兜底条款。

第二,法定事由发生在诉讼时效期间的最后6个月。关于诉讼时效期间中止的发生时间,各国民法大致有两种立法例:一种是规定在诉讼时效进行中的任何时间都可以发生,以《法国民法典》为代表;另一种是规定只有在诉讼时效进行到最后一定期限才能发生,如《德国民法典》《日本民法典》。我国《民法总则》也采用了后一种立法模式。法定事由发生在诉讼时效期间最后6个月,这应理解为只要在诉讼时效期间的最后6个月内该法定事由存在,即发生中止的法律效果,而不问该法定事由发生在什么时间。也就是说,即使该法定事由发生在诉讼时效期间最后6个月之前,但仍持续存在于该最后6个月期限内,也可以发生时效中止的法律效力。

诉讼时效期间中止的法律后果表现为:诉讼时效期间暂停计算,中止事由发生之前已经过的诉讼时效期间仍然有效,待中止事由消除后诉讼时效期间继续计算,自中止时效的原因消除之日起满6个月,诉讼时效期间届满。

(二)诉讼时效期间的中断

诉讼时效期间的中断,是指在诉讼时效进行中,因法定事由的发生导致以前经过的诉讼时效期间全部归于无效,待中断事由消除后诉讼时效期间重新开始计算。诉讼时效期间中断与中止都是阻却诉讼时效完成的障碍,其不同之处在于,诉讼时效期间中止是暂时性障碍,而诉讼时效期间中断是根本性障碍。我国《民法总则》第195条规定:"有下列情形之一的,诉讼时效中断,从中断、有关程序终结时起,诉讼时效期间重新计算:1.权利人向义务人提出履行请求;2.义务人同意履行义务;3.权利人提起诉讼或者申请仲裁;4.与提起诉讼或者申请仲裁具有同等效力的其他情形。"

诉讼时效中断的适用条件为:

第一,诉讼时效期间的中断必须是因法定事由而发生。中断事由只能由法律规定,当事人不得就此作出约定。不过,诉讼时效期间中断的事由都是当事人具有主观意识的行为。

1. 权利人向义务人提出履行请求。《诉讼时效解释》第 10 条将《民法通则》第 140 条规定的"当事人一方提出要求"阐释为:(1)当事人一方直接向对方当事人送交主张权利文书,对方当事人在文书上签字、盖章或者虽未签字、盖章但能够以其他方式证明该文书到达对方当事人的;(2)当事人一方以发送信件或者数据电文方式主张权利,信件或者数据电文到达或者应当到达对方当事人的;(3)当事人一方为金融机构,依照法律规定或者当事人约定从对方当事人账户中扣收欠款本息的;(4)当事人一方下落不明,对方当事人在国家级或者下落不明的当事人一方住所地的省级有影响的媒体上刊登具有主张权利内容的公告的,但法律和司法解释另有特别规定的,适用其规定。这一阐释具有可操作性,可以参考。

2. 义务人同意履行义务,即义务人通过一定方式(口头的或书面的)向权利人作出愿意履行义务的意思表示。义务人承认权利人权利的存在,这时双方的权利义务关系也已处于确定状态,原来已经进行的诉讼时效期间,自无再维持的必要,发生与权利人请求相同的中断诉讼时效的后果。

同意履行应包括两种情况:一是实际履行;二是承诺履行。实际全部履行足令请求权实现,此时诉讼时效已无意义。因而,使得时效中断的履行,只是分期履行、部分履行等不能全部消灭债之关系的履行。承诺履行则表明债务人对债务的承认,提供担保、请求延期履行、制定清偿计划等均属此类。[①]《诉讼时效解释》第 16 条规定:"义务人作出分期履行、部分履行、提供担保、请求延期履行、制定清偿债务计划等承诺或者行为的,应当认定为《民法通则》第 140 条规定的当事人一方'同意履行义务'。"这些行为都表明义务人对权利人的权利存在予以认可,从而使双方的法律关系重新趋于稳定,在此情况下,诉讼时效适用的理由不复存在,因此应当导致时效的中断。

---

① 朱庆育:《民法总论》,北京大学出版社 2013 年版,第 544 页。

3. 权利人提起诉讼或申请仲裁,指权利人提起民事诉讼或申请仲裁,请求法院或仲裁庭保护其权利的行为。提起诉讼是权利人行使权利的最为强烈的表示,权利人提起本诉、反诉、刑事附带民事诉讼均可导致诉讼时效中断,诉讼时效从提交起诉状或者提起口头起诉之日起中断。债权人提起代位权诉讼的,债权人对债务人的债权以及债务人对第三人的债权均发生时效中断的效力。权利人若以有效的判决、裁定、调解协议等法律文书,向法院申请执行程序的,亦发生与起诉同等的中断时效的效果。

在此之前,学界和实务界有关因提起诉讼而引起诉讼时效中断的时间节点颇有争议,主要有从当事人一方向法院提交起诉材料或者口头起诉之日起中断、从法院受理之日起中断和从起诉状副本送达给对方当事人之日起中断三种观点。[1] 我们认为该时间节点为当事人一方向人民法院提交诉状或者口头起诉之日。《诉讼时效解释》第 12 条规定:"当事人一方向人民法院提交起诉状或者口头起诉的,诉讼时效从提交起诉状或者口头起诉之日起中断。"可见,该司法解释实际上采纳了从提出起诉之日起诉讼时效中断。由于诉讼本身有一个过程,时效中断以后,诉讼过程都应当视为权利人行使权利的持续状态。所以,因起诉引起时效中断,新的时效期间应从该诉讼过程结束时起重新计算。[2]

4. 其他与提起诉讼或仲裁具有同等效力的情形。除提起诉讼或申请仲裁以外,进行调解或其他司法程序也同样得以引起时效的中断,[3] 进入司法程序都表明权利人已积极在行使权利,而非息于行使,因而诉讼时效应予中断。《诉讼时效解释》第 13 条规定,下列事项之一,人民法院应当认定与提起诉讼具有同等诉讼时效中断的效力:(1)申请仲裁;(2)申请支付令;(3)申请破产、申报破产债权;(4)为主张权利而申请宣告义务人失踪或死亡;(5)申请诉前财产保全、诉前临时禁令等诉前措施;(6)申请强制执行;(7)申请追加当事人或者被通知参加诉讼;(8)在诉讼中主张抵销;(9)其他与提起诉讼具有同等诉讼时效中断效力的事项。此外,《诉讼时效解释》还规定,权利人向人民调解委员会以及其他依法有权解决相关民事纠纷的

---

[1] 中国审判理论研究会民商事专业委员会编:《〈民法总则〉条文理解与司法适用》,法律出版社 2017 年版,第 372 页。
[2] 王利明主编:《中华人民共和国民法总则详解》,中国法制出版社 2017 年版,第 928 页。
[3] 朱岩:《消灭时效制度中的基本问题》,载《中外法学》2005 年第 2 期。

国家机关、事业单位、社会团体等社会组织提出保护相应民事权利的请求,诉讼时效从提出请求之日起中断。权利人向公安机关、人民检察院、人民法院报案或者控告,请求保护其民事权利的,诉讼时效从其报案或者控告之日起中断。

第二,法定事由发生的时间。中断可以发生在诉讼时效期间的任何时间,此与中止又不相同。此外,中断的次数不受限制。也就是说,诉讼时效期间因权利人主张权利或者义务人同意履行义务而中断后,权利人在新的诉讼时效期间再次主张权利或者义务人再次同意履行义务的,该诉讼时效期间再次中断。

诉讼时效期间中断的法律后果表现为:法定事由发生时,诉讼时效期间中断,法定事由发生之前已经经过的诉讼时效期间全部归于无效,诉讼时效期间自中断时起重新计算。

(三)诉讼时效期间的延长

诉讼时效期间的延长,是指权利人在诉讼时效期间内因法律规定之外的正当理由而未行使请求权的,人民法院适当延长已完成的诉讼时效期间。我国《民法总则》第188条第2款就此作了规定。

诉讼时效期间延长具有不同于诉讼时效期间中止和中断的特点,具体表现在:它是发生在诉讼时效期间届满之后,而不是在诉讼时效期间进行过程中,能引起延长的事由不是法律规定的,而是由人民法院认定的。

诉讼时效期间的延长,是对诉讼时效期间中止和中断制度的补充。由于中止和中断的事由采取法定主义,不可能涵盖权利人不能及时行使权利的所有原因,所以,法律特别设立诉讼时效期间延长制度予以平衡,由法官行使自由裁量权,以弥补立法列举式规定的不足。

根据《民法总则》第188条第2款的规定,延长诉讼时效期间的权利人应当提出申请,人民法院依其职权确认。当出现诉讼时效期间中止和中断的法定事由之外的事实,即有特殊情况的,造成权利人逾期行使请求权时,法院有必要审查该特殊情况是否可作为延长的事由,以弥补法律规定之不足。

八、仲裁时效

《民法总则》第198条规定:"法律对仲裁时效有规定的,依照其规定;没有规定的,适用诉讼时效的规定。"在我国,仲裁主要包括民商事仲裁、劳动仲裁和农村土地承包经营纠纷仲裁三种。民商事仲裁是平等主体的公民、法人和其他组织之间请求仲裁机构裁决合同纠纷和其他财产权益纠纷。劳动仲裁是当事人向劳动仲裁委员会请求裁决处理劳动争议纠纷。农村土地承包经营纠纷仲裁是就农村土地承包经营纠纷,向农村土地承包仲裁委员会申请裁决。

在《民法总则》颁布之前,仲裁时效并不是通过《民法通则》进行规定,而是在《仲裁法》以及相关法律条文中进行规定。《仲裁法》第74条规定,法律对仲裁时效有规定的,适用其规定;没有规定的,适用诉讼时效的规定。长期以来,我国仲裁时效适用《民法通则》有关诉讼时效期间、中止、中断等有关规定。在《民法总则》制定工作开展之初,仲裁时效的问题鲜有涉及,在2016年6月27日提交全国人大常委会初审的《中国民法总则(草案)》中,都尚未对仲裁时效进行规定。但是在2016年11月发布的《中国民法总则(草案)》的二审审议稿中,却增加了这一条文。因为在《民法总则》的起草过程中,有意见提出,《民法通则》及《仲裁法》等关于仲裁时效规定的做法经实践检验是可行的,建议《民法总则》继承《民法通则》的立法模式。[1] 建议在《民法总则》中明确,法律对仲裁时效有规定的,依照其规定;没有规定的,适用诉讼时效的规定。这一规定既为特别法对仲裁时效作规定留有接口,也为仲裁时效准用诉讼时效的规定提供依据。2017年3月15日通过的《民法总则》最终保留了关于仲裁时效的规定。

《民法总则》之所以要单独对仲裁时效进行规定,是因为仲裁作为"民间司法""准司法"手段,它与诉讼具有多方面的联系。诉讼与仲裁具有立法上的借鉴与互补关系、司法上的支持与监督关系。将仲裁时效的一般规定置于《民法总则》之中,更具有科学性和合理性。比如,我国并未明确规定是否允许协议变更仲裁时效,依据《民法总则》第198条的规定,"法律对仲裁时效没有规定的,适用诉讼时效的规定"。而《民法总则》188条则规定,有特殊情况的,人民法院可以延长诉讼时效期间,排除了当事人协议变更诉讼时效,因此,仲裁时效也不得由双方当事人协议变更。可见,《民法总则》对仲裁时效与诉讼时效并列规定,有利于民事法律体系的协

---

[1] 石宏主编:《中华人民共和国民法总则条文说明、立法理由及相关规定》,北京大学出版社2017年版,第476页。

调与统一。

我国现行法律中关于仲裁时效的特别规定主要有：

1.《劳动争议调解仲裁法》对劳动仲裁时效有明确规定。该法第27条规定："劳动争议申请仲裁的时效期间为1年。仲裁时效期间从当事人知道或者应当知道其权利被侵害之日起计算。前款规定的仲裁时效，因当事人一方向对方当事人主张权利，或者向有关部门请求权利救济，或者对方当事人同意履行义务而中断。从中断时起，仲裁时效期间重新计算。因不可抗力或者有其他正当理由，当事人不能在本条第1款规定的仲裁时效期间申请仲裁的，仲裁时效中止。从中止时效的原因消除之日起，仲裁时效期间继续计算。劳动关系存续期间因拖欠劳动报酬发生争议的，劳动者申请仲裁不受本条第一款规定的仲裁时效期间的限制；但是，劳动关系终止的，应当自劳动关系终止之日起1年内提出。"

2.《合同法》对仲裁时效有明确规定。该法第129条规定："因国际货物买卖合同和技术进出口合同争议提起诉讼或者申请仲裁的期限为4年，自当事人知道或者应当知道其权利受到侵害之日起计算。因其他合同争议提起诉讼或者申请仲裁的期限，依照有关法律的规定。"

3.《中华人民共和国农村土地承包经营纠纷调解仲裁法》对仲裁时效有明确规定。该法第18条规定："农村土地承包经营纠纷申请仲裁的时效期间为2年，自当事人知道或者应当知道其权利被侵害之日起计算。"

除了上述3部法律外，没有其他法律对仲裁时效作特别规定。

第三节 除斥期间

一、除斥期间概念与特征

（一）除斥期间的概念

除斥期间是形成权的存续期间，"是指法律规定或当事人依法确定的某种权利预定的存续期间，该期间届满，则权利当然消灭，故又称为权利预定存续期间，即预定期间。除斥期间是学理名词而非法典名词,在民法及其他相关法律中,尚无除斥期间或预定期间的专门用语"。①《民法总则(草案)》一次审议稿、二次审议稿曾设专节规定了"除斥期间",与"诉讼时效"并列。在立法过程中,由于有观点提出"除斥期间"的表述专业性太强,难以为民众所理解,②社会公众对除斥期间的概念较为生疏,草案关于除斥期间一节的规定学理性也较强,立法者经过反复研究,从三次审议稿开始,删除"除斥期间"一节,章名从"诉讼时效和除斥期间"修改为"诉讼时效",将调整后的有关除斥期间的内容放在诉讼时效的最后一条进行规定。③

《民法总则》第199条规定:"法律规定或者当事人约定的撤销权、解除权等权利的存续期间,除法律另有规定外,自权利人知道或者应当知道权利产生之日起计算,不适用有关诉讼时效中止、中断和延长的规定。存续期间届满,撤销权、解除权等权利消灭。"法条中没有出现除斥期间的字眼,但该法条实质上就是规定的除斥期间。

(二)除斥期间的特征

除斥期间的特征主要是将其与诉讼时效进行比较而概括出其特点。除斥期间与诉讼时效都是以一定事实状态的存在和一定期间的经过为条件而发生一定的法律后果,都属于民事法律事实,属于期间对权利行使的限制。但是,二者是性质完全不同的两种制度,具有以下区别:

1. 规范功能不同。除斥期间旨在维持已经存在的法律关系,期间届满,原事实状态的法律关系就得以维持。而诉讼时效旨在维护与原法律关系相对立的新的法律关系,诉讼时效期间届满,新事实状态的法律关系就得到了保护。

2. 适用客体不同。除斥期间仅适用于形成权,而诉讼时效一般适用于请求权。但应注意的是,并非所有的形成权均受除斥期间的限制,法律一般针对某些形成权的行使个别地设置除斥期间。

3. 期间性质不同。除斥期间是不变期间,期间经过不能中止、中断或延长,且

---

① 史浩明:《论除斥期间》,载《法学杂志》2004年第4期。
② 《民法总则立法背景与观点全集》编写组(全国人大常委会法制工作委员会):《民法总则立法背景与观点全集》,法律出版社2017年版,第121页。
③ 石宏主编:《中华人民共和国民法总则条文说明、立法理由及相关规定》,北京大学出版社2017年版,第479页。

期间较短,以尽快确定当事人间的关系为目的。诉讼时效为可变期间,期间可因中止、中断或延长得到延展,且期间一般较长。

4. 期间起算点不同。除斥期间一般自权利产生之时起算,而诉讼时效一般自权利人得以行使权利之时起算,即权利人知道或应当知道权利受侵害之日起算。

5. 法律效力不同。除斥期间届满,消灭的是实体权利,即形成权因除斥期间届满消灭;诉讼时效消灭的是胜诉权,实体权利并不消灭。

(三)除斥期间的价值功能

1. 保护相对方的利益。除斥期间适用于形成权。形成权的典型特征是赋予权利主体单方面决定相对人法律地位的权力。既然他人必须接受权利主体行使形成权行为的事实,就必须保护他免受不公平结果的损害。为了达到保护相对方利益的目的,法律在规定各种具体的形成权的同时,规定了许多不同种类形成权的存续期间。

2. 稳定民事法律关系。民法规定权利行使或存续的期间,目的在于稳定民事法律关系和维护社会的正常秩序。诉讼时效制度规定的目的在于督促当事人尽快行使权利,但仅有诉讼时效期间的规定,尚不足以达到此项目的,因为诉讼时效并不适用于所有的民事权利,而仅适用于请求权。若对形成权等类权利的行使不设置时间上的限制,民事法律关系亦将处于无限期的不确定状态。因此,各国民事立法都规定了除斥期间,对权利规定一个不变的存续期间,只要时间届满,不问其事由如何,该项权利即告消灭。其制度价值在于,尽快消除因形成权带给当事人法律利益的不确定状态,稳定彼此的法律关系。

二、除斥期间的期限及其届满的法律后果

关于除斥期间的期限,法律通常没有一般的统一规定,而是采取具体规定的办法,针对个别的形成权规定除斥期间。在立法对除斥期间未作规定或规定不明时,根据除斥期间制度期限的原则性规定,形成权在"合理期限"内存续,此"合理期限"经过,形成权消灭。对此可见《合同法》第 95 条的规定。

关于除斥期间的起算,《民法总则》第 199 条规定,除法律另有规定外,除斥期间自权利人知道或者应当知道权利产生之日起计算。如《合同法》第 55 条第 1 款、

第 75 条第 1 句、第 192 条第 2 款规定的撤销权,但是法律另有规定的除外,即除斥期间的起算方式取决于各个除斥期间的法律规定。具体来说,除斥期间可以从行为发生之日起计算,如《合同法》第 75 条规定的撤销权,也可以从行使催告权确定之日起计算,如《合同法》第 47 条第 1 款、第 48 条第 2 款、第 95 条第 2 款。①

除斥期间是形成权的存续期间,所以,除斥期间届满后,形成权的实体权利当然、确定地消灭。这种结果是适用法律的当然结果,无须当事人主张便自动发生。由于这是一种无选择的自动效果,当事人对除斥期间的利益只能被动承受,因此也不存在所谓的期间利益之抛弃问题。②

三、我国关于除斥期间的主要规定

我国民事立法对除斥期间的规定并未采统一的立法模式,而是散见于各个法律条文中,以《合同法》为例,我国关于除斥期间的规定主要有:

1.《合同法》第 47 条第 2 款规定,相对人催告后法定代理人追认权行使的 1 个月期限。

2.《合同法》第 48 条第 2 款规定,相对人催告后被代理人追认权行使的 1 个月期限。

3.《合同法》第 55 条规定的撤销权人行使撤销权的 1 年的期限。

4.《合同法》第 75 条规定的债权人对侵害行为行使撤销权的 1 年和 5 年期限。

5.《合同法》第 95 条规定的法律规定或者当事人约定的解除权行使期限。

6.《合同法》第 104 条第 2 款规定的债权人领取提存物权利的 5 年期限。

7.《合同法》第 158 条第 2 款规定的买受人对买卖标的物行使异议权的 2 年期限。

8.《合同法》第 192 条规定的赠与人行使撤销权的 1 年期限。

9.《合同法》第 193 条第 2 款规定的赠与人的继承人或法定代理人行使撤销权的 6 个月期限。

我国相关法律及司法解释中有关除斥期间的规定还有:《继承法》第 25 条第 2

---

① 崔建远等:《民法总论》,清华大学出版社 2010 年版,第 215～216 页。
② 龙卫球:《民法总论》,中国法制出版社 2002 年版,第 640 页。

款规定的受遗赠人行使接受遗赠权的 2 个月期限;最高人民法院《关于贯彻执行民事政策若干问题的意见》第 58 条规定的房屋典权关系中出典人行使回赎权的 10 年或 30 年的期限等。①

第四节 权利失效

一、权利失效的概念和历史沿革

（一）权利失效的概念

权利失效是权利人在相当期间内不行使其权利，依其特别事实足以使义务人信任权利人不需要自己履行义务，且权利人再行使其权利会造成当事人利益严重失衡的，基于诚信原则，义务人可以不再履行其义务的制度。②

权利失效制度假定人一有机会就会赖账，完全以性恶论为基础，偏偏又以诚信原则为制度依据，似乎矛盾。诚信原则有实现当事人利益平衡和当事人利益与社会利益平衡两个功能，权利失效制度显然跟前一个平衡无关，甚至可以说是允许打破这一平衡的，该制度应该与后一个利益平衡有关，其理念为长期不行使权利构成权利滥用，造成法律关系的不确定。因此，权利失效被具体归入权利滥用的案型，这不是没有道理的。

（二）权利失效的历史沿革

权利失效制度产生于 19 世纪的德国，最初适用于自助出售的迟延，迟延人如不诚实，则不得再行使权利。不诚实迟延的思想后来逐渐适用于解除权、终止权，最后扩及于契约请求权。1934 年后，帝国法院曾试图限制其适用范围，但经过一番学术争论后，才确定权利失效制度的基础是诚信原则，可适用于全部法律领域。

---

① 《关于贯彻执行民事政策若干问题的意见》第 58 条规定:"对法律、政策允许范围内的房屋典当关系，应予承认。但土改中已解决的房屋典当关系，不再变动。典期届满逾期 10 年或典契未载明期限经过 30 年未赎的，原则上应视为绝卖。"

② 刘自正、褚卓慧:《论大陆法系民法之权利失效制度》，载《武汉理工大学学报》2001 年第 5 期，第 451 页。

该制度在德国确立后,为日本和我国台湾等德国法族法域继受,成为一项国际性的制度。①

当然,权利失效制度与英美法上的允诺禁反言规则有异曲同工之处,被禁止反言的,可以是允诺,也可以是行为。

二、权利失效的构成要件

(一)权利人在相当期间内不行使权利

"相当期间"为不确定期间,要根据个案的情况定其长度。它可以出自当事人的约定,也可由法官根据社会普遍规则、交易惯例裁定。

(二)出现特别事实

即足以让义务人正当相信权利人已不欲行使其权利的事实。例如,买受人发现标的物瑕疵后继续使用而不提出抗议的事实。又如,承租人多年修缮租赁物,多年来未对出租人主张修缮费的事实。

(三)权利人再主张权利有违诚信

即义务人已对权利人不会再行使有关权利产生信赖,从而对自己的经济资源作出了另外的安排,如果权利人骤然行使其权利,会破坏义务人已产生的信赖,造成双方权利义务的失衡。

对于上述要件,我们应从严认定,否则,权利将被软化,义务人的履行道德将被败坏。②

三、关于权利失效法律效果的诸说

(一)本权利消灭说

此说认为,权利失效的效果同于除斥期间届满的效果,导致本权利消灭。

(二)义务人抗辩权发生说

此说认为,权利失效后权利人的权利并不消灭,只会导致义务人产生权利已经

---

① 王泽鉴:《民法学说与判例研究》(1),中国政法大学出版社1998年版,第311页及以次。
② 王泽鉴:《民法学说与判例研究》(1),中国政法大学出版社1998年版,第311页。

失效的抗辩,如果他不利用权利人的怠惰,仍可履行自己的权利,如此,可减缓权利失效制度的道德风险。

(三) 胜诉权消灭说

此说与诉讼时效届满后的效果问题上的胜诉权消灭说配套,认为本权利并不消灭,仅仅消灭权利人的胜诉权。既然胜诉权被明示排除,起诉则徒添当事人行为成本及社会成本,并软化权利失效制度,不可取也。故,我们认为以抗辩权发生说为优,宜采之。

四、权利失效与除斥期间的区别

权利因为不及时行使导致不能行使,是两个制度的共性,但它们有以下区别:

(一) 期间的性质不同

除斥期间为不变期间,其长度是固定的,不依个案而有所变化,而权利失效期间因个案的不同而不同。

(二) 构成要件不同

除斥期间有不及时行使权利和期间经过两个要件即可;权利失效还要有义务人相信权利人不欲自己履行义务的特别事实要件。

(三) 法律效果不同

除斥期间导致本权利消灭,权利失效按照某种观点只导致权利人的胜诉权消灭。[1]

---

[1] 刘自正、褚卓慧:《论大陆法系民法之权利失效制度》,载《武汉理工大学学报》2001年第5期,第453页。

第五节 期间的计算

一、期间的含义和意义

(一)期间的含义

期间是民事法律关系产生、变更和终止的时间维度,是与期日相对应的一个时间概念,期间与期日共同构建了时间在民法上的规范形式。就其内涵而言,期日表现的是时间的点,期间表现的是时间的段。[①]《民法总则》从第 200 条至第 204 条,以 5 个条文对期间的计算方法进行了详细的规定。这 5 个条文明确法律期间计算的规则,既包括计算单位、期间的起点和终点的时间计算问题,又包括末日的延期计算问题;同时明确《民法总则》所规定的期间计算方法,如法律另有规定或者当事人另有约定的,按另有规定或约定办理。

(二)期间的意义

民法上的期间,对民事法律关系的产生、变更和消灭具有重要的意义,如前所述,期间能够产生法律关系变动的效果,具体而言,主要表现在以下几方面:

1. 影响民事主体的资格。例如,可决定民事主体的民事权利能力和民事行为能力享有和消灭的时间。如自然人出生之日,即是其享有法定民事权利能力之时;智力健全的自然人成年之日,即是其享有完全民事行为能力之时;自然人死亡之日,即是其民事权利能力,和民事行为能力终止之时。法人成立之日,即是其享有民事权利能力和民事行为能力之时;法人注销之日,即是其民事权利能力和民事行为能力终止之时。

2. 决定某些事实的推定时间。如失踪宣告和死亡宣告中失踪人失踪时间的推定,《民法总则》第 46 条规定的是 4 年和 2 年的期间。

3. 作为民事法律事实中的事件,直接引起民事法律关系变动。举例而言,附

---

① 龙卫球:《民法总论》,中国法制出版社 2002 年版,第 603 页。

期限的合同在期限届满以后实际生效、附终期的合同中期限届满则合同法律关系实际消灭。这两种合同中所附期限就属于民事法律事实中的事件。

4. 决定权利的取得、丧失以及存续的时间,如专利权取得的时间、所有权丧失的时间等。在民法上,有一些权利是不受期限限制的,如所有权是永恒存在的。但绝大多数的民事权利都有一定的权利存续期限,权利人必须在该期限内行使权利,否则经过一定的期限,权利将不存在,或失去效力,或效力减弱。这是法定的期间对权利的影响。

5. 明确权利的行使和义务履行的期限。期间可以作为一定的权利、义务实际行使或履行的期限。例如,合同中规定的履行期限。合同一旦规定了履行期限,即使合同已经成立并生效,但在履行期限未到来之前,当事人仍然不能实际地行使权利和履行义务。

6. 决定法律关系的效力的期限,如合同的有效期限、支票的有效期限等。

二、期间的分类

期间依据不同标准具有不同的分类方式,主要有:

1. 诉讼时效与除斥期间。对于我国现行法律体系而言,诉讼时效和除斥期间应当说是最为重要的划分方法。除斥期间是指法律直接规定或当事人依法确定的某些形成权的预定存续期间,该期间的经过将使相应权利自然消灭,多用于形成权。诉讼时效则多用于债权请求权,我国目前就诉讼时效已经采纳时效抗辩主义,也就是说,过了诉讼时效的债权并不意味着其胜诉权必然消灭,而仅仅是说债务人可以以此来抗辩债权人的请求权,主张自己无法定义务履行债务。

2. 约定期间、法定期间与指定期间。约定期间,如我国现行《担保法》就保证期间以双方当事人约定优先,该法第25条第1款明文规定:"一般保证的保证人与债权人未约定保证期间的,保证期间为主债务履行期届满之日起6个月。"法定期间,如现行《民法总则》第九章所规定的诉讼时效就属于法定期间,并不允许当事人额外约定。《诉讼时效解释》第2条专门规定,"当事人违反法律规定,约定延长或者缩短诉讼时效期间、预先放弃诉讼时效利益的,人民法院不予认可"。指定期间,是指法院或者其他机关在法律允许的范围内指定的期间,举例而言,现行《民事诉讼法》第65条第2款规定:"人民法院根据当事人的主张和案件审理情况,确定当事人应当提供的证据及其期限……"①

三、期间的确定和计算

我国《民法总则》第 200 条至 204 条对期间的确定和计算作了统一规定。

1. 计算单位的确定。民法所称的期间按照公历年、月、日、小时计算。

2. 期间的起算。按照年、月、日计算期间的,开始的当日不计入,自下一日开始计算。按照小时计算期间的,自法律规定或者当事人约定的时间开始计算。

3. 期间的终止。按照年、月计算期间的,到期月的对应日为期间的最后一日;没有对应日的,月末日为期间的最后一日。期间的最后一日是法定休假日的,以法定休假日结束的次日为期间的最后一日。期间的最后一日的截止时间为 24 时;有业务时间的,停止业务活动的时间为截止时间。

4. 期间计算方法的例外规定。期间计算方法依照《民法总则》的规定,但法律另有规定或者当事人另有约定的除外。期间的计算方法在特别法上有规定计算方法的优先于《民法总则》的规定,当事人有约定的优先于《民法总则》中的规定,例如,当事人自行约定按农历计算期间,应当从其约定,以体现当事人意思自治的民法价值理念。

外国公司分支机构经核准登记后,即发给外国公司分支机构《营业执照》,这标志着该外国公司分支机构成立,可以开展登记业务范围的生产经营活动。此外,这一登记,同时具有公示效力。自此,分支机构得就其登记事项对抗第三人。

本章案例:权利失效

[案情]

王某系农村集体组织成员,李某系城市居民。1993 年 3 月,王某与李某签订协议,约定将其所有农村住宅以 2 万元的价格转让给李某。由于该住宅使用的是农村宅基地,法律禁止此类转让,因此,双方未进行产权过户登记。协议签订后,李某即向王某给付了价款并搬入该住宅居住。2002 年 9 月,该住宅由于征地拆迁,李某作为拆迁户领取了房屋拆迁款 18 万元,并享受拆迁户的购房优惠购买了商品

---

① 王利明主编:《中华人民共和国民法总则详解》,中国法制出版社 2017 年版,第 928 页。

房一套。2003年4月,王某诉至法院,要求法院确认房屋买卖协议无效,判令李某返还拆迁款及购房优惠的折价。①

[问题]

王某的确认合同无效权在合同已履行10年后是否需要保护?

[分析]

本案中,城市人李某买受王某农村住宅的交易本来违法,因为城市人无权使用农村宅基地,此其瑕疵一。按照《物权法》第9条的规定,不动产物权的变动,非经登记,不生效力。李某取得王某的住宅未经登记,此其瑕疵二。但买受10年来,公权力机关未攻击李—王交易的这两个瑕疵,而且还在2002年办理了李某占有房屋之拆迁补偿,并售其优惠价商品房一套。这证明李某对房屋的占有关系已所有权化。而且,在这10年中,王某也未攻击过与李某交易的缺陷,李某已信赖王某不会再攻击。所以,其攻击权已失效,法院应驳回其确认房屋买卖协议无效之诉。

---

① 案例来源:尹明:《确认合同无效有无时间限制?》,载《人民法院报》2003年9月9日第3版。